書香傳家

毛佩琦書

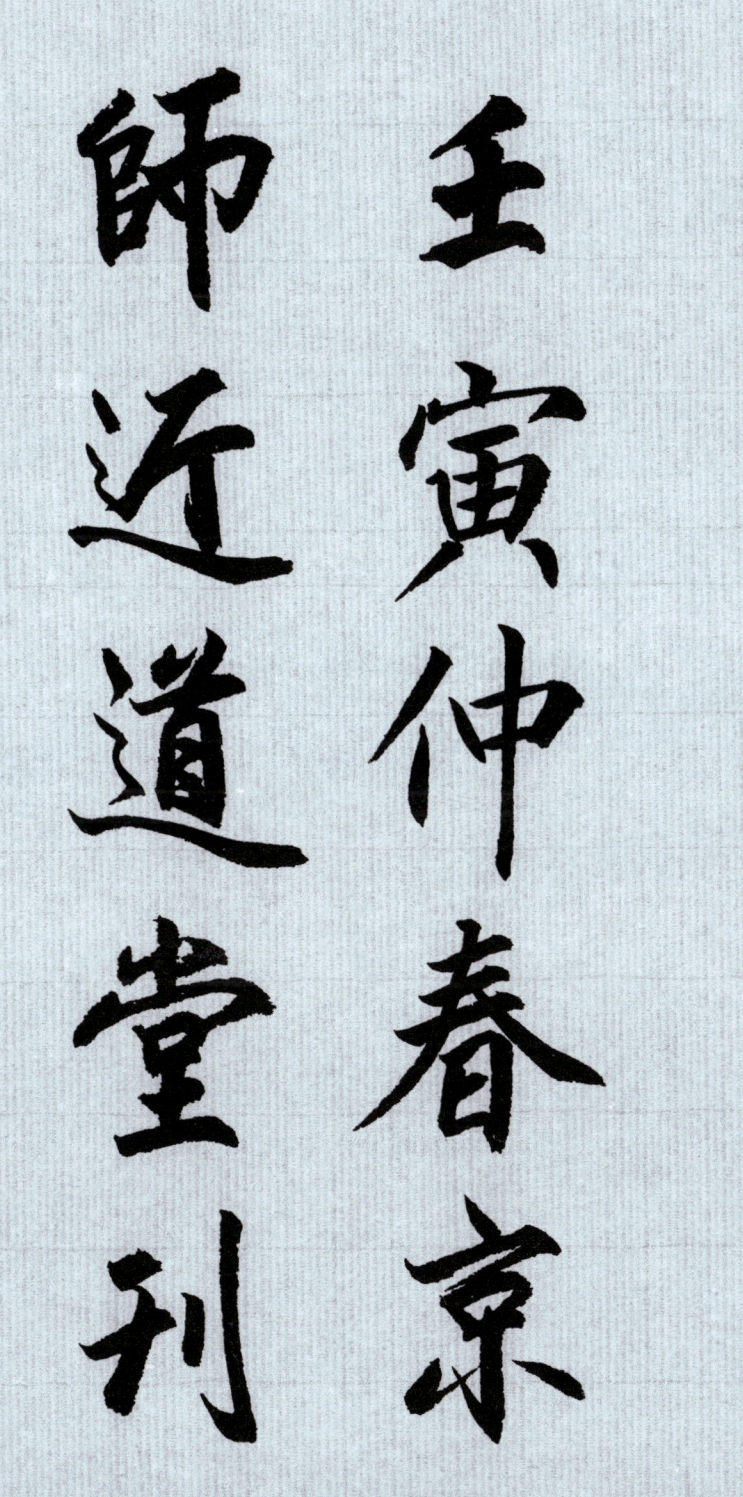

壬寅仲春京師近道堂刊

書爰劇字

何远道题

壬寅仲春京

弼远道堂作

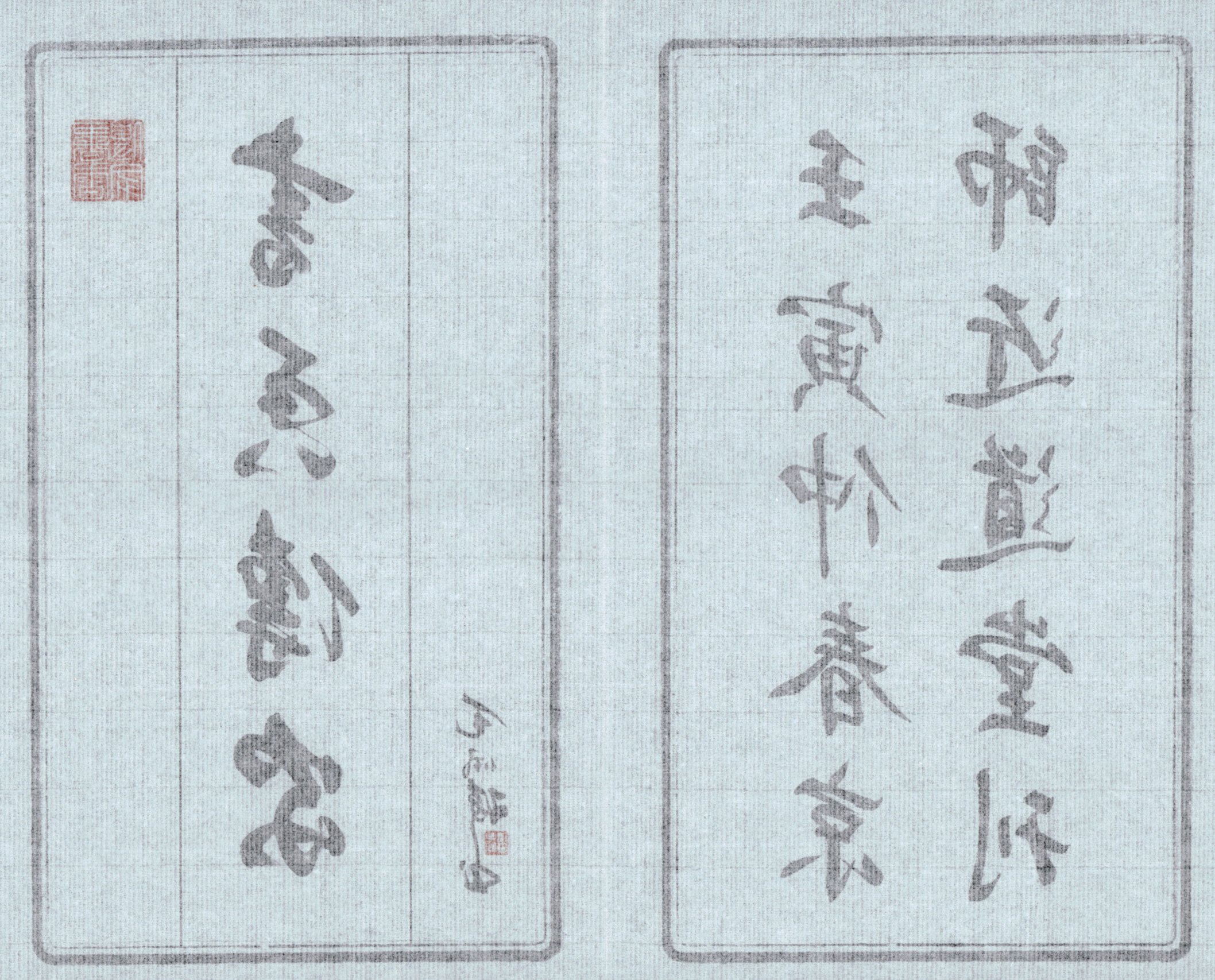

〔清〕王概 等繪
崇賢書院 編譯

第一冊

芥子園畫譜精品集

北京聯合出版公司

榮寶書院 編著
（清）王概 等繪

第一冊

芥子園畫譜精品集

北京聯合出版公司

書香傳家系列圖書學術顧問

樓宇烈（資深國學名家、北京大學哲學系教授）

閻崇年（著名歷史學家、央視《百家講壇》主講人）

毛佩琦（中國人民大學歷史系教授）

王守常（北京大學哲學系教授）

任德山（人文學者、央視有綫173書畫頻道主講人）

呂宇斐（中國美術學院視覺中國協同創新中心客座教授、研究生導師）

孟憲實（中國人民大學歷史系副教授）

楊朝明（原中國孔子研究院院長、原國際儒學聯合會副理事長）

書香傳家系列圖書出版編纂委員會

董平（浙江大學哲學系教授）

杜保瑞（上海交通大學特聘教授、臺灣大學哲學系教授）

張辛（人文書法家、北京大學考古文博學院教授）

辛德勇（北京大學中國古代史研究中心教授）

余世存（文化學者、暢銷書作家）

主編

李克（崇賢館館長）

叢書題字

毛佩琦（中國人民大學歷史系教授）

裝幀設計

孫世良 周 亮 楊延京

出版編輯委員會

路 茸 王德重 李宏濤 黄玉蘭 譚 爽 張少華

排版製作

趙樂紅 趙軍安 朱 澤

裝幀設計

徐世友　周　亮　楊立京

出版編輯委員會

路　英　王德重　李宗壽　黃玉蘭　韓　爽　張少華

排版製作

道樂江　趙軍安　朱　譯

編委會　二　[illegible]

前言

從新石器時代在彩陶上描繪紋飾算起，到晚清的繪畫，中國畫已經前後經歷了七千多年的發展。潘天壽曾說：「吾國唐宋以後之繪畫，是綜合文章、詩詞、書法、印章而成者。其豐富多彩，均非西洋繪畫所能比擬。是非有悠久豐富之文藝史、變化多樣之高深成就，曷克語此。」

而在中國的畫壇上，流傳廣泛，影響深遠的，非《芥子園畫譜》莫屬。《芥子園畫譜》，又稱《畫傳》，誕生於清代，是中國傳統繪畫的經典著作。清代著名文學家李漁，曾在南京營造别墅，「芥子園」爲其居宅别墅之名。他鼓勵資助其女婿沈心友及王氏三兄弟（王概、王蓍、王臬）編繪畫譜，故此畫譜即以此園名之。

《芥子園畫譜》自出版三百多年以來，不斷拓展出新，歷來被世人所推崇，爲世人學畫必修之書。在它的啟蒙和熏陶之下，培養和造就了無以數計的中國畫名家。近現代的一些畫壇名家如黄賓虹、齊白石、潘天壽、傅抱石等，都把《芥子園畫譜》作爲進修的範本。稱《芥子園畫譜》爲啟蒙之良師，一點也

不過分。

光緒十三年，何鏞在爲此書所作後序中寫道：「一病經年，面對此譜，頗得臥游之樂。」並題聯云：「盡收城郭歸檐下，全貯湖山在目中。」《芥子園畫譜》彙集各名家畫論，取材精當，論述精辟。書中較爲系統地介紹了中國畫的基本技法及繪畫、品畫的基本技藝。繪畫基本技巧介紹科學合理，使初學者易領會、易臨摹。畫譜內容豐富，薈萃中國歷代著名畫家摹仿作品，爲中國畫初學者最寶貴之畫譜寶庫。故此畫譜問世三百多年來，風行於畫壇，至今不衰。

對此傳世珍寶，我們竭盡心力，重新節選出版了這本《芥子園畫譜》，希圖將其精髓盡展現於您眼前。全書主要爲梅蘭竹菊譜之精華內容。以饗讀者。

《芥子園畫譜》深入淺出，循循善誘，令人讀之如醍醐灌頂，頓開茅塞。相信這本畫壇傳世經典之作一定會對學畫、愛畫者有所裨益，助您開啟繪畫之門，近距離地感受藝術大師之境界。

近道堂

辛丑季冬記於京師

目錄

書香傳家

目錄

青在堂畫梅淺說

畫法源流

唐人以寫花卉名者多矣。尚未有專以寫梅稱者。于
錫有雪梅野雉圖。乃用於翎毛上。梁廣作四季花圖
而梅又雜於海棠荷菊間。李約始稱善畫梅。其名亦
不大著。至五代滕昌祐、徐熙畫梅、皆鈎勒着色。徐崇
嗣獨出巳意。不用描寫、以丹粉點染、爲沒骨畫。陳常
變其法、以飛白寫梗、用色點花。崔白專用水墨。李正
臣不作桃李浮豔。壹意寫梅。深得水邊林下之致。故

獨擅專長。釋仲仁以墨漬作梅。釋惠洪又用皂子膠
寫于生綃扇上。照之儼然梅影。後人因之盛作墨梅。
米元章、晁補之、湯叔雅、蕭鵬搏、張德琪、俱專工寫墨
獨楊補之不用墨漬。創以圈法。鐵梢丁橛。清淡勝于
傳粉。嗣之者徐禹功、趙子固、王元章、吳仲圭、湯仲正、
釋仁濟。仁濟自謂用心四十年。作花圈始圓耳。外此
則茅汝元、丁野堂、周密、沈雪坡、趙天澤、謝佑之、爲宋
元間之寫梅著名者。汝元世稱專家。佑之但傳色濃
厚。學趙昌而不臻其妙也。明代諸公。尤多善此。未分

厥派各擅一長。不暇標舉。唐宋以來。畫梅之派有四。惟鈎勒著色者。最先。其法創於于錫。至滕昌佑而推廣之。徐熙始極其妙也。用色點染者。爲沒骨畫。創於徐崇嗣。繼之者代不乏人。至陳常一變其法。點墨者。創於崔白。演其法于釋仲仁。米芾諸君相效成風。極一時之盛。圈白花頭。不用著色。創於楊補之。吳仲圭、王元章推其法。眞橫絕一世。考畫梅之法。其源流亦不外乎是矣。

楊補之畫梅法總論

木清而花瘦。梢嫩而花肥。交枝而花繁。纍纍分梢而蕚踈。蕋踈立幹。須曲如龍。勁如鐵。發梢須長如箭。短如戟。上有餘則結頂。地若窄而無盡。若作臨崖傍水。枝怪花踈。要含苞半開。若作梳風洗雨。枝閒花茂。要離披爛熳。若作披烟帶霧。枝嫩花嬌。要含笑盈枝。若作臨風帶雪。低回偃折。要幹老花稀。若作停霜映日。森空峭直。要花細香舒。學者須先審此。梅有數家之格。或踈而嬌。或繁而勁。或老而媚。或清而健。豈可言盡哉。

湯叔雅畫梅法

梅有幹有條有根有節有刺有蘚或植園亭或生山巖或傍水邊或在籬落生處既殊枝體亦異又花有五出四出六出之不同大抵以五出爲正其四出六出者名爲棘梅是稟造化過與不及之偏氣耳其爲根也有老嫩有曲直有踈密有停勻有古怪其爲梢也有如斗柄者有如鐵鞭者有如鶴膝者有如龍角者有如鹿角者有如弓梢者有如釣竿者其爲形也有大有小有背有覆有偏有正有彎有直其爲花也

有椒子有蠏眼有含笑有開有謝有落英其形不一其變無窮欲以管筆寸墨寫其精神然在合乎道理以爲師承演筆法於常時凝神氣於胸臆思花之形勢想體之奇偶筆墨顛狂根柄旋播發枝梢如羽飛叠花頭似品字枝分老嫩花按陰陽蕊依上下梢度長短花必粘一丁丁必綴枝上枝必抱枯木枯木必塗龍鱗龍鱗必向古節兩枝不並齊三花須鼎足發丁長點鬚短高梢小花勁蕚尖處不冗九分墨爲枝梢十分墨爲蒂枝枯處令其意閒枝曲處令其意靜

呈剪瓊鏤玉之花現蟠龍舞鳳之幹如是方寸即孤山也庾嶺也虬枝瘦影皆自吾揮毫濡墨中出矣何慮其形之衆何畏其變之多也耶

華光長老畫梅指迷

凡作花蕚必須丁點端楷丁欲長而點欲短鬚欲勁而蕚欲尖丁正則花正丁偏則花偏枝不可對發花不可竝生多而不繁少而不虧枝枯則欲其意稠枝曲則欲其意舒花須相合枝須相依心欲緩而手欲速墨須淡而筆欲乾花須圓而不類杏枝欲瘦而不

類柳似竹之清如松之實斯成梅矣

畫梅體格法

叠花如品字交枝如又字交木如極字結梢如爻字花分多少則花不繁枝有細嫩而枝不惟枝多而花少言其氣之全也枝老而花大言其氣之壯也枝嫩而花細言其氣之微也有高下尊卑之別有大小貴賤之辨有疏密輕重之象有間闊動靜之用枝不得竝發花不得竝生眼不得竝點木不得竝接枝有交武剛柔相合花有大小君臣相對條有父子長短不

同蕊有天妻陰陽相應其致不一當以類推之

畫梅取象說

梅之有象由制氣也花屬陽而象天木屬陰而象地而其故各有五所以別奇偶而成變化蒂者花之所自出象以太極故有一丁房者華之所自彰象以三才故有三點萼者花之所自起象以五行故有五葉鬚者花之所自成象以七政故有七莖謝者花之所自究復以極數故有九變此花之所自出皆陽而成數皆奇也根者梅之所自始象以二儀故有二體木者梅之所自放象以四時故有四向枝者梅之所自成象以六爻故有六成梢者梅之所自備象以八卦故有八結樹者梅之所自全象以足數故有十種此木之所自出皆陰而成數皆偶也不惟如此花正開者其形規有至圓之象花背開者其形矩有至方之象枝之向下其形俯有覆器之象枝之向上其形仰有載物之象于鬚亦然正開者有老陽之象其鬚七謝者有老陰之象其鬚六半開者有少陽之象其鬚三半謝者有少陰之象其鬚四蓓蕾者有天地未分

之象體鬚未形其理已著故有一丁二點而不加三點者天地未分而人極未立也花蕚者天地始定之象陰陽既分盛衰相替包含衆象皆有所自故有八結九變以及十種而取象莫非自然而然也

一丁

其法須是丁香之狀貼枝而生一左一右不可相竝丁點須要端揖有力無令其偏丁偏卽花偏矣

二體

謂梅根也其法恨不獨生須分爲二一大一小以別

陰陽一左一右以分向背陰不可加陽小不可加大然後爲得體

三點

其法貴如丁字上闊下狹兩邊者連丁之狀向兩角中間者據中而起帶蕚不可不相接亦不可斷續也

四向

其法有自上而下者有自下而上者有自右而左者有自左而右者須布左右上下取焉

五出

其法須是不尖不圓隋筆而偏。分折如花開七分。則全露如半開則見其半正開者則見其全不可無分別也。

六枝

其法有偃枝仰枝覆枝從枝分枝折枝。九作枝之際須是遠近上下相間而發庶有生意也

七鬚

其法須是勁其中勁長而無英。側六莖短而不齊長者。乃結子之鬚故不加英。噉之味酸短者乃從者之鬚。故加英點。噉之味苦。

八結

其法有長梢短梢嫩梢疊梢交梢孤梢分梢怪梢須是取勢而成隨枝而結若任意而成無體格也。

九變

其法一丁而蓓蕾。蓓蕾而蕚蕚而漸開漸開而半折半折而正放。正放而爛熳。爛熳而半謝半謝而荐酸

十種

其法有枯梅新梅繁梅山梅疎梅野梅。官梅園梅江

梅盤梅其木不同不可無別也

畫梅全訣

畫梅有訣立意爲先起筆捷疾如狂如顛手如飛電
切莫停延枝柯旋衍或直或彎蘸墨濃淡不許再塡
根無重折花梢忌繁新枝似柳舊枝類鞭弓梢鹿角
要直如絃仰成弓體覆號釣竿氣條無萼根直指天
枯宜突眼助條莫穿枝不十字花不全兼左枝易布
右去爲難全藉小指送喠引班枝留空眼花着其間
添增其半花神自完枝嫩花獨枝老花慳不嫩不老

花意纏綿老嫩依法分新舊干鶴膝屈揭龍鱗老斑
枝宜抱體梢欲渾全萼有三點當與蒂聯正萼五點
背萼圓圈枯無重眼屈莫太圓花分八面有正有偏
仰覆開謝含笑將殘傾側諸瓣風梅棄捐鬧處莫冗
踈處莫閒花中特異幽馥玉顏二花慘獨高項上安
梢鞭如刺梨梢似焉花中錢眼畫花發端花鬚排七
健如虎鬚中長邊短碎點綴粘椒珠蝍眼映趍花妍
聿分輕重墨用多般蒂萼深墨蘚喜濃烟嫩枝梢淡
宿枝輕刪枯樹古體半墨半乾刺塡缺庭鱗向節攢

宿枝輕凋。枯樹古體。半畢半乾。剋擴疾痕。繁向簡練。
筆分輕重。墨用淡濃。筆勢深遠。華暈濃漬。嫩枝梢淡。
縱如虎爪。中長邊短。疏密點綴。若珠纓瑯。咲暎趣花芳。
梢頭如刺。葉梢似鶴。花中發眼。畫花鬚蕊。花鬚并七。
蕊處莫開。花中特異。蕊頭王須。三英謹獨。高頂上尖。
仰覆開謝。合笑舒發。仰側諸餘。風芬棄指。亂處真冗。
莽尊圓圖。枯無重眼。屈莫大圓。花分八面。有正有偏。
枝宜拈疊。梢欲通全。畫有三點。當與葉齊。正畫方點。
花意纖綿。蕊萼被法。分新舊手。瘦勝肥褐。龍變化斑。

添增其半。花神自古。枝藏花獨。疾奇花露。不藏不古。
右者爲難。全精小指。從運引筆。枝留空眼。莫著其間。
梢宜突眼。莫須條真。筆枝不十字。枝不全葉。左枝易右。
要直如箭。仰成可體。貪號均年。氣條無彎。根直指天。
根無重折。花稍品繁。猶枝似鳥。書枝須輕。可稍處鳴。
切莫停延。枝柯旋衍。或直或彎。蕭墨濃淡。不許再塡。
畫梅有訣。立意爲先。起筆捷疾。如狂如顛。手如飛電。

畫梅全訣

梅盤梅其木不同不可無別也

苞有多名花品亦然身莫失女彎曲折旋遵此模範應作奇觀造無盡意只在精嚴斯爲標格不可輕傳

畫梅枝幹訣

先把梅根分女字大枝小梗節處招花頭各樣塡虛處淡墨行根焦墨稍幹少花頭生幹出鈌花枝上再添描氣條直上冲天長切莫添花意自饒

畫梅四貴訣

貴稀不貴繁貴瘦不貴肥貴老不貴嫩貴含不貴開

畫梅宜忌訣

寫梅五要發幹在先一要體古屈曲多年二要幹恠麄細盤旋三要枝清最戒連綿四要梢健貴其遒堅五要花奇必須媚妍梅有所忌起筆不顚先輩定論着花不黏枯枝無眼交枝無潛樹嫩多刺枝空花攢枝無鹿角身無體端蟠曲無情花枝冗繁嫩枝生蘚梢條一般老不古嫩不見鮮外不分明內不顯然筆停竹節助條上穿氣條生蕚蝌眼重聯枯重眼輕體無女安枝梢散亂不抱體彎風不落英聚花如拳花不具名稀亂勻塡其病犯之皆不足觀

畫梅起手式

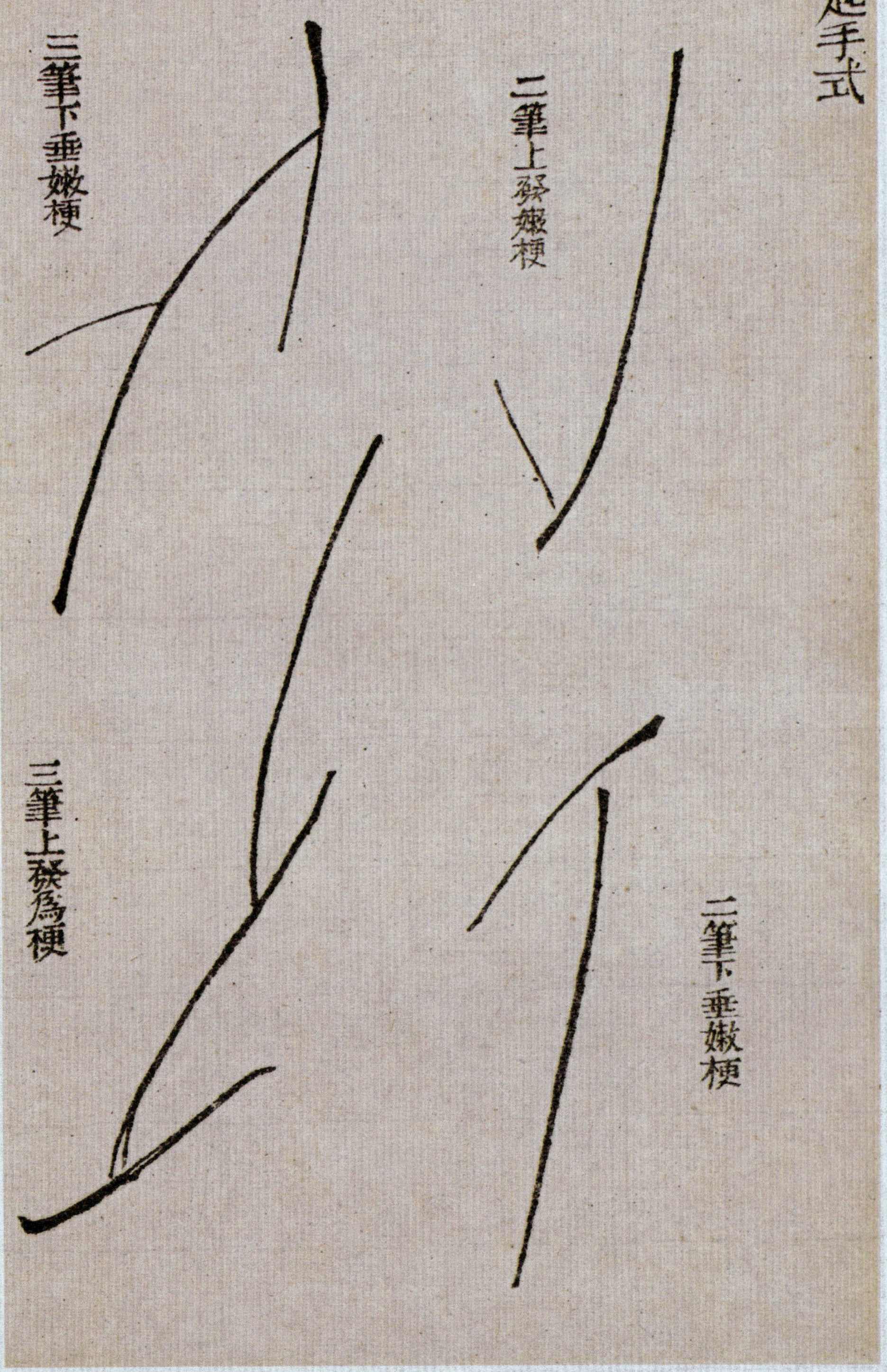
二筆上發嫩梗
三筆下垂嫩梗
二筆下垂嫩梗
三筆上發爲梗

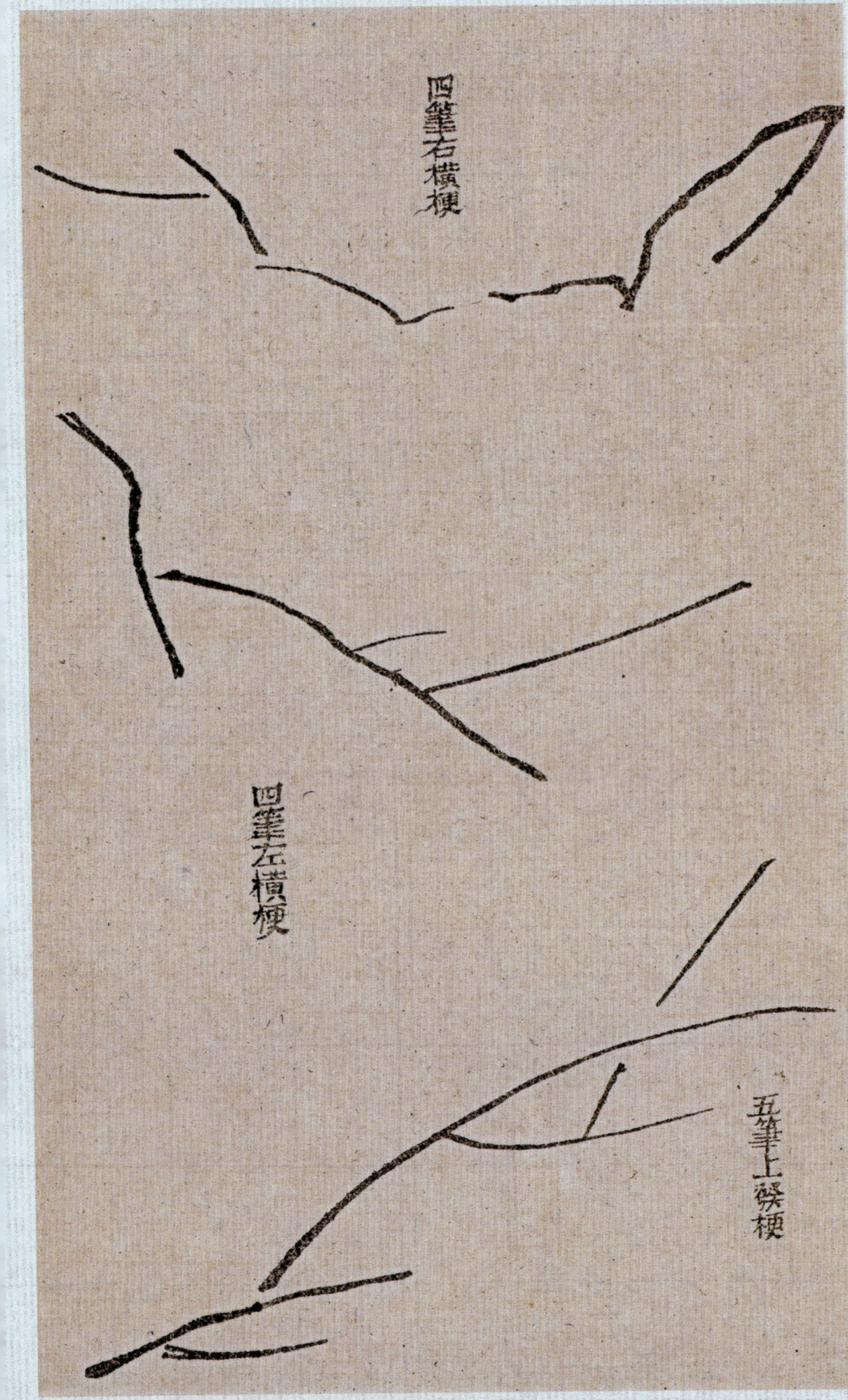
四筆右橫梗
四筆左橫梗
五筆上發梗

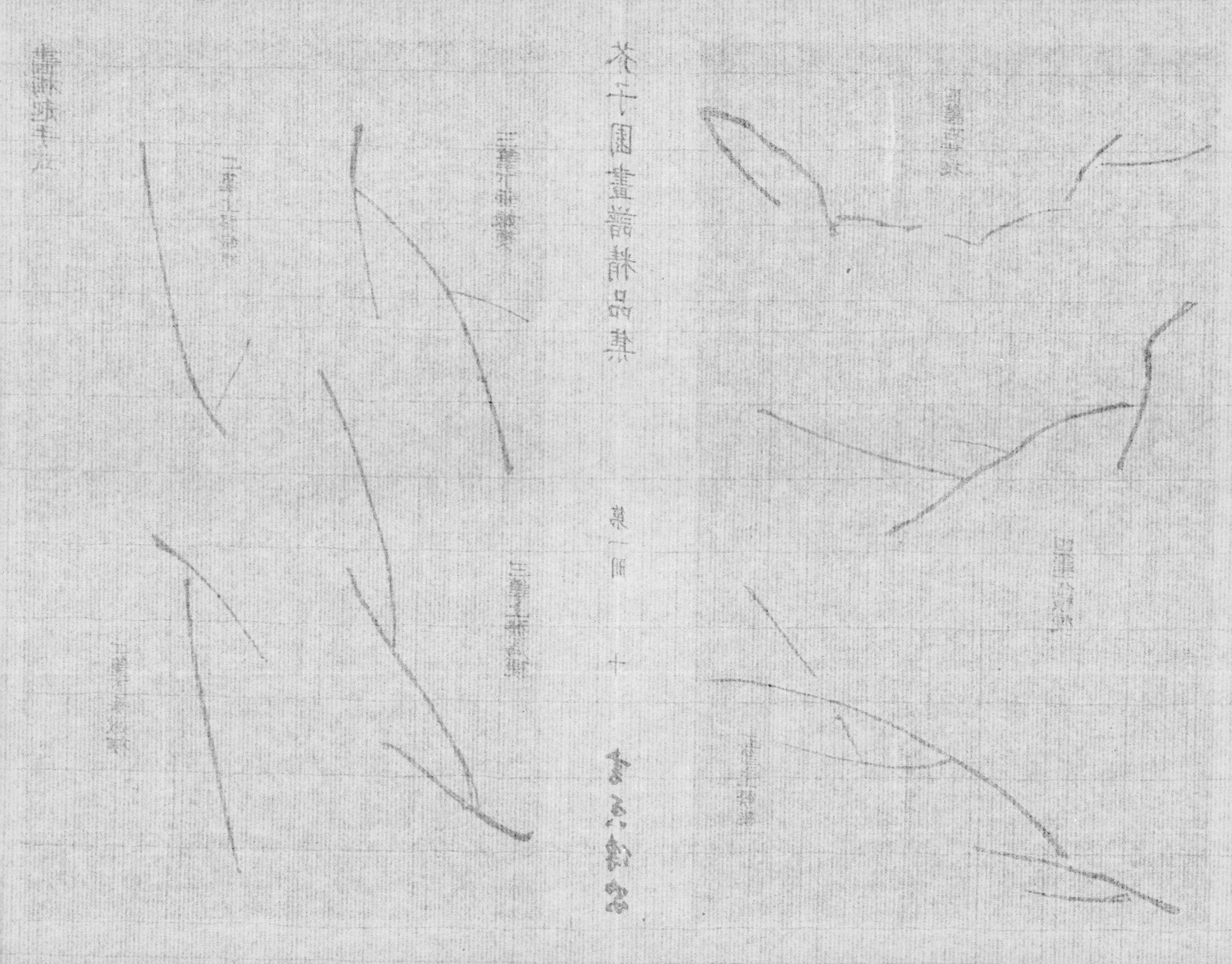

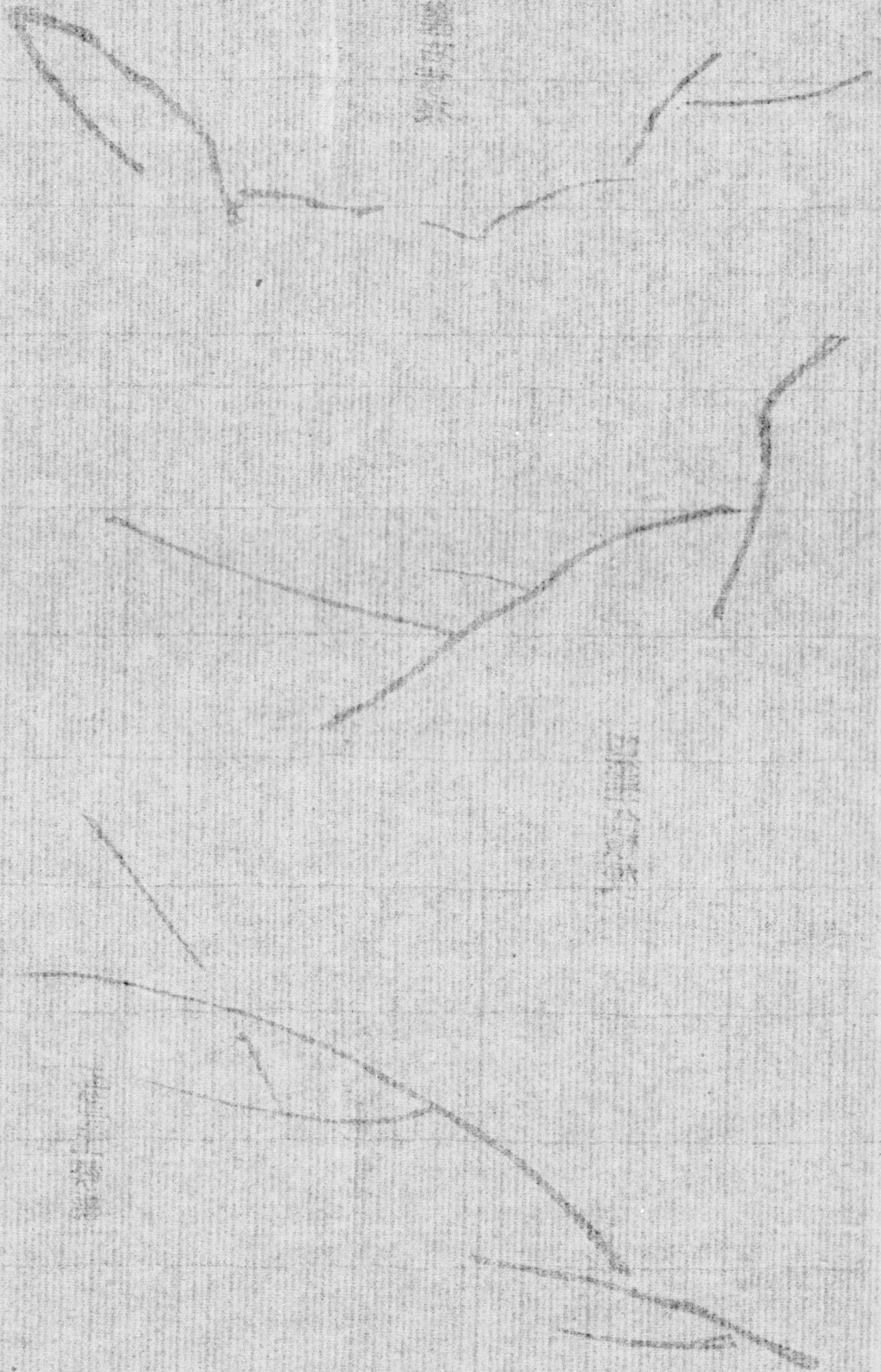

畫梗生枝式

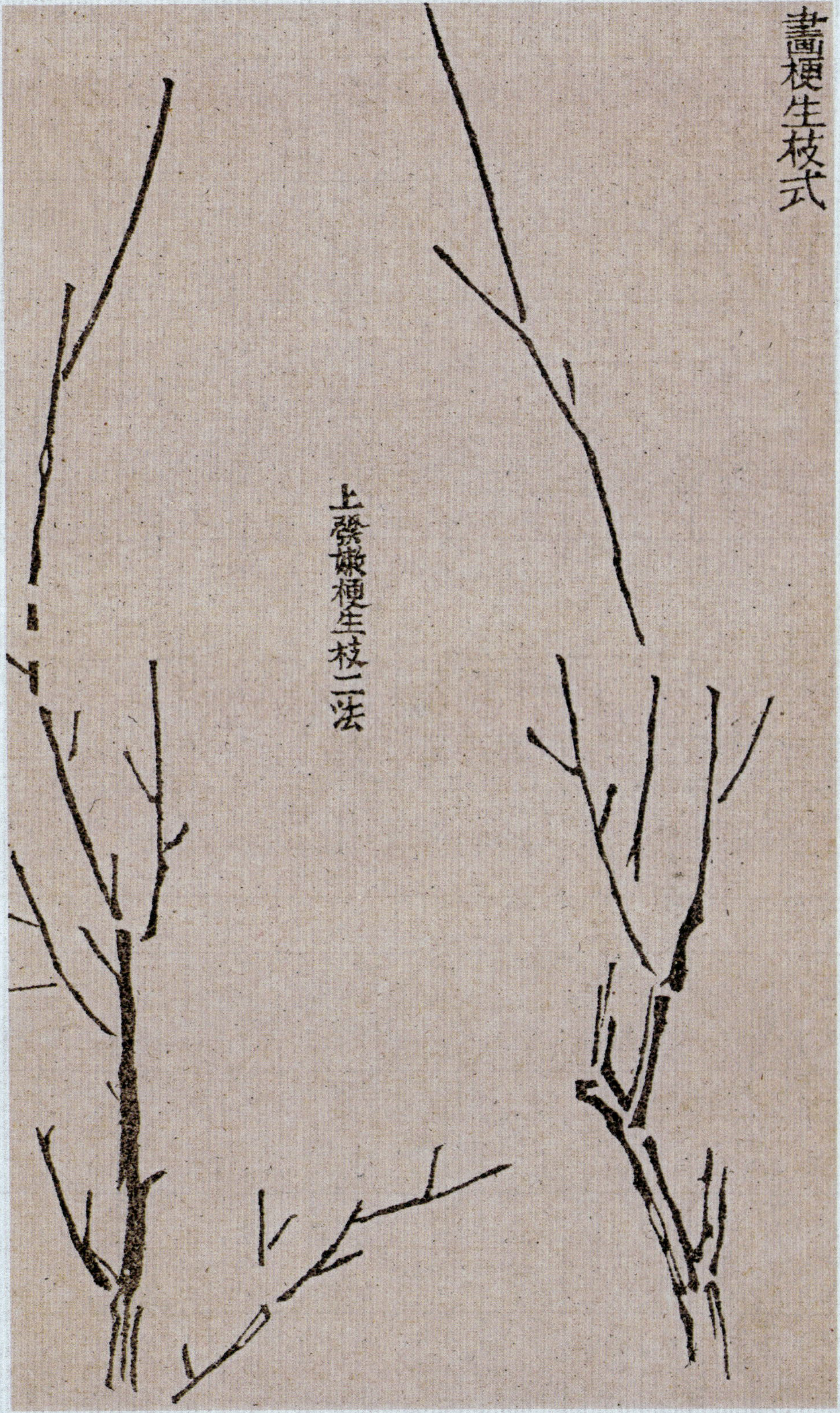

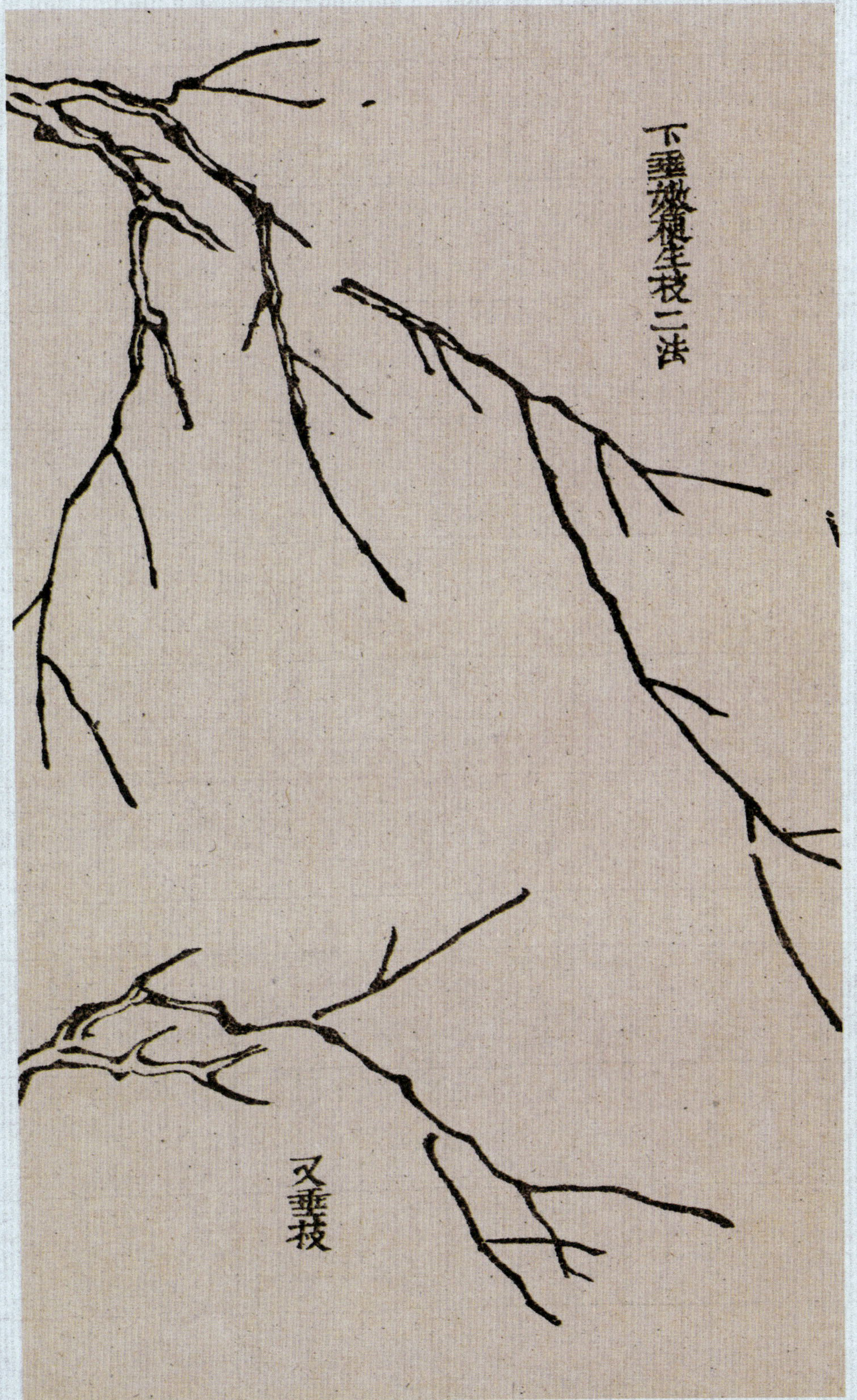

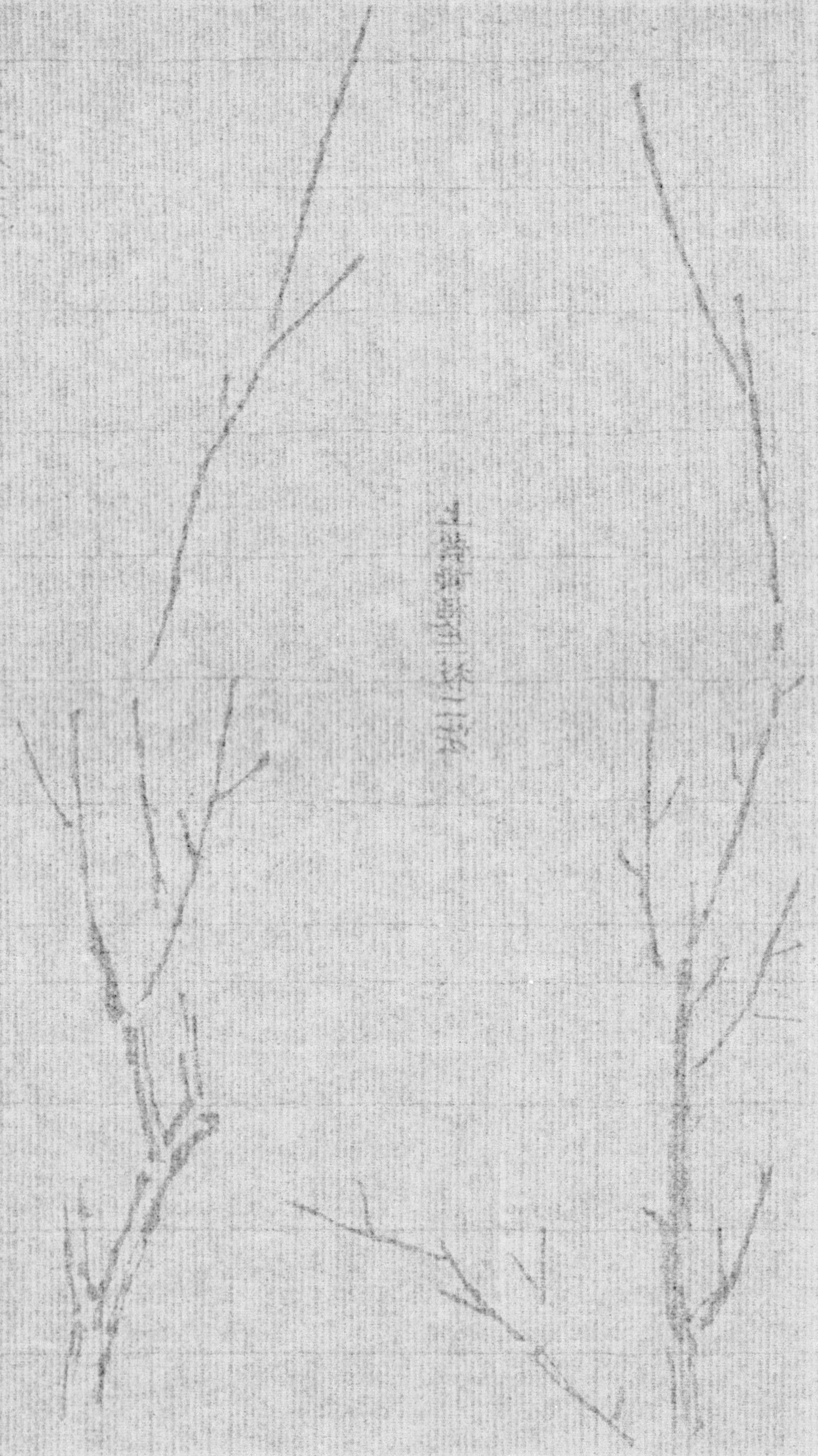

芥子園畫譜菊品集 第一冊 十一

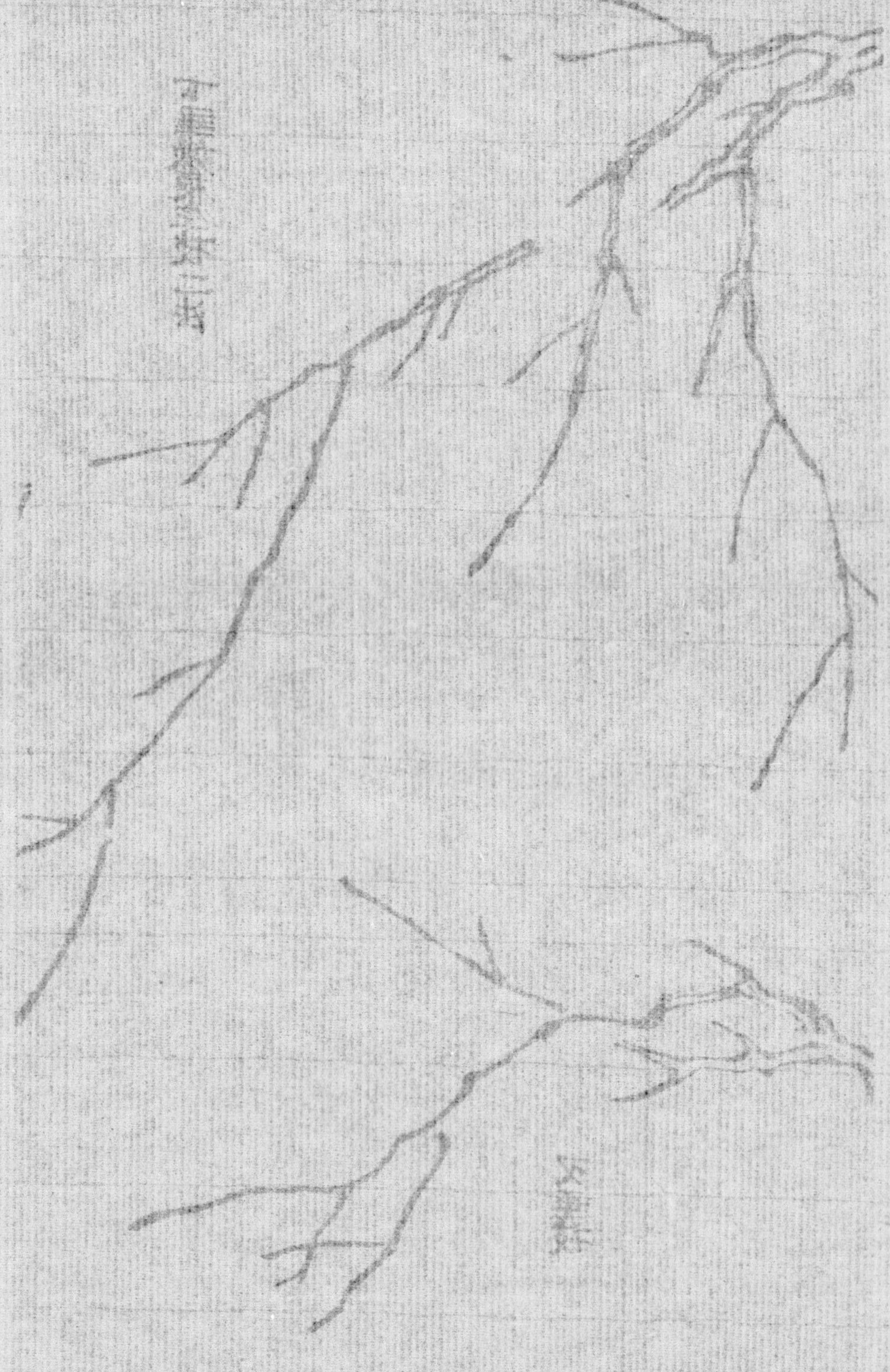

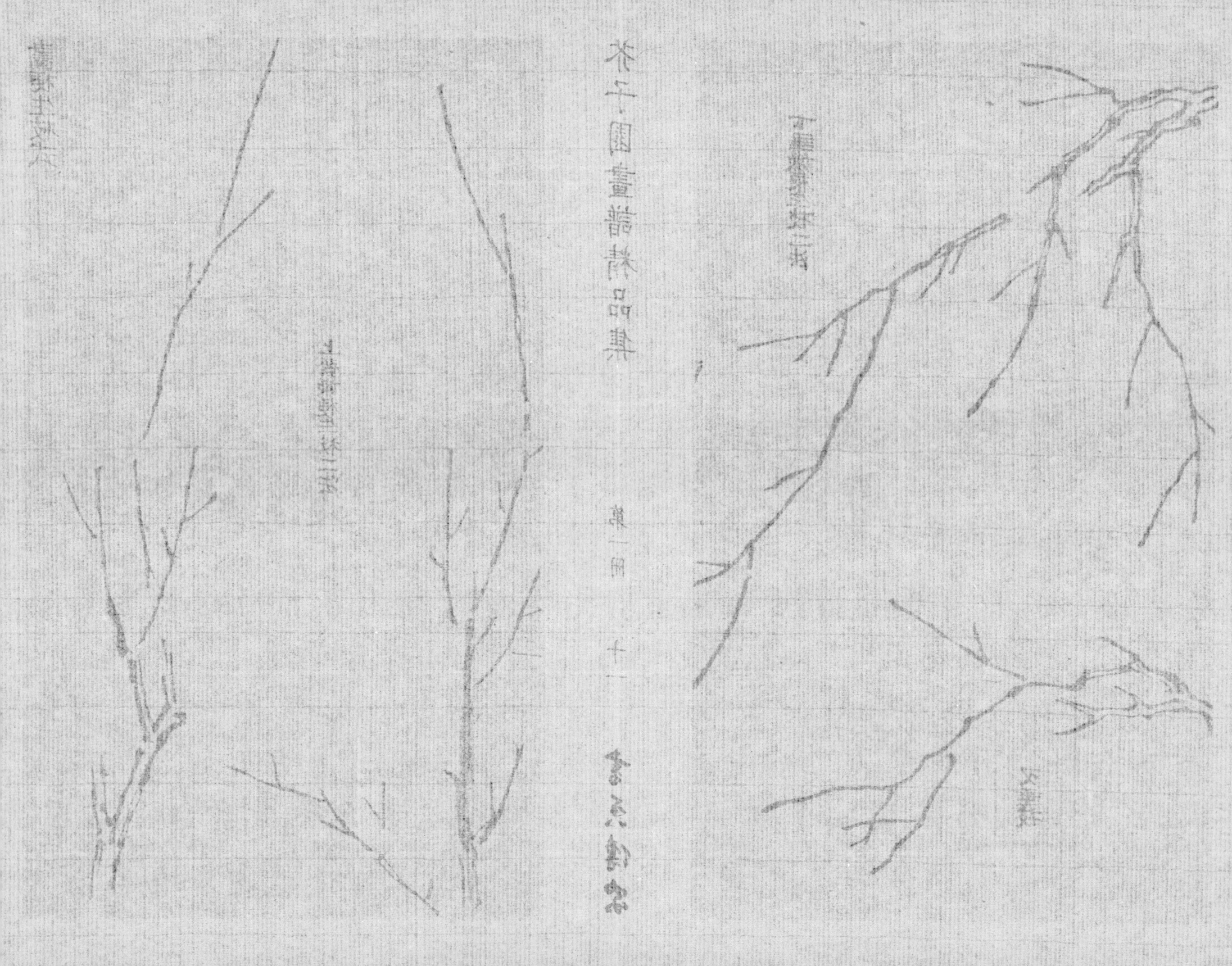

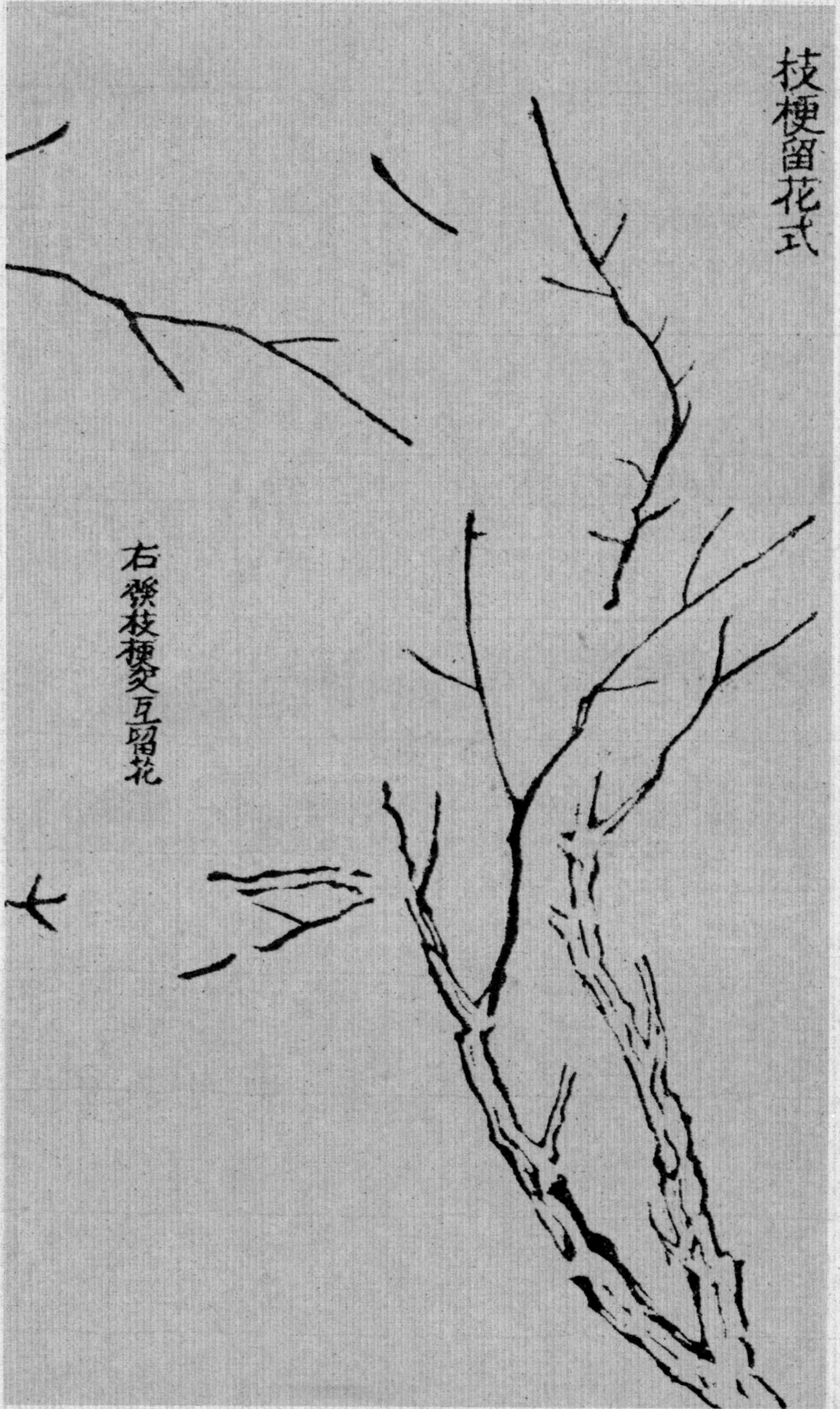
枝梗留花式
右發枝梗交互留花

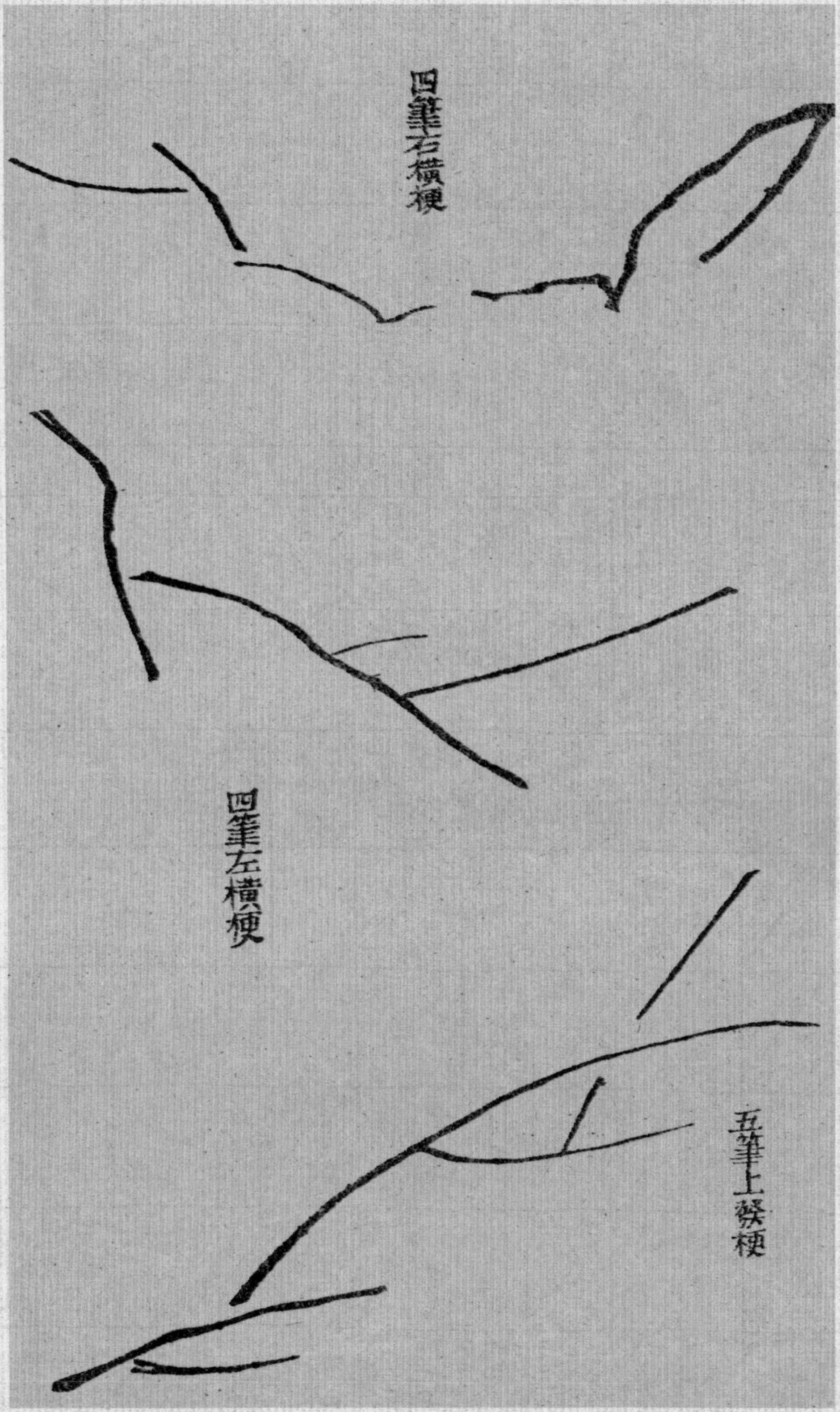
四筆右橫梗
四筆左橫梗
五筆上發梗

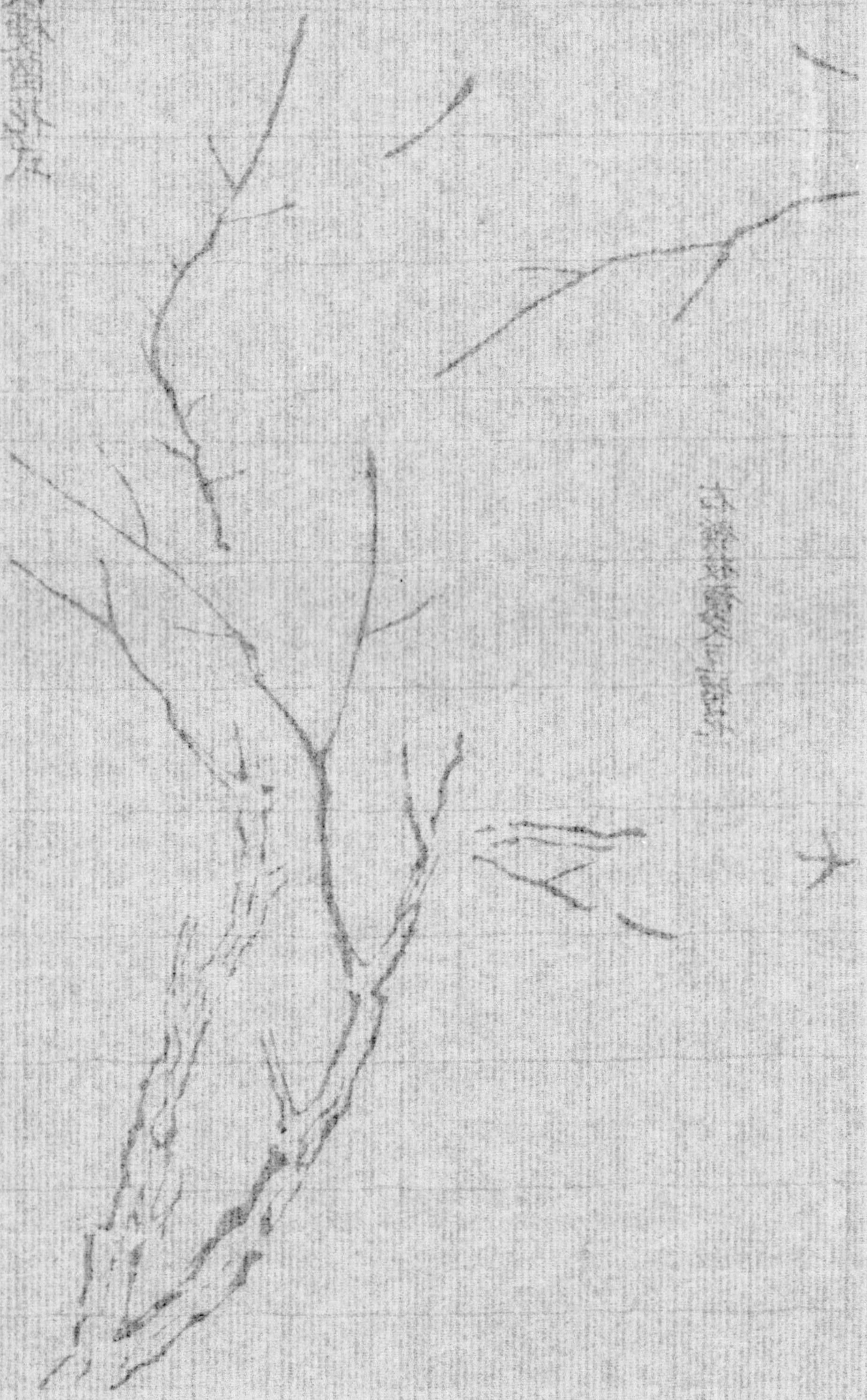

芥子園畫譜精品集

第一冊 十二

[illegible]

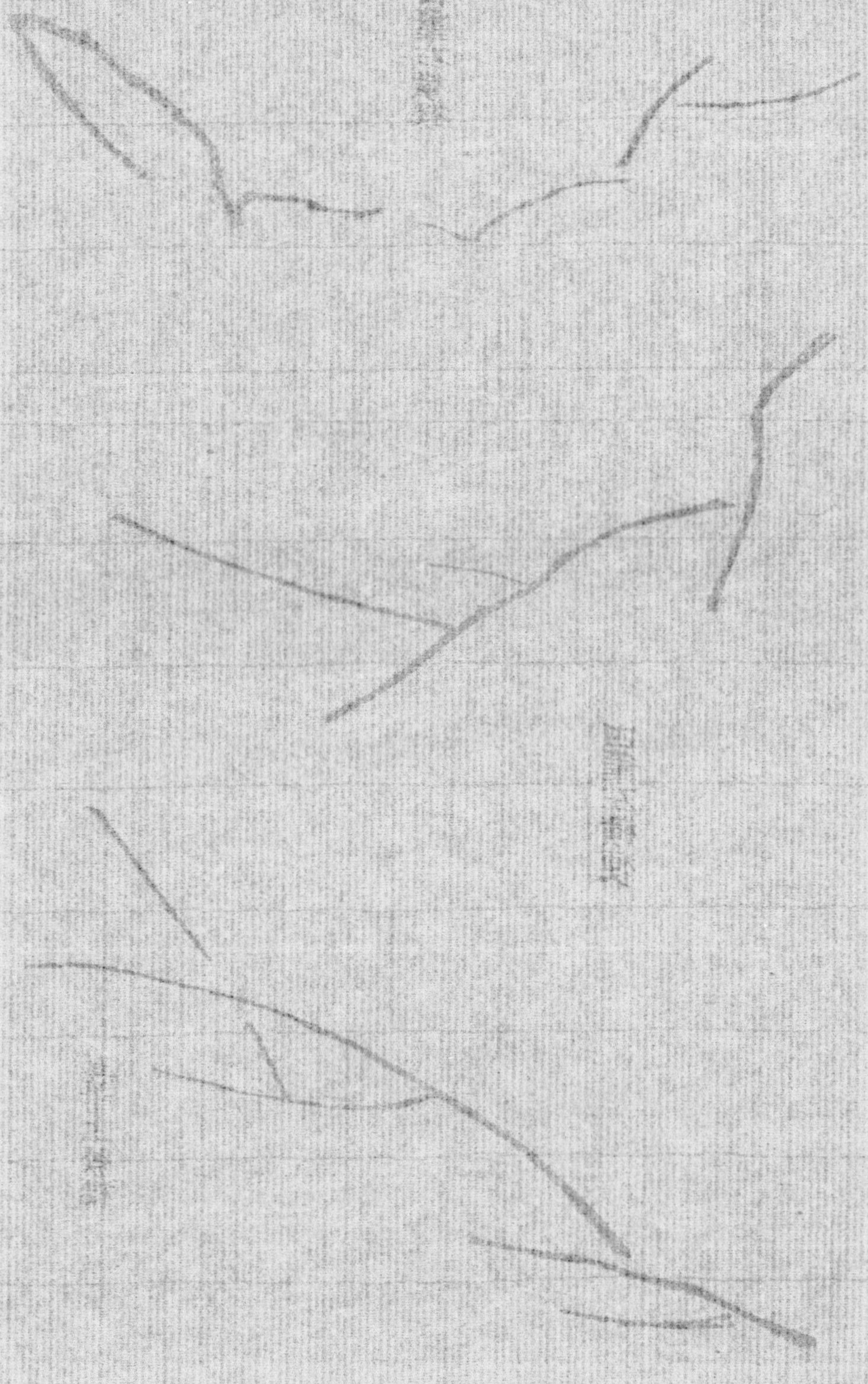

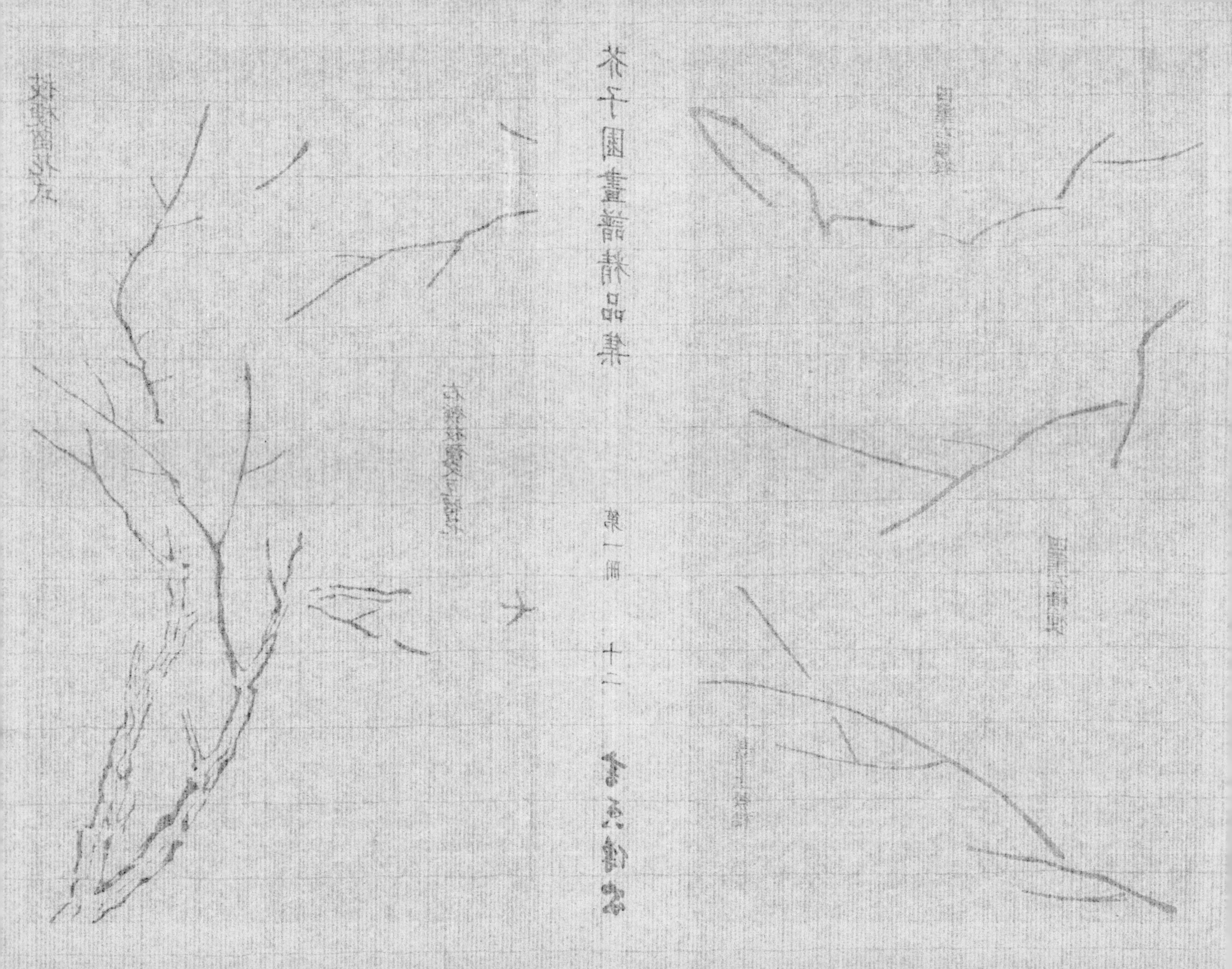

畫花式

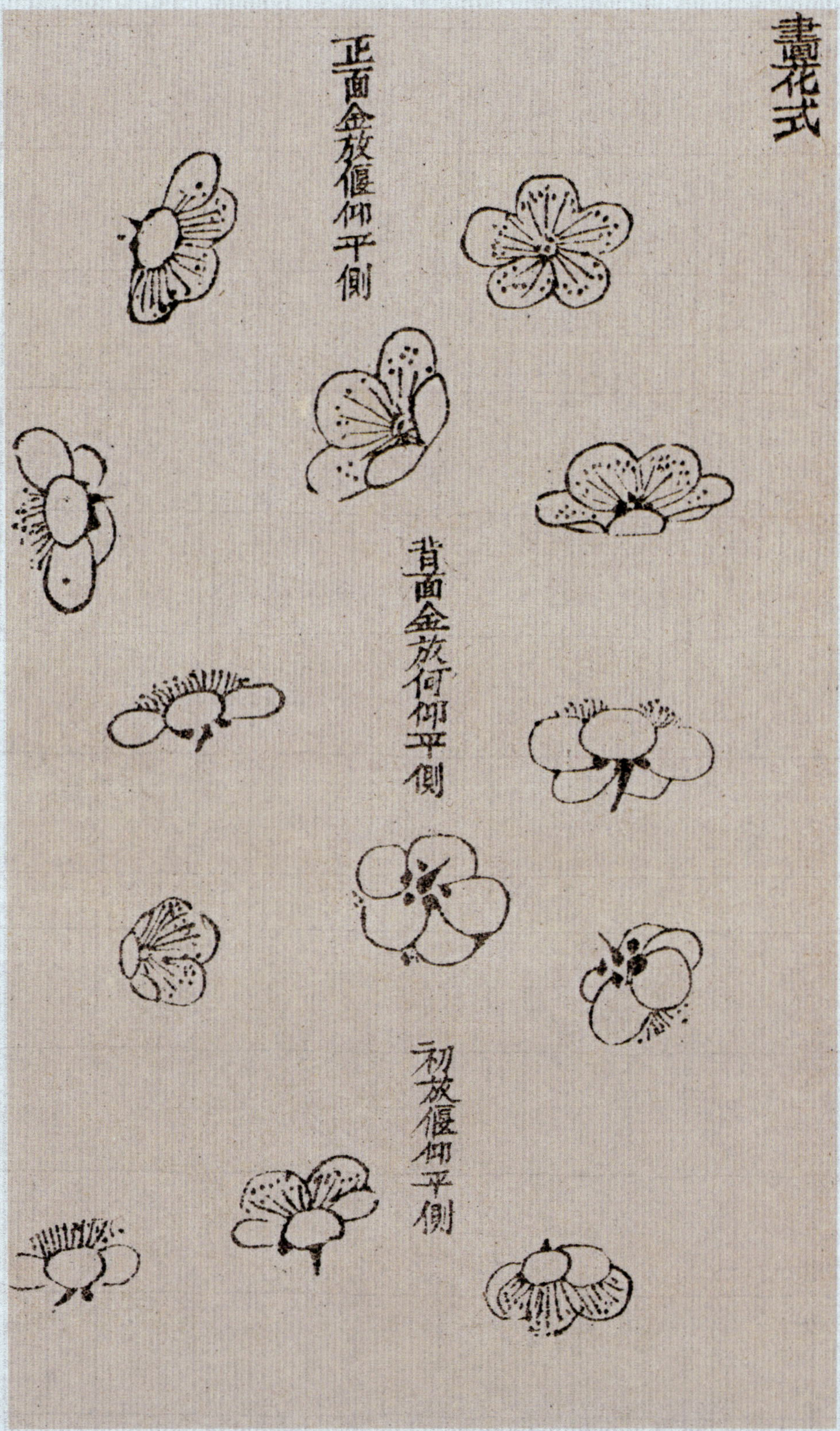
正面全放偃仰平側
背面全放何仰平側
初放偃仰平側

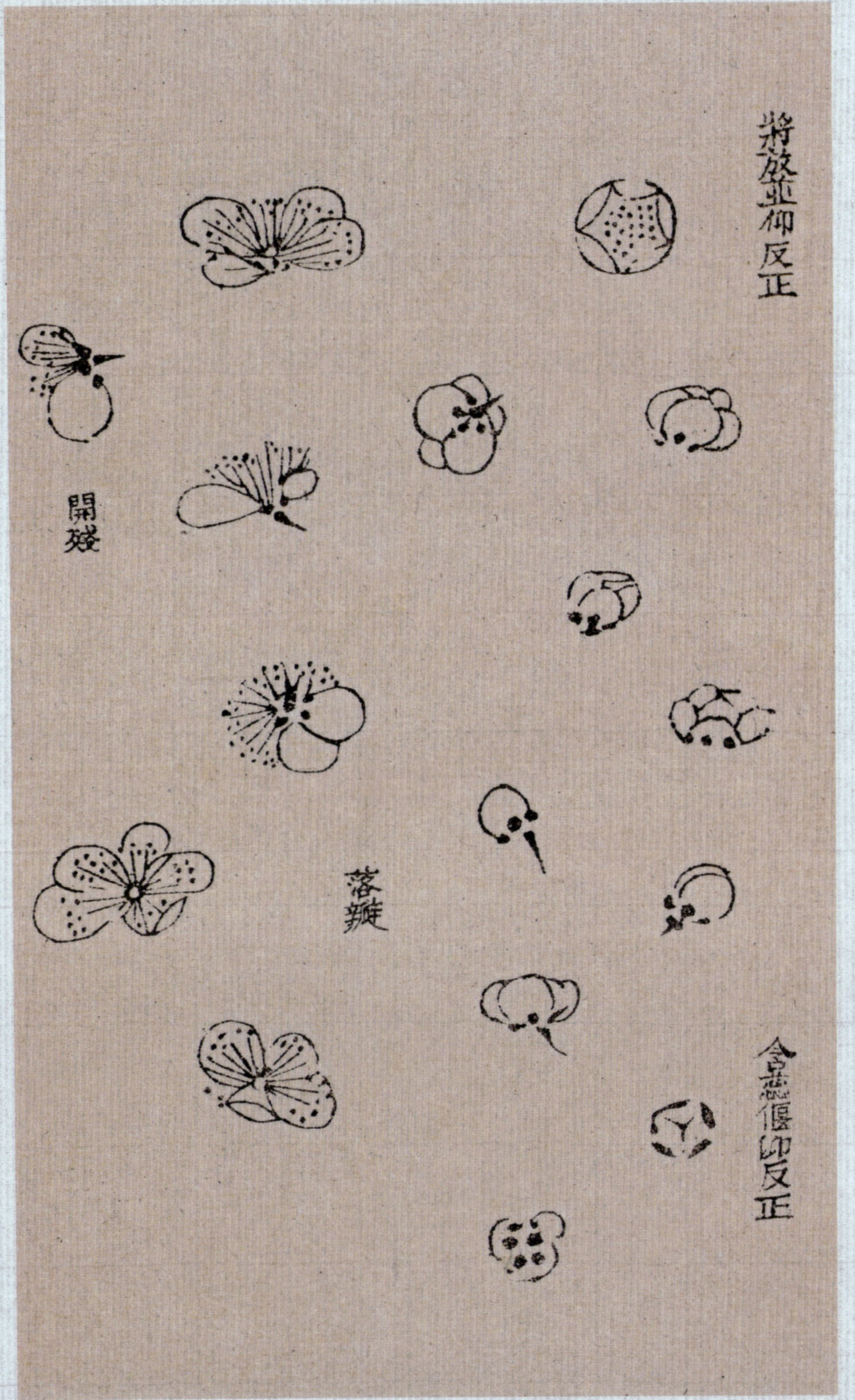
將放並仰反正
開殘
落瓣
含蕊偃仰反正

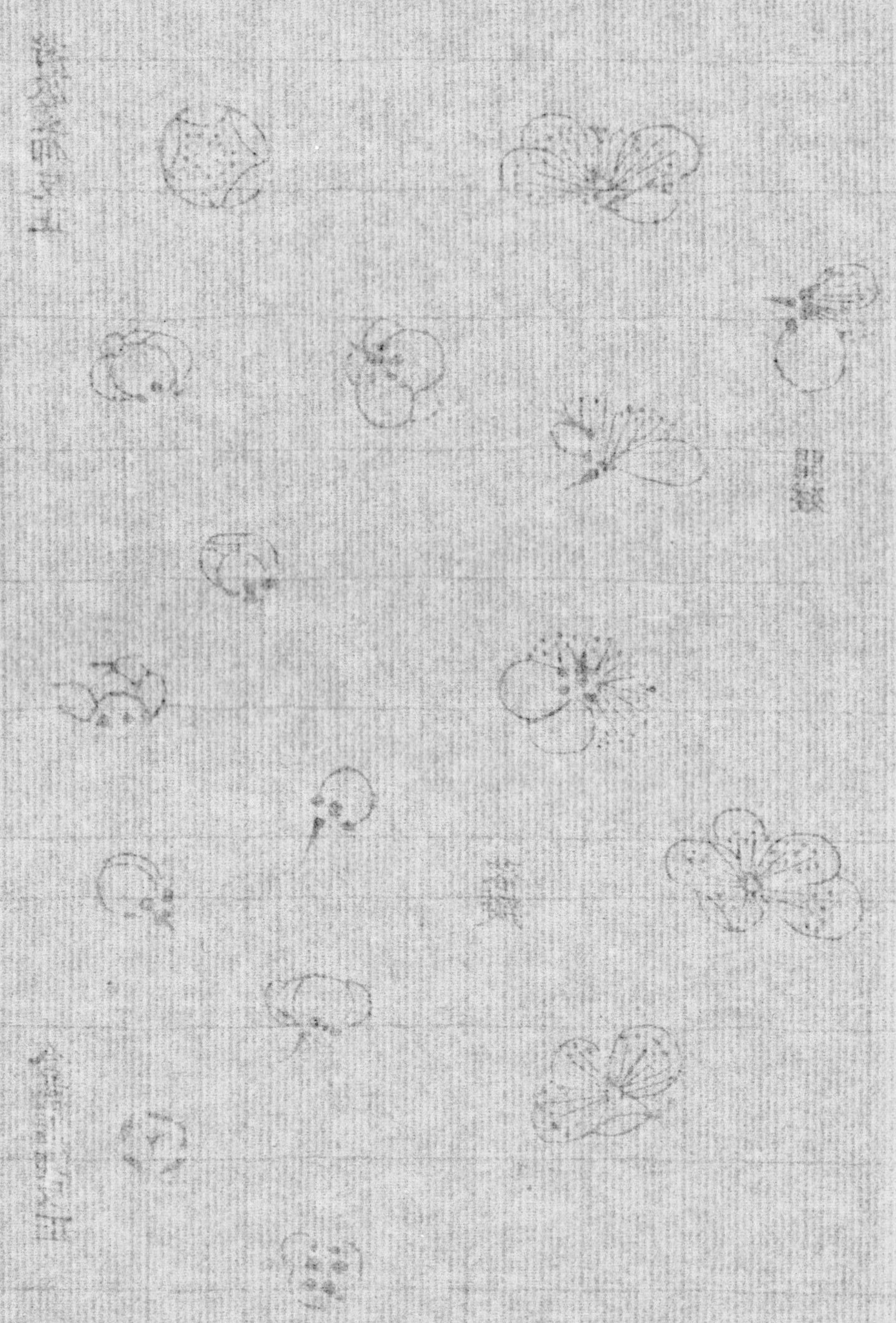

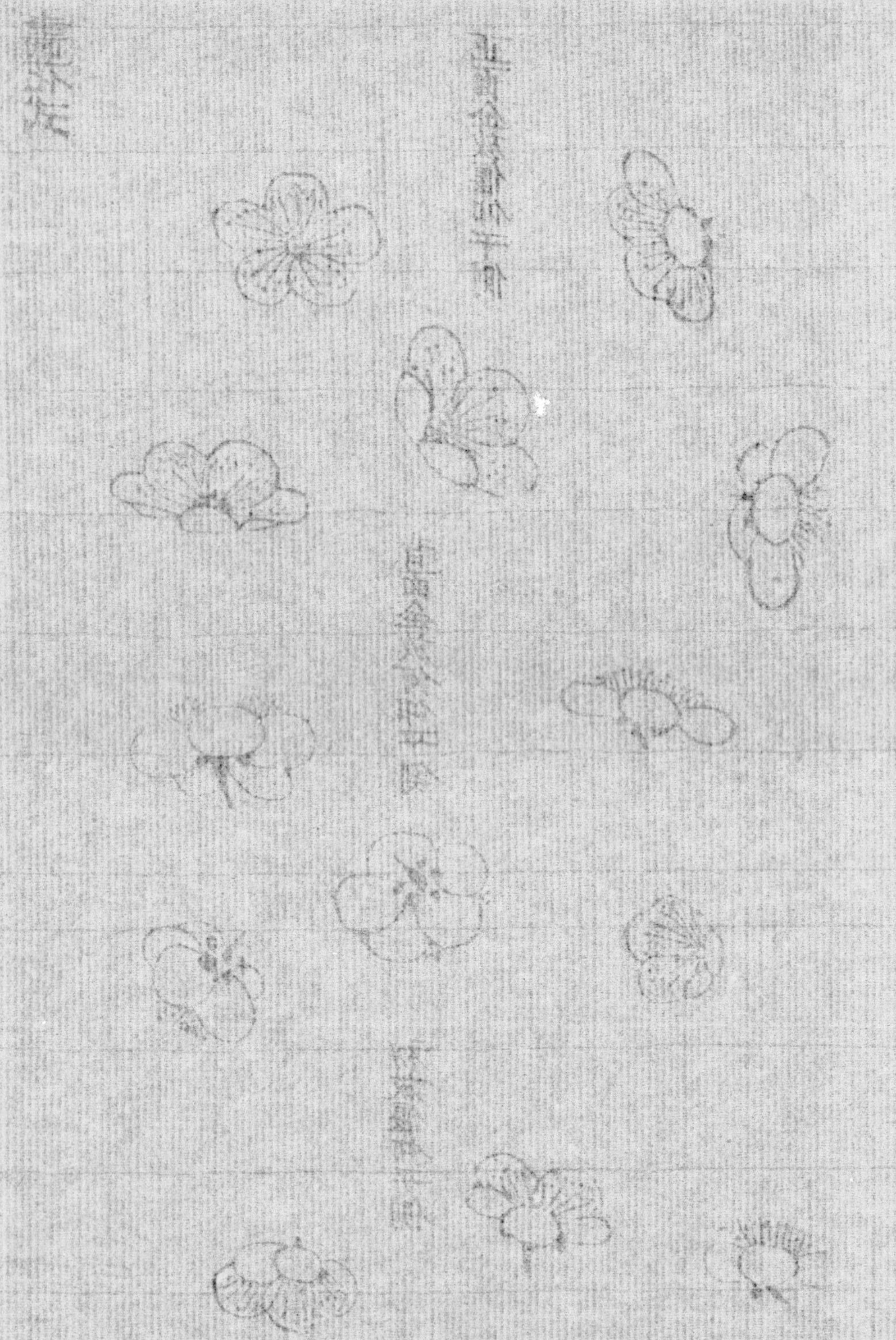

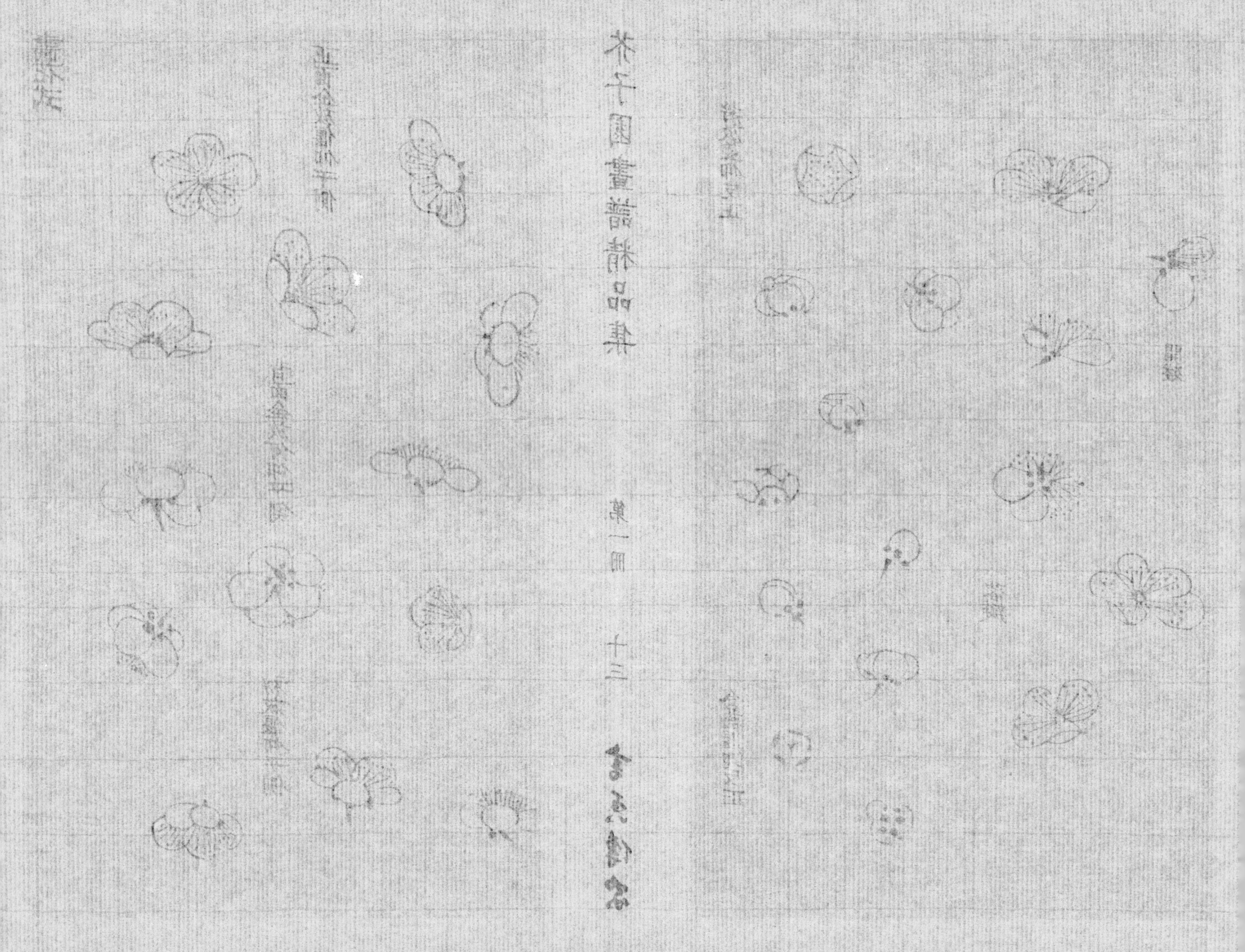

芥子園畫譜精品集

第一冊

十四

書香傳家

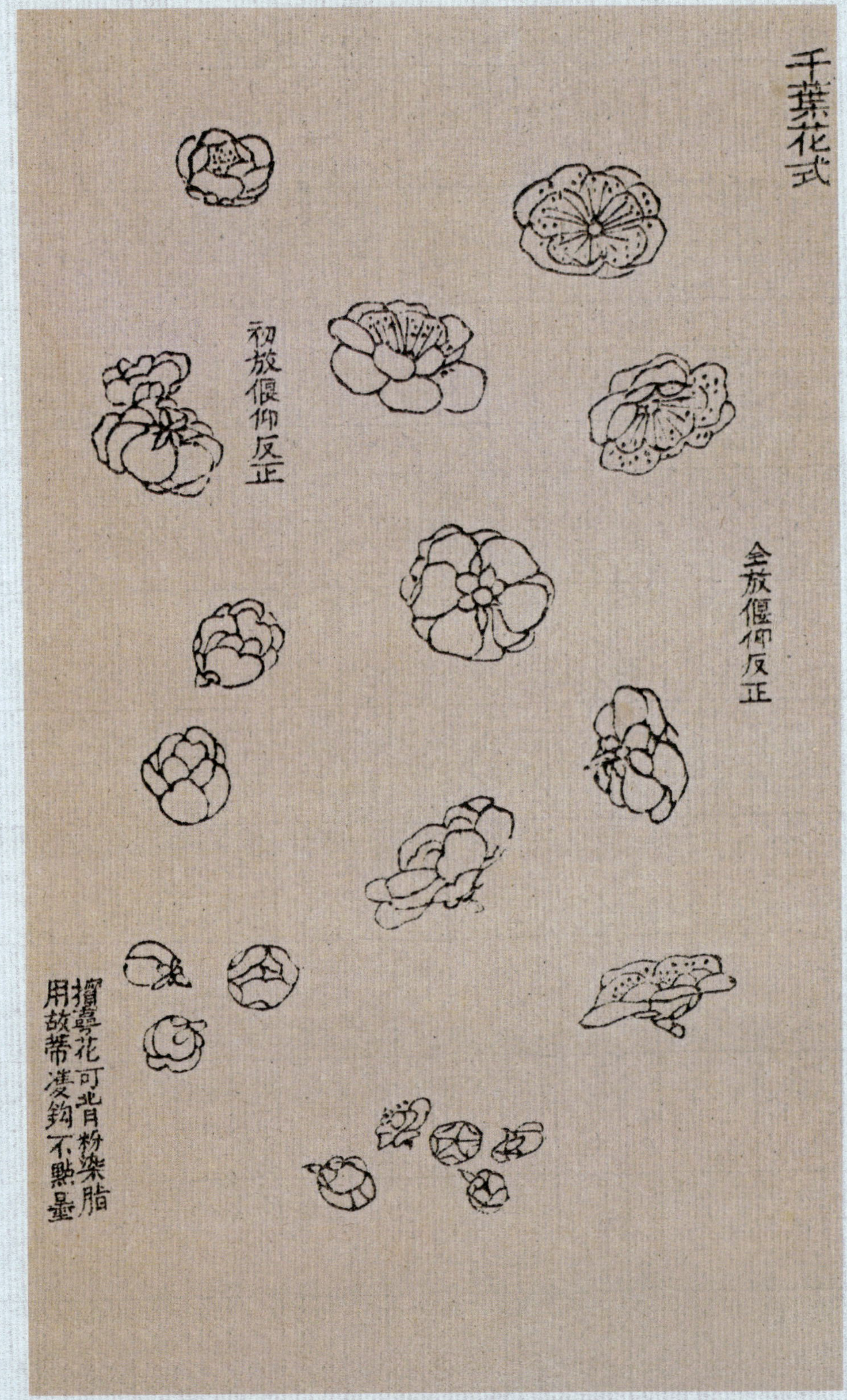
千葉花式
初放偃仰反正
全放偃仰反正
擅萼花可背粉染脂
用故蒂淺鈎不點暈

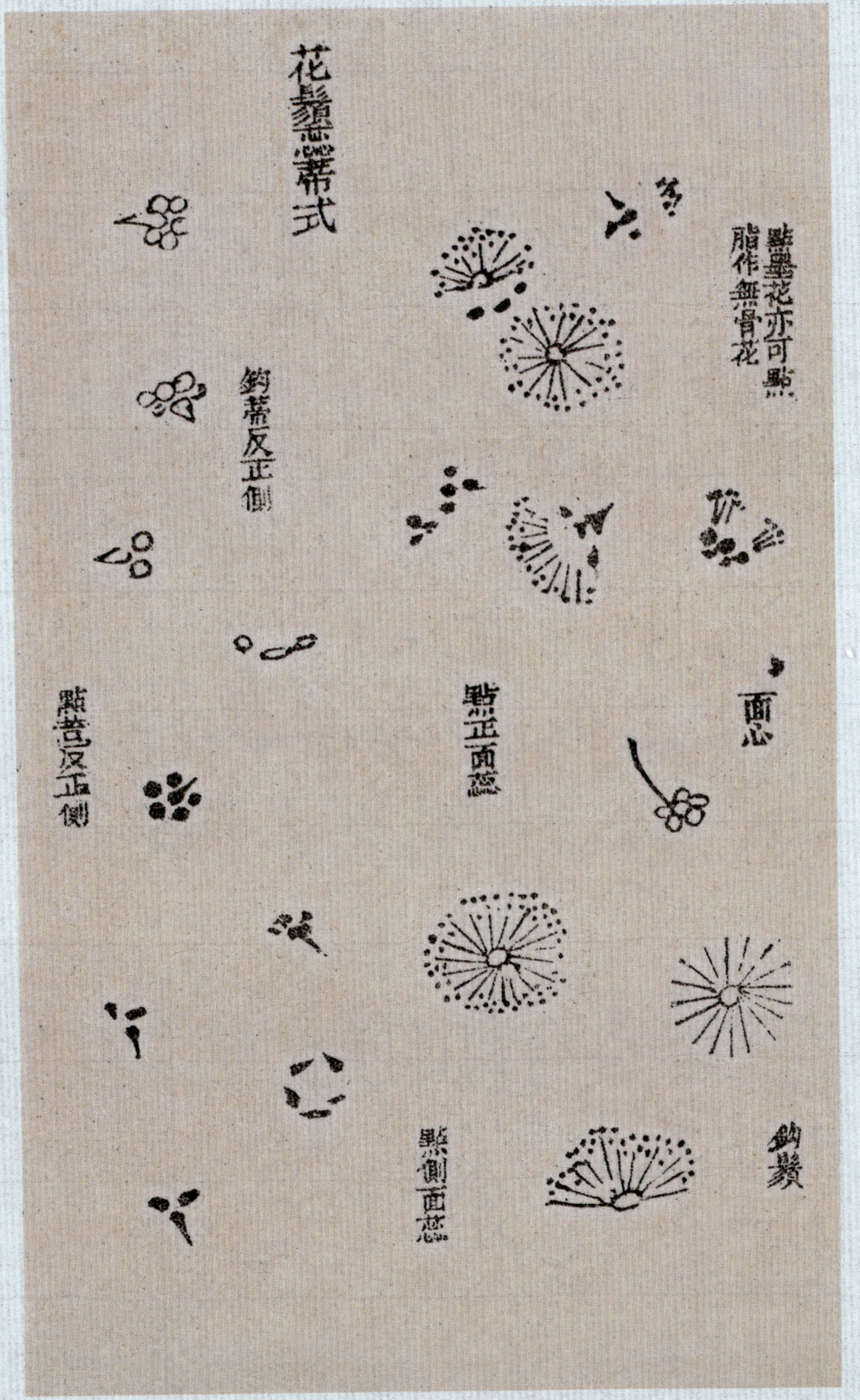
花鬚蕊蒂式
點墨花亦可點
脂作無骨花
鈎蒂反正側
面心
點正面蕊
點蒂反正側
鈎鬚
點側面蕊

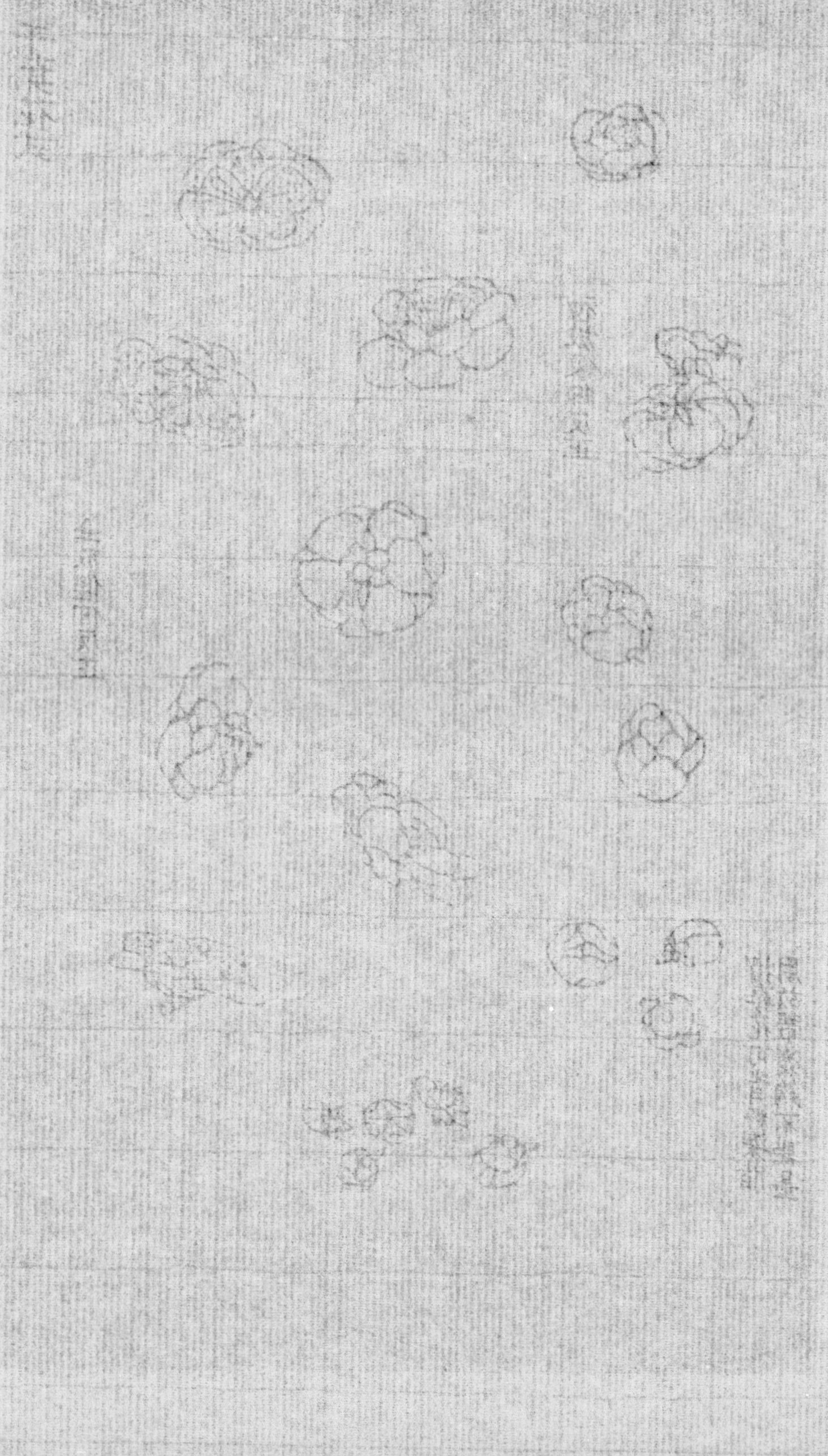

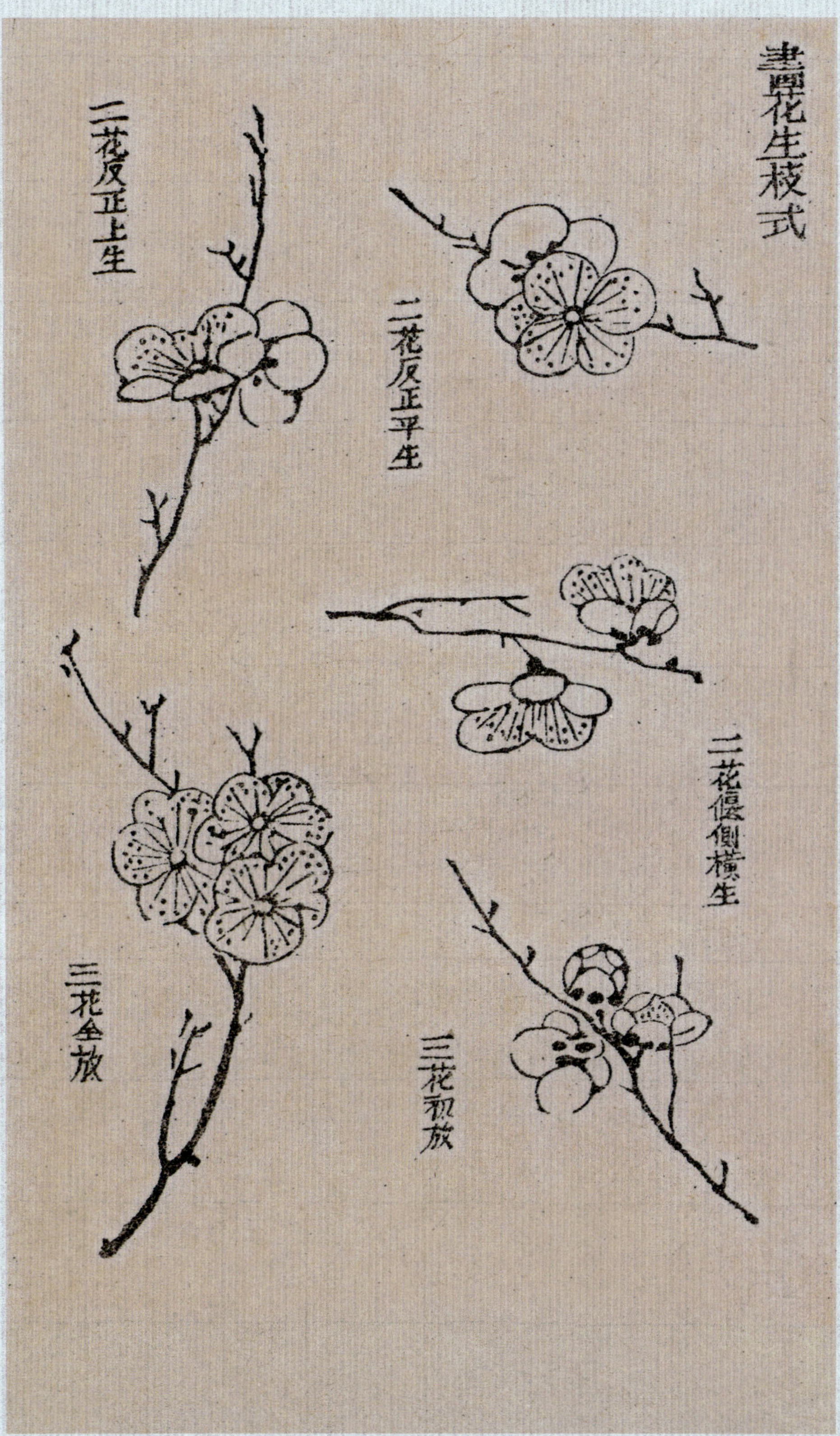
畫花生枝式
二花反正上生
二花反正平生
二花偃側橫生
三花全放
三花初放

芥子園畫譜精品集

第一冊

十五

書香傳家

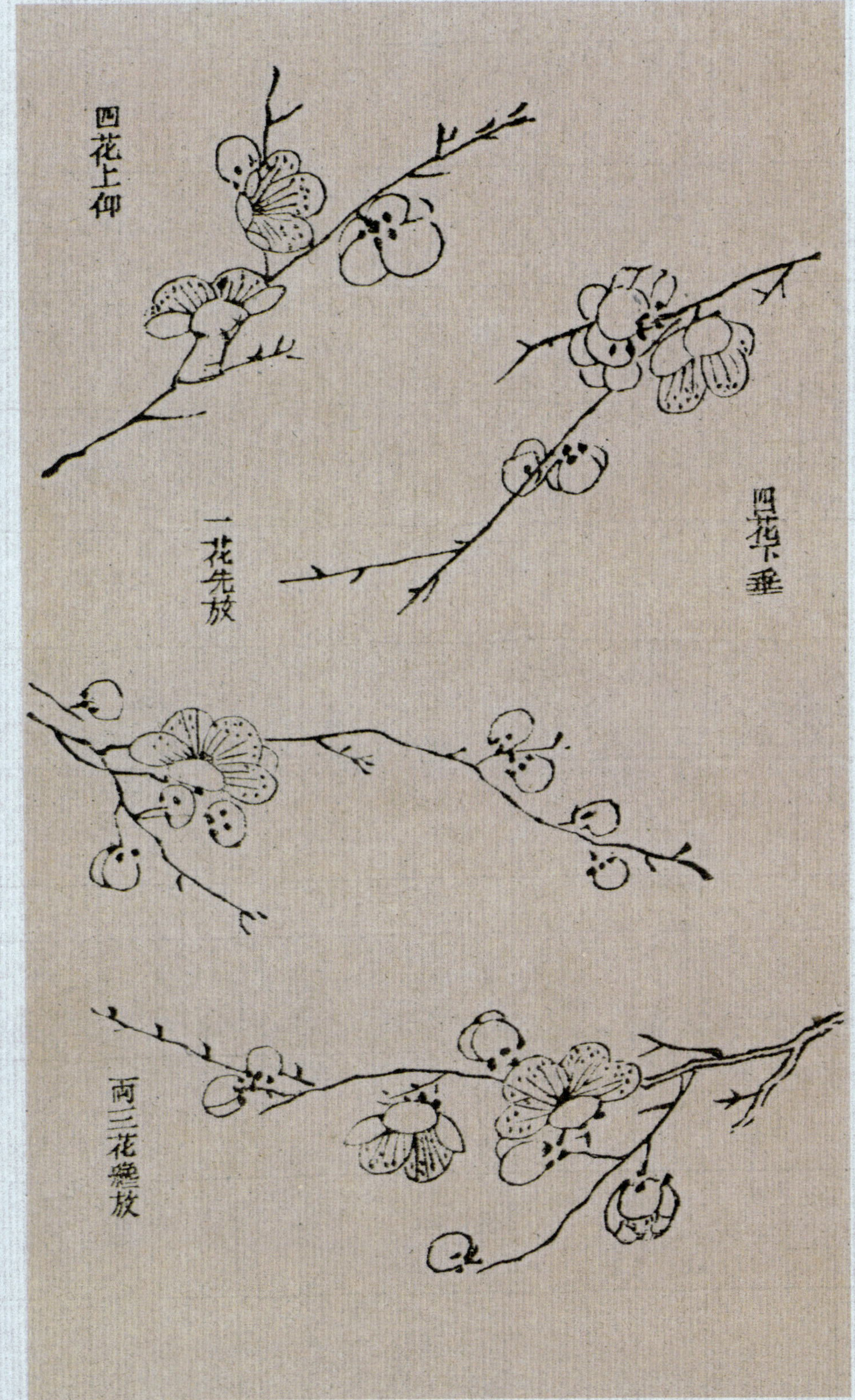
四花上仰
四花下垂
一花先放
兩三花齊放

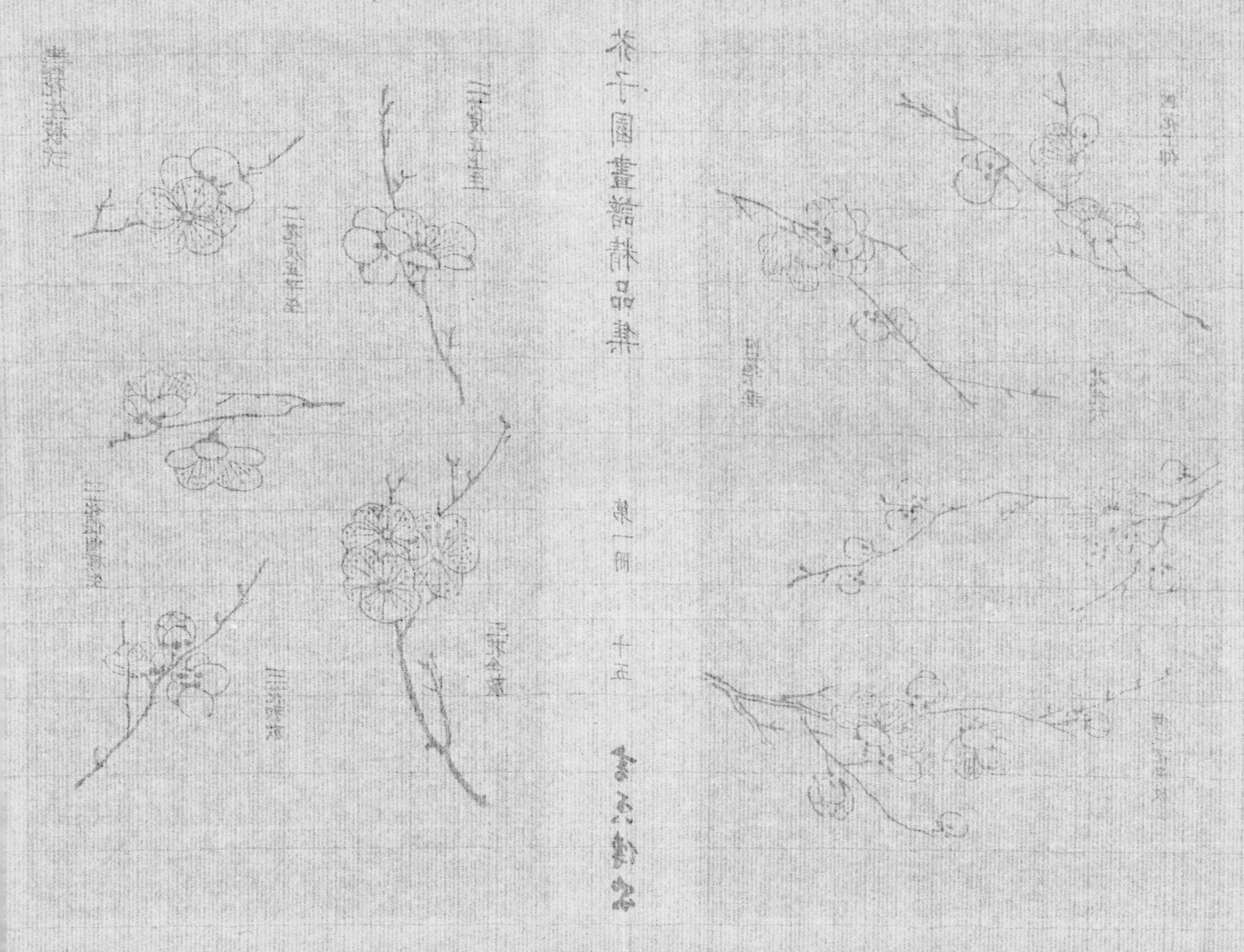

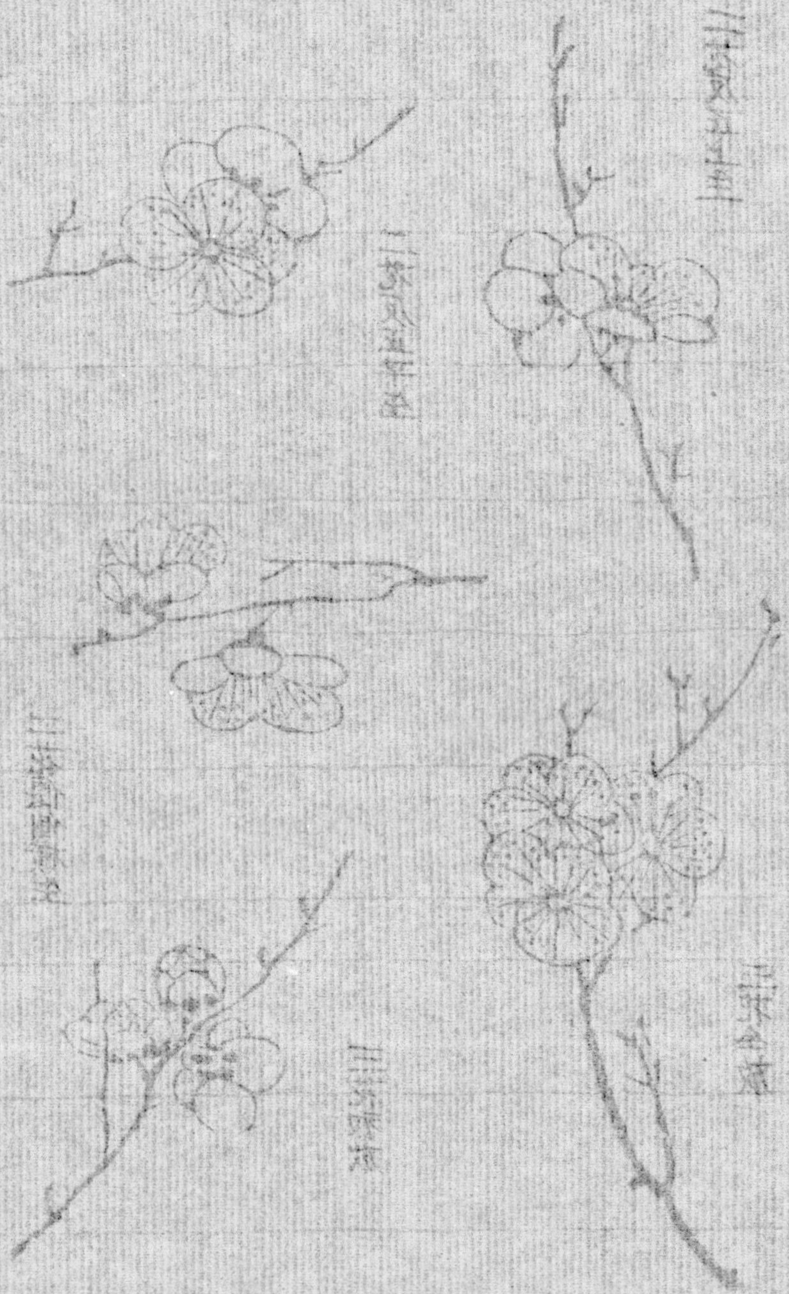

花蕚生枝點芽式

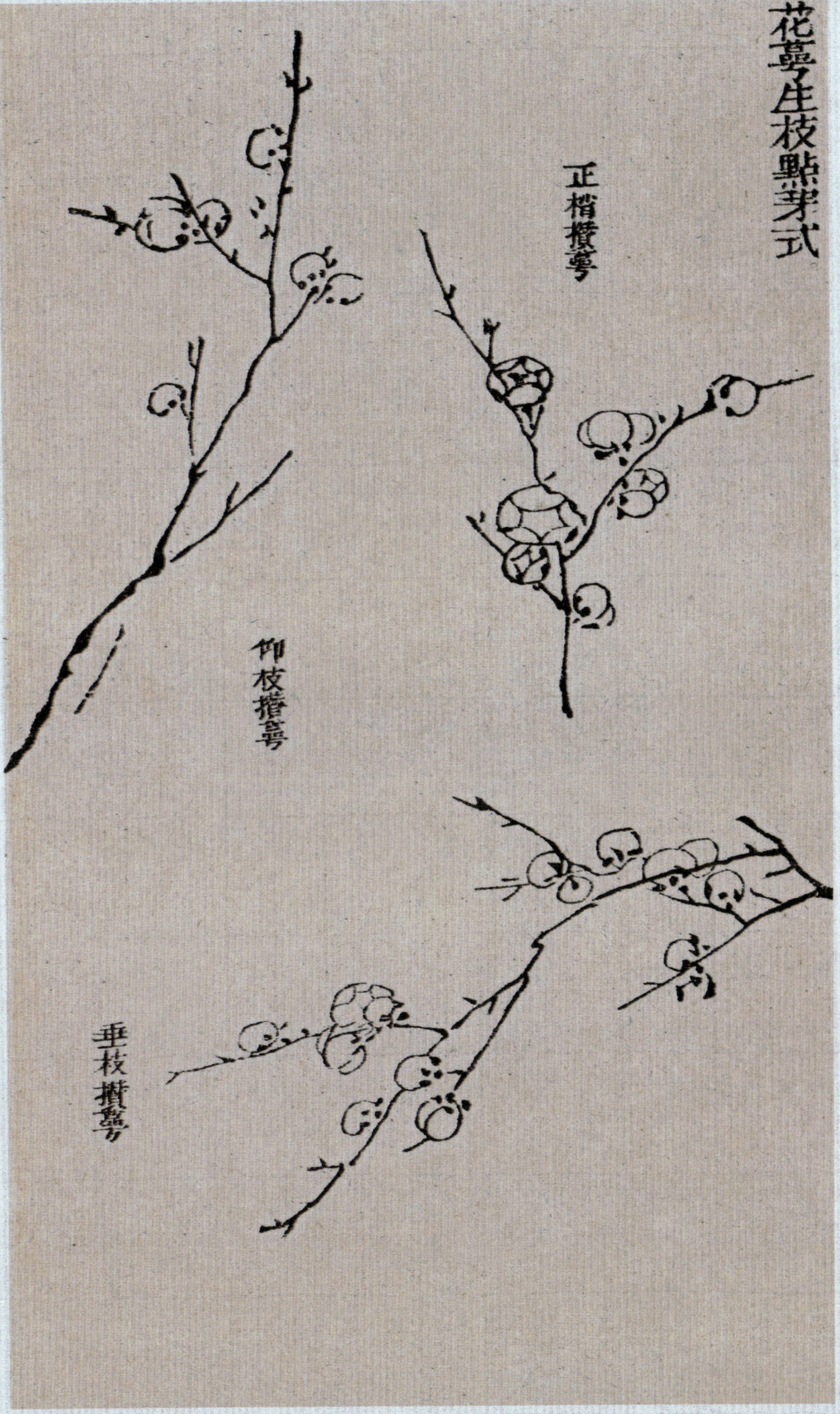
正楷攢蕚
仰枝攢蕚
垂枝攢蕚

全幹生枝添花式

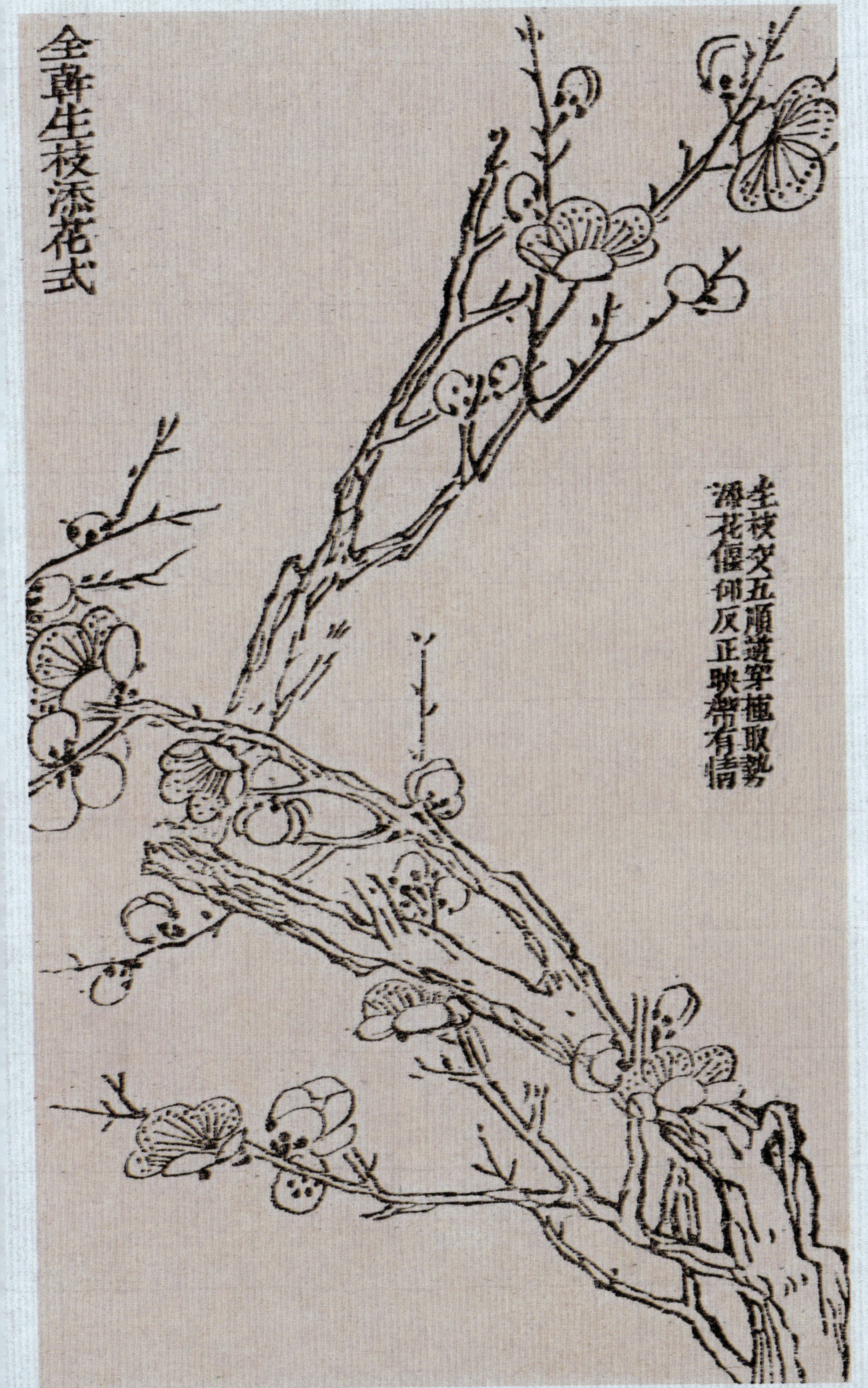
生枝交互須避穿插取勢
添花偃仰反正映帶有情

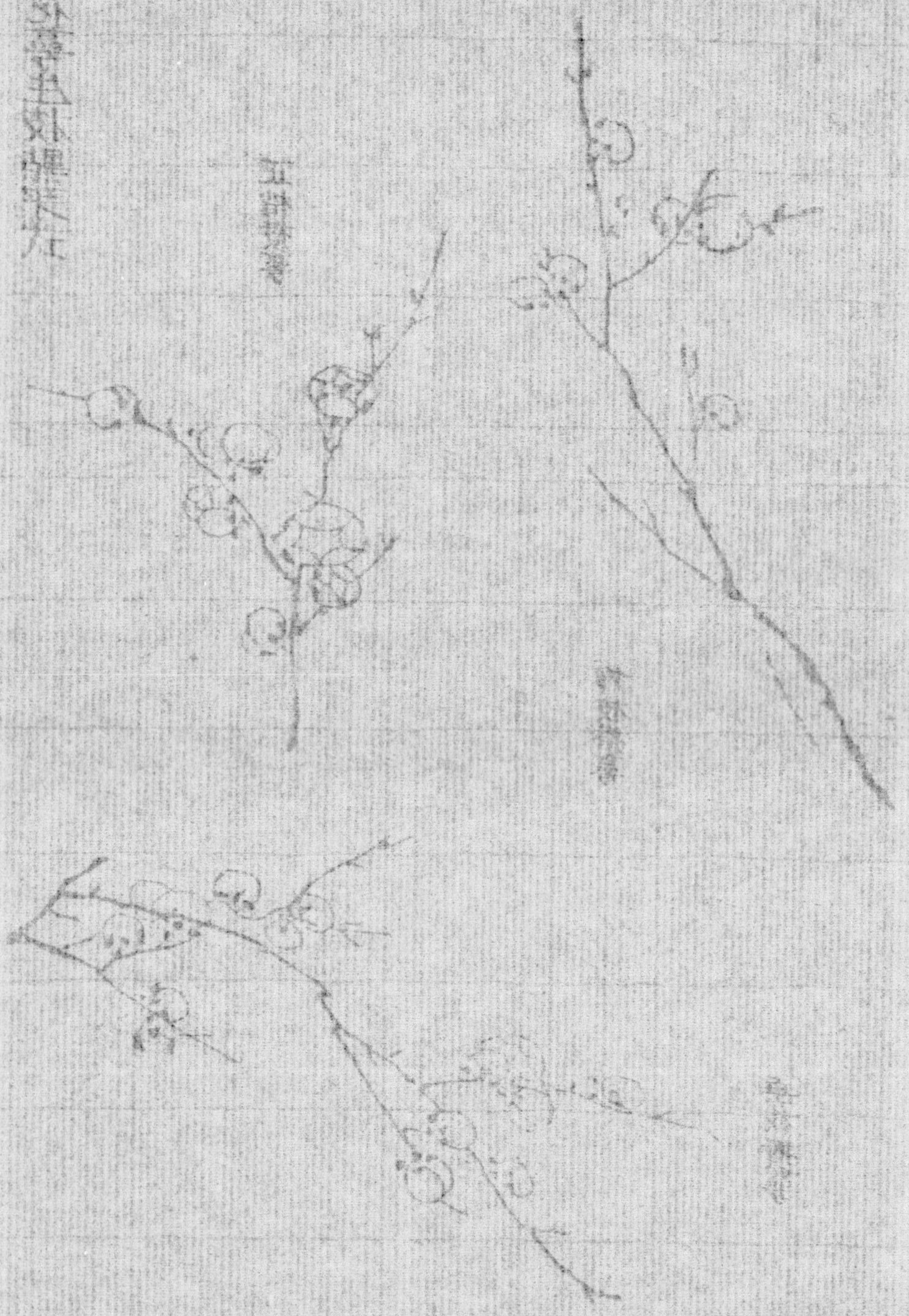

芥子園畫譜梅品集　第一冊　十六

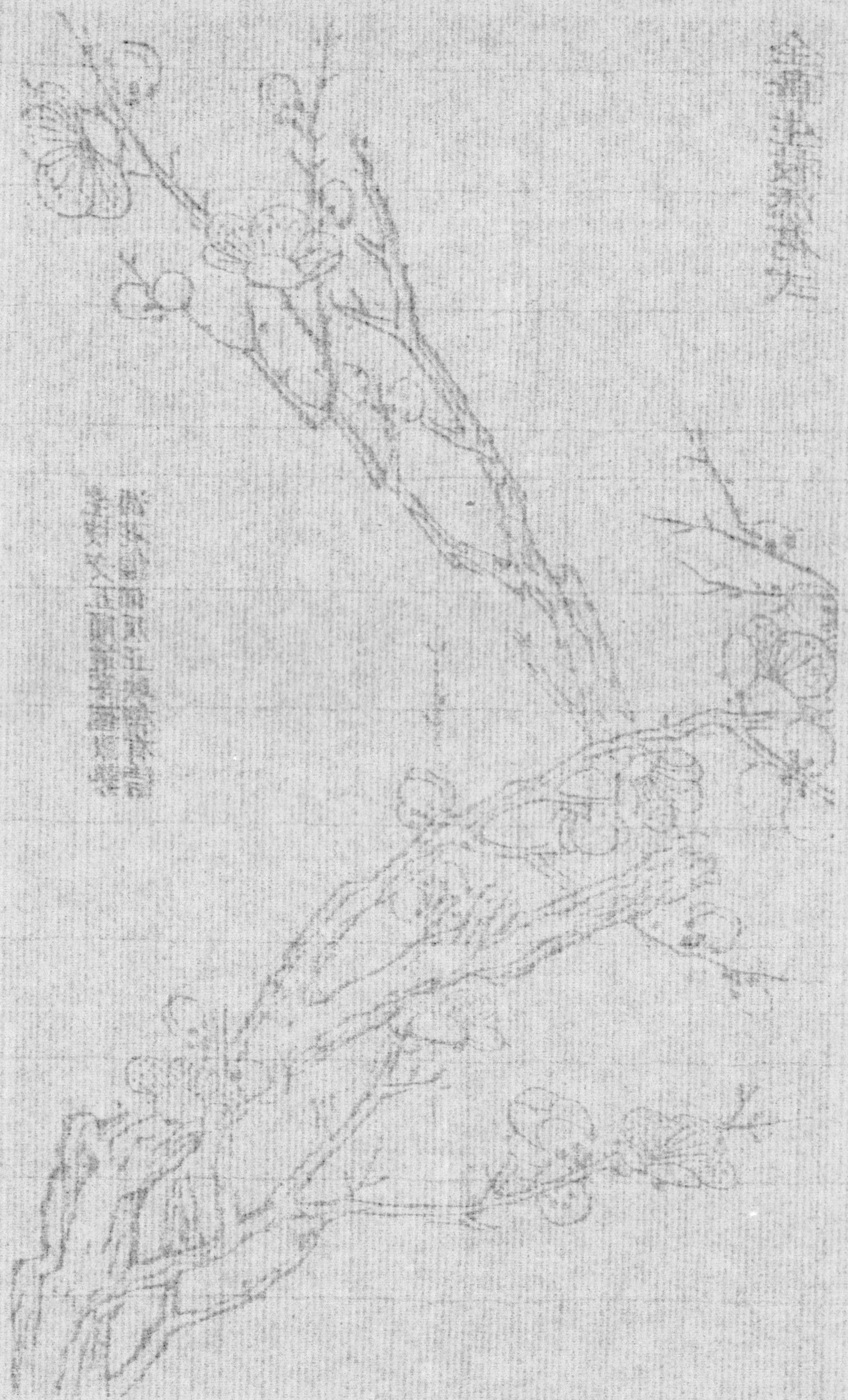

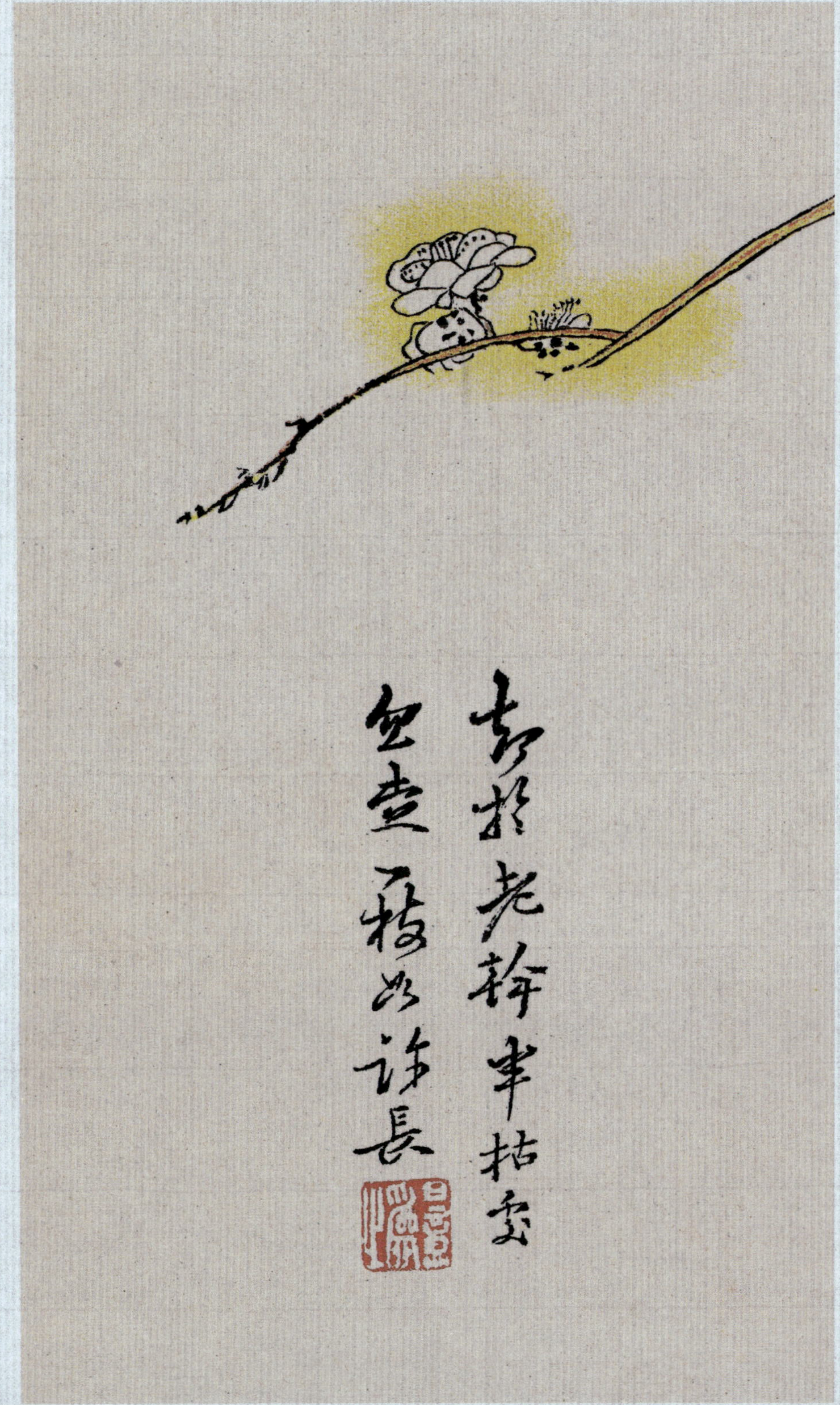

芥子園畫譜精品集

第一冊

十七

書香傳家

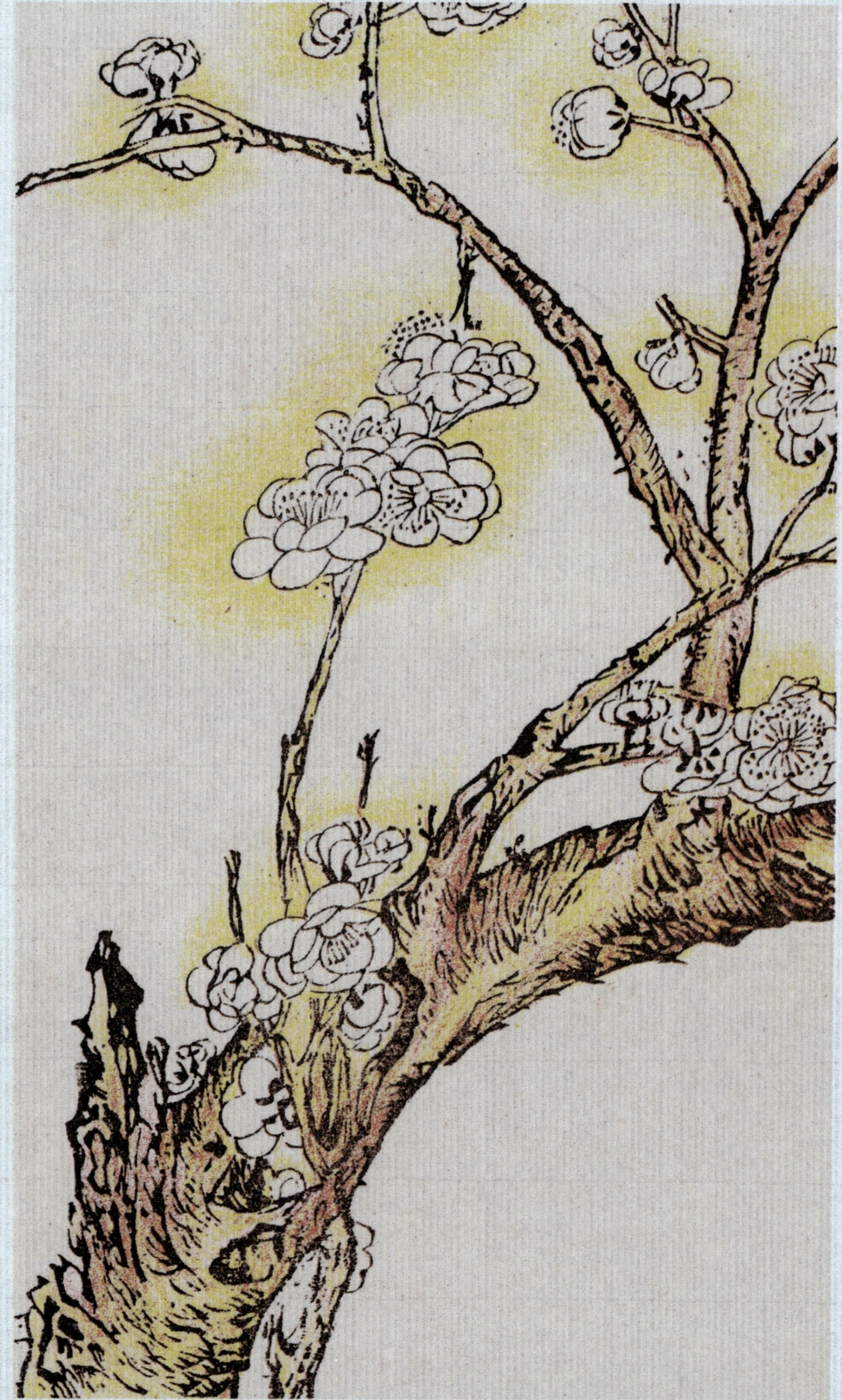

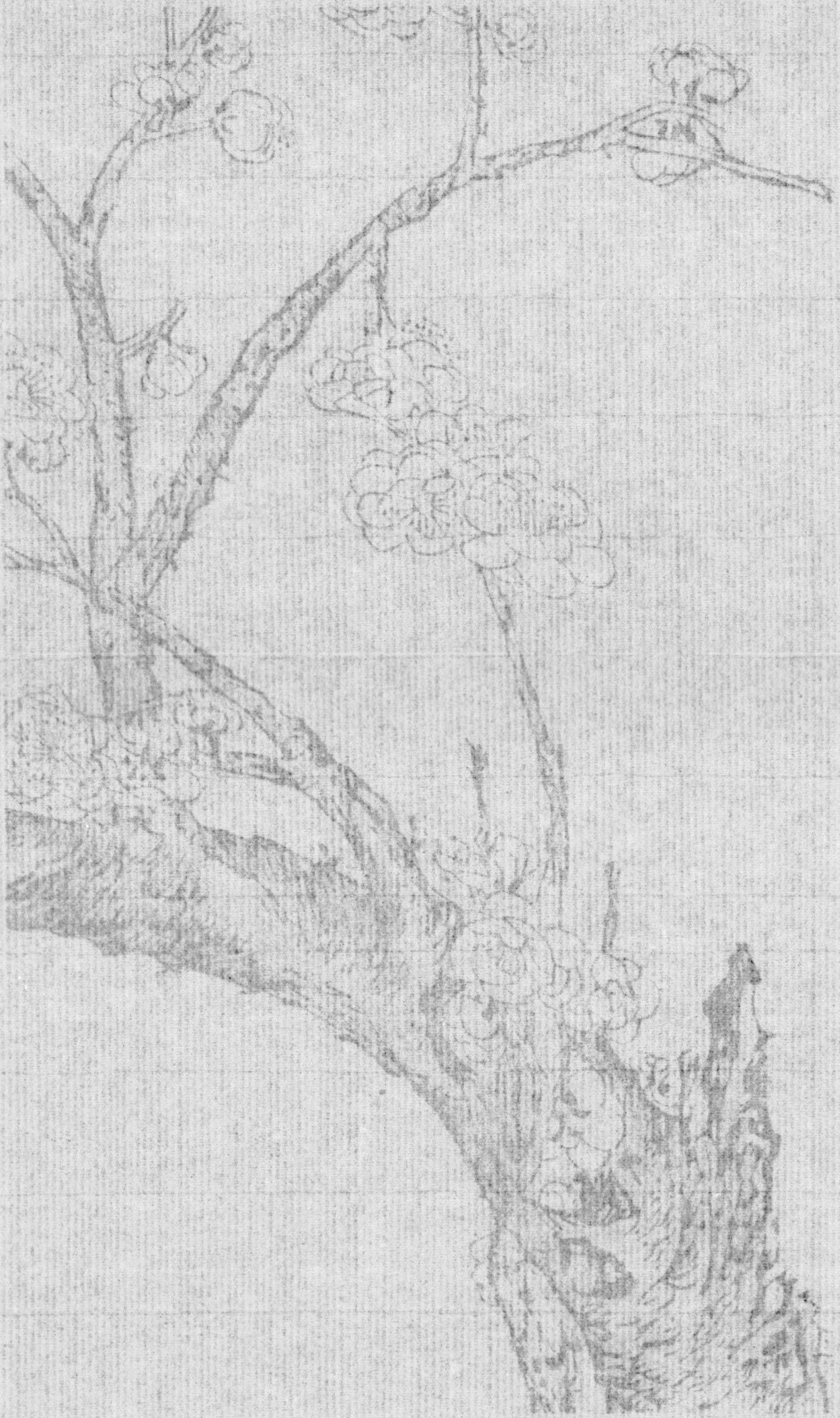

芥子園畫譜精品集

第一冊 十七

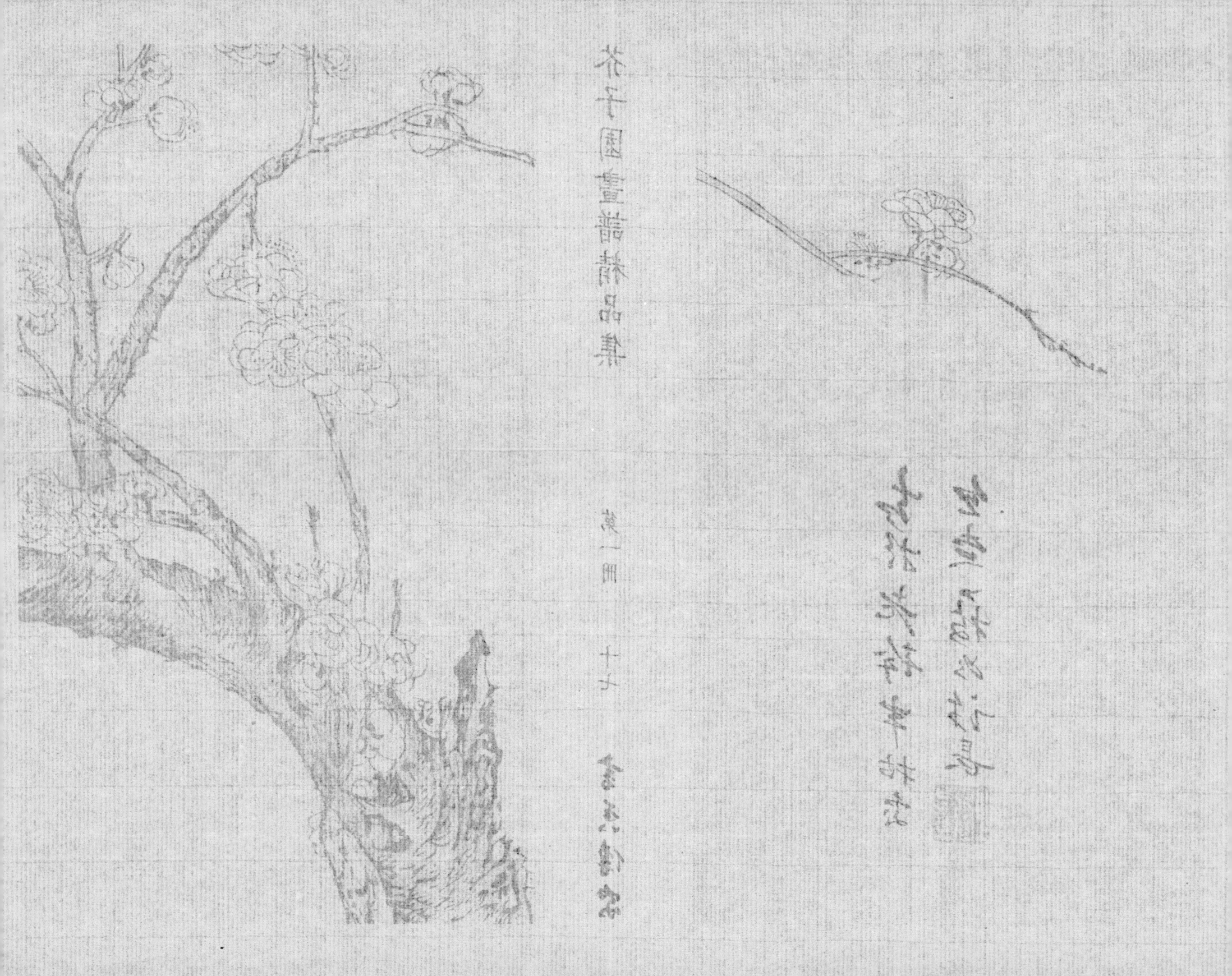

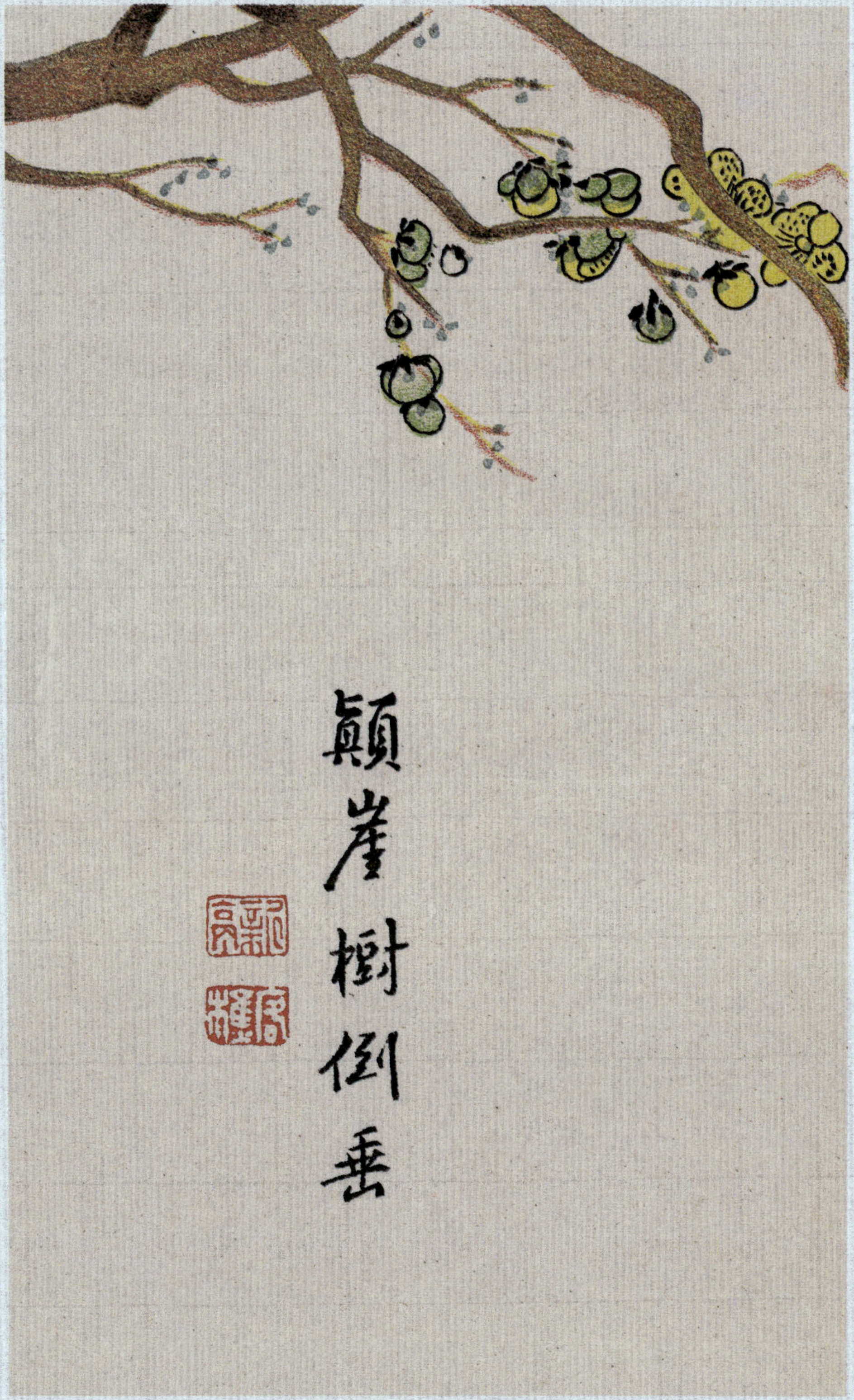

芥子園畫譜精品集

第一冊

十八

書香傳家

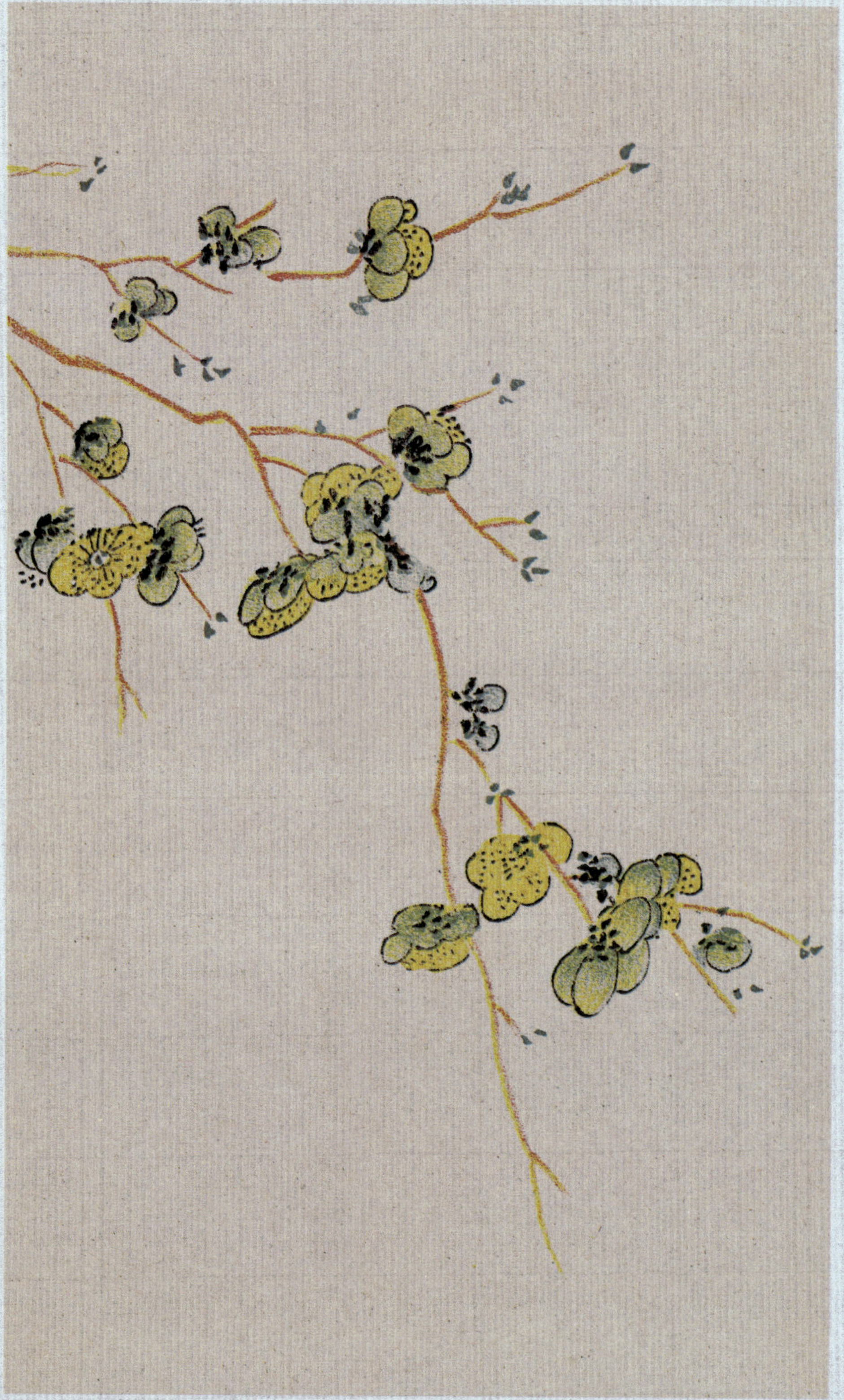

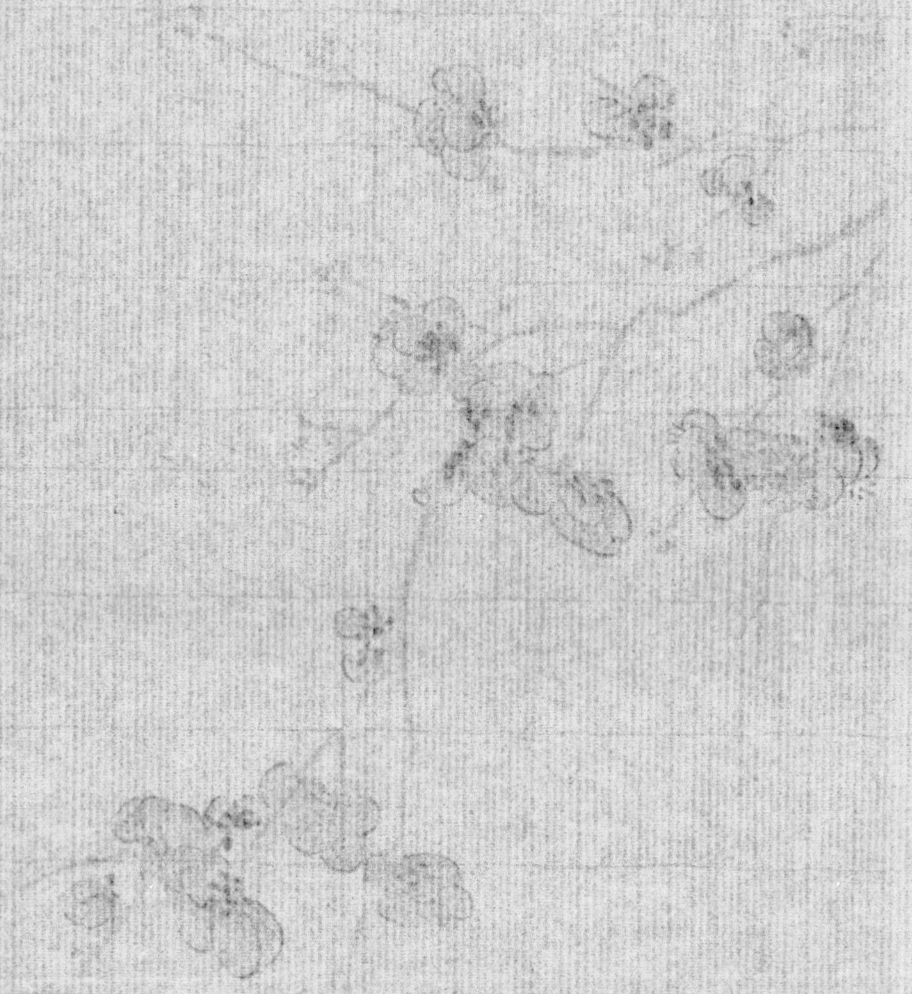

芥子園畫譜[illegible][illegible]集

第一冊　十八

[illegible]

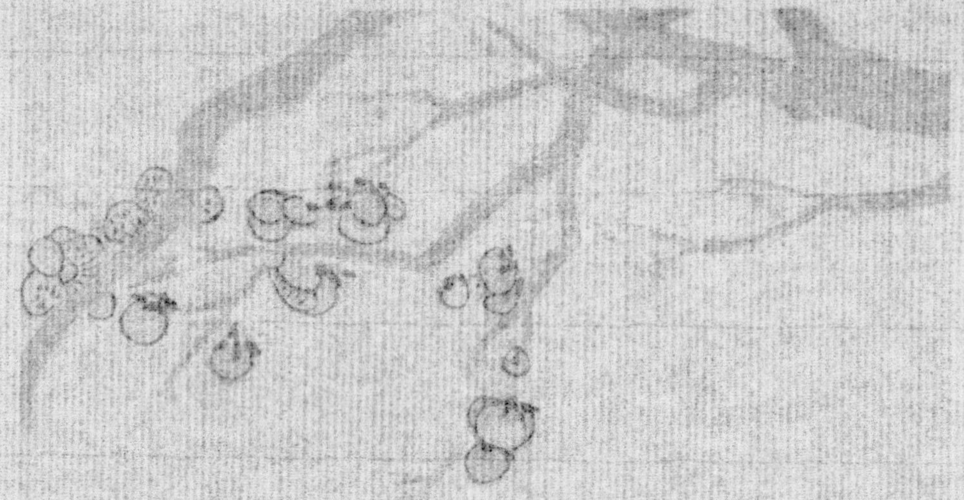

[illegible]

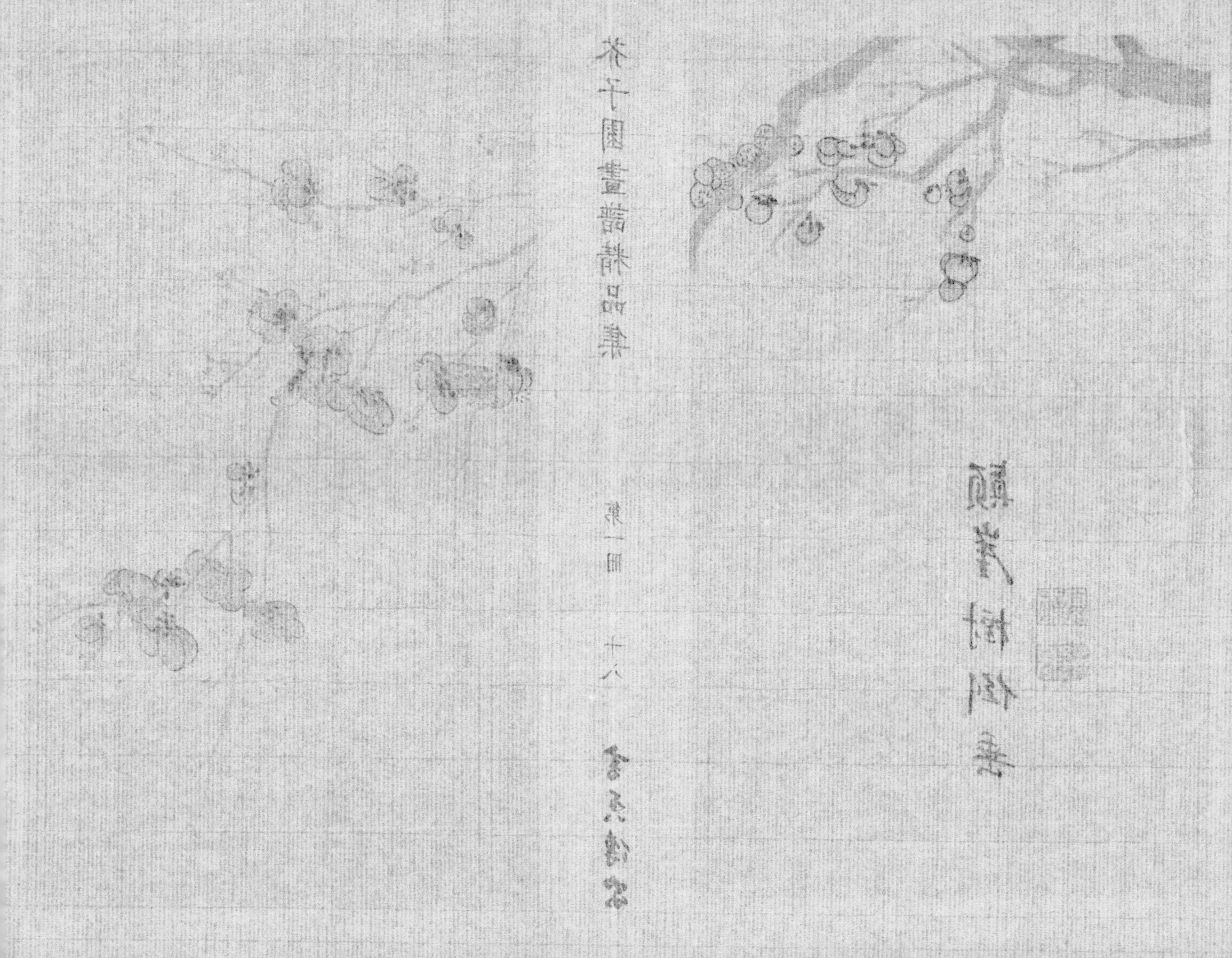

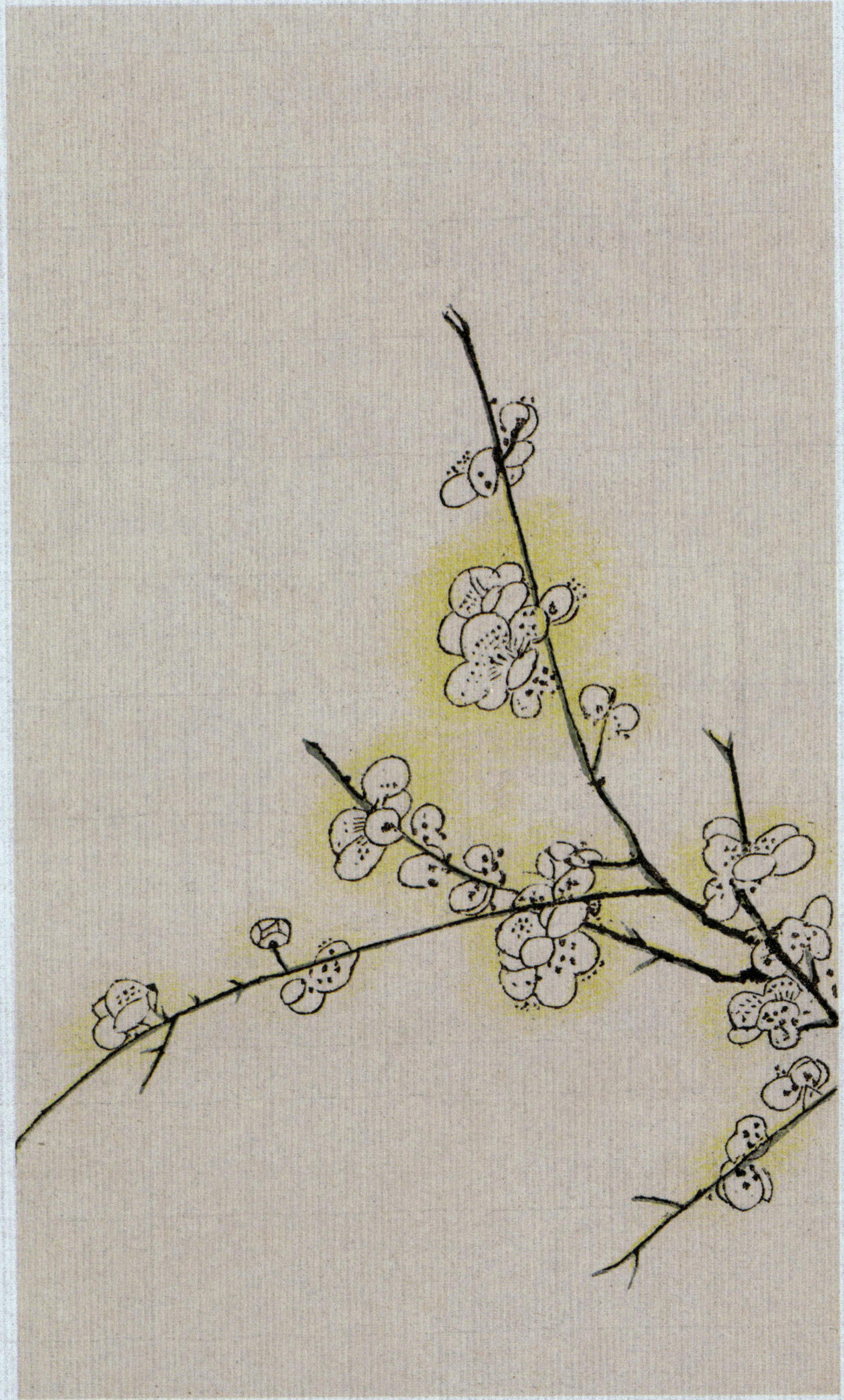

芥子園畫譜精品集

第一冊

十九

書香傳家

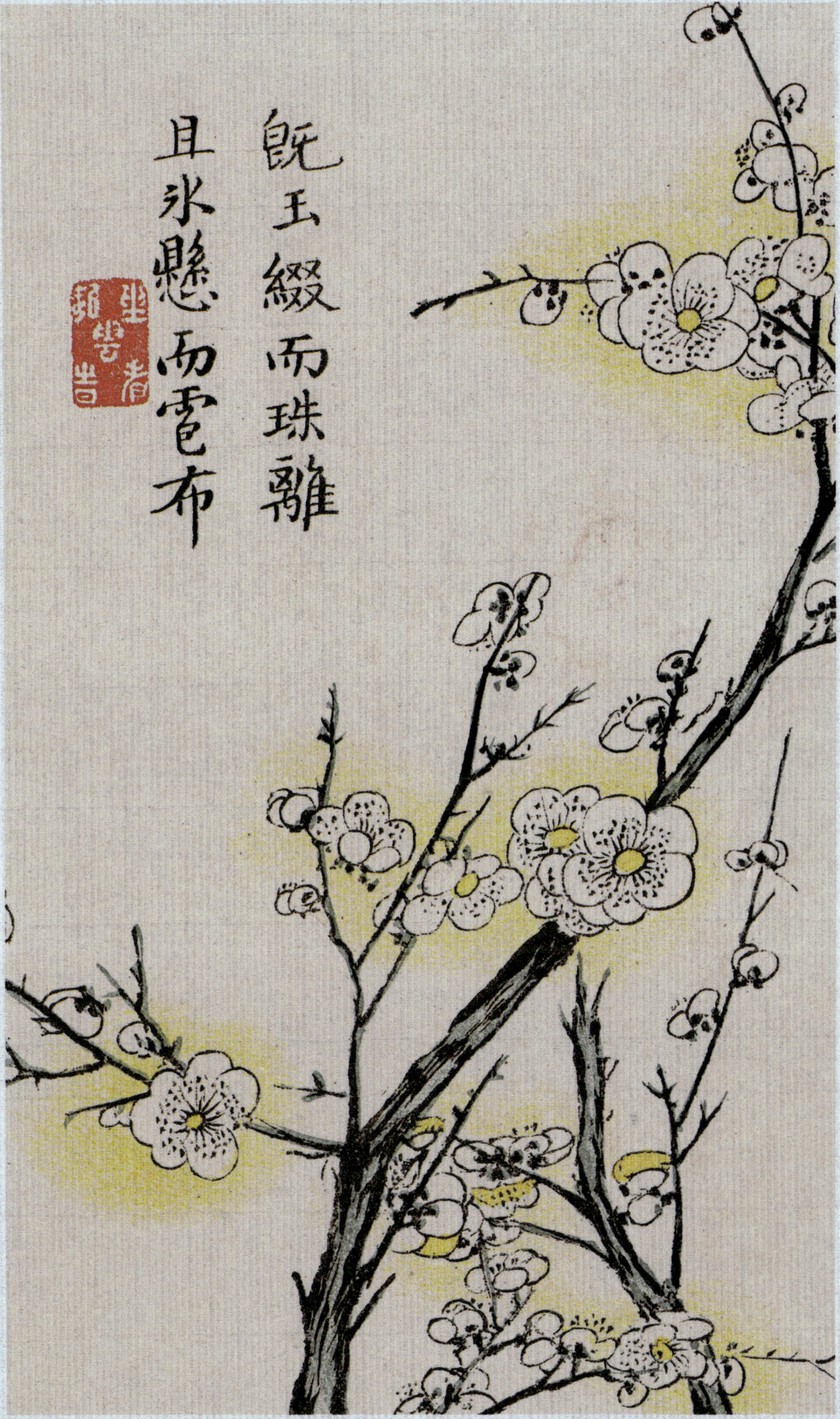

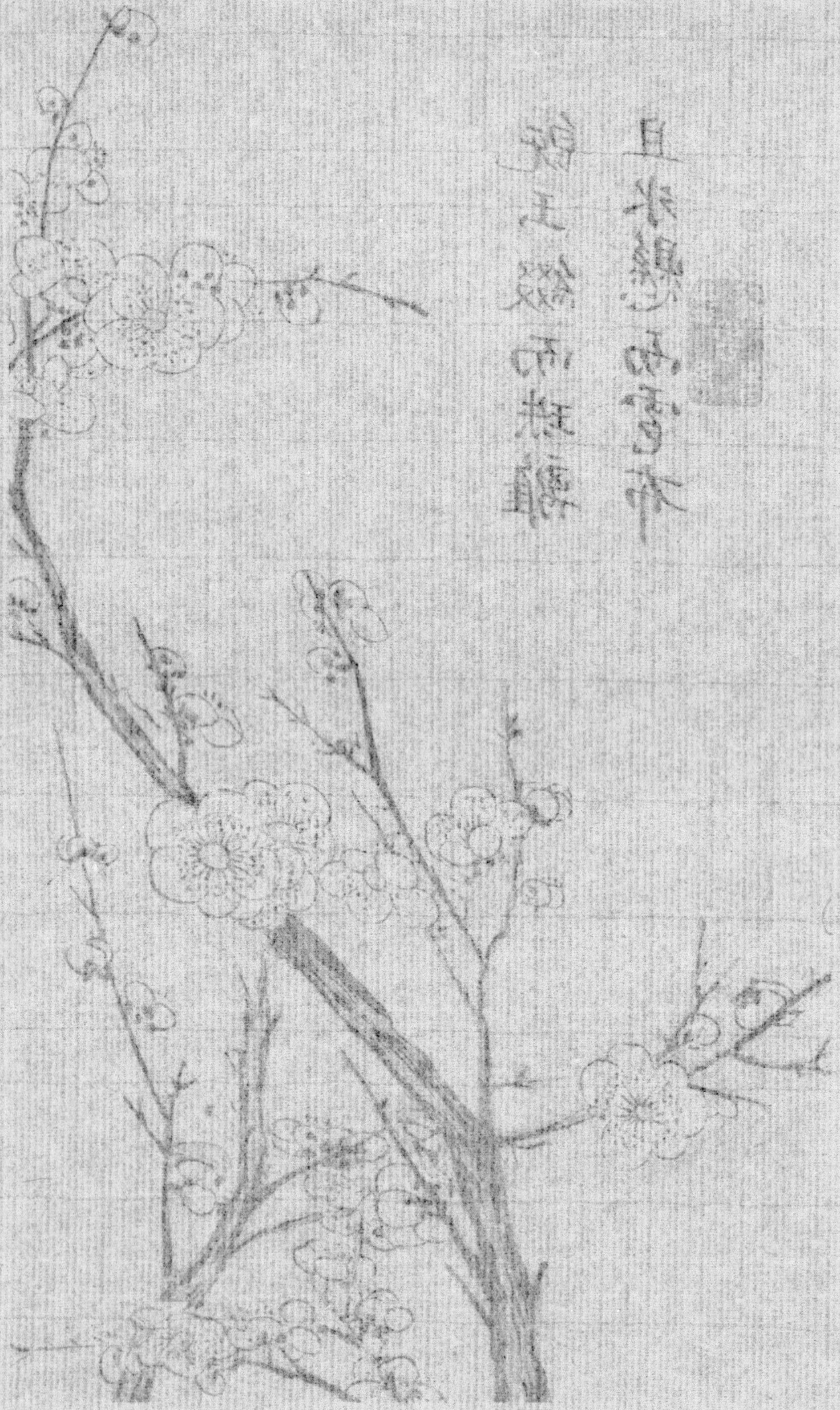

且米綴白雪冬
疑王綴丙珠纏

芥子園畫譜精品集

第一冊　十九

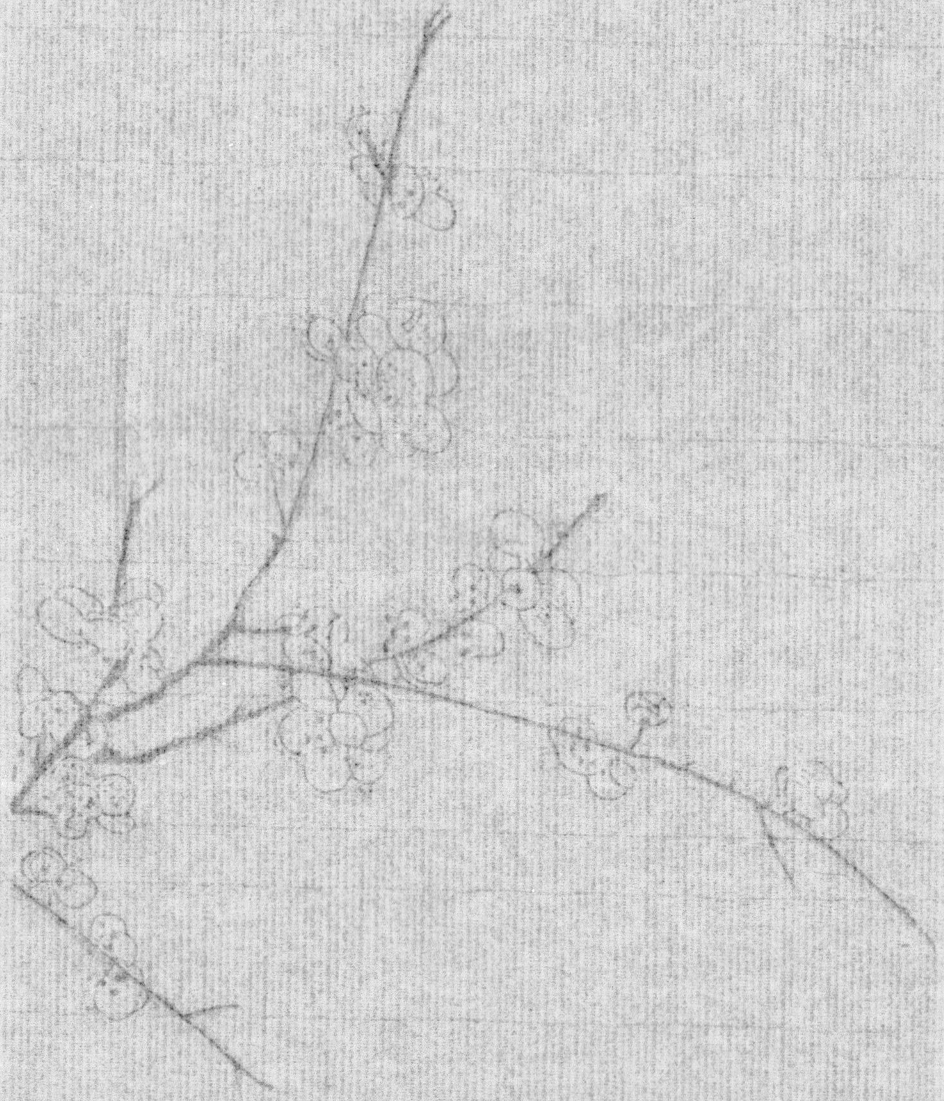

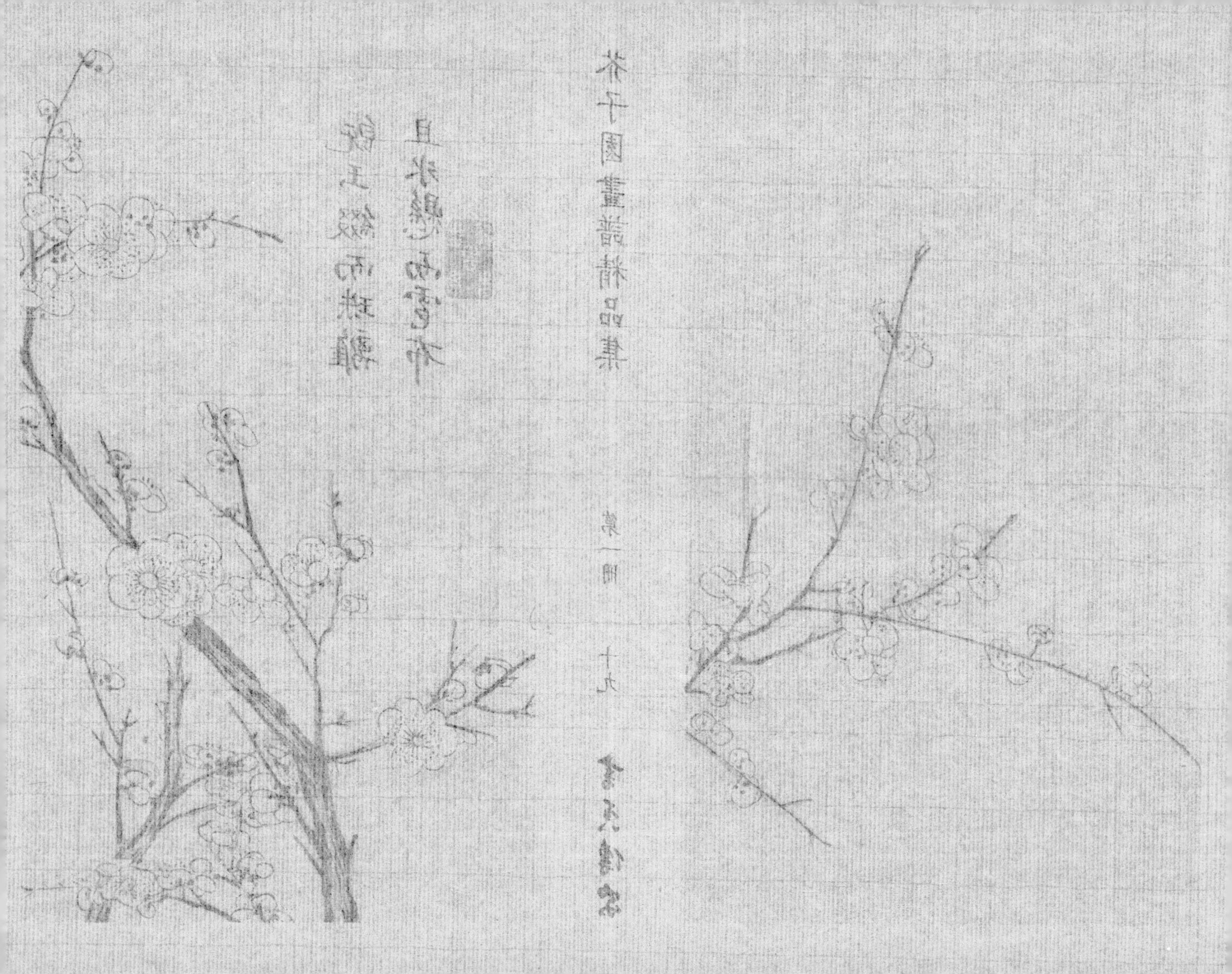

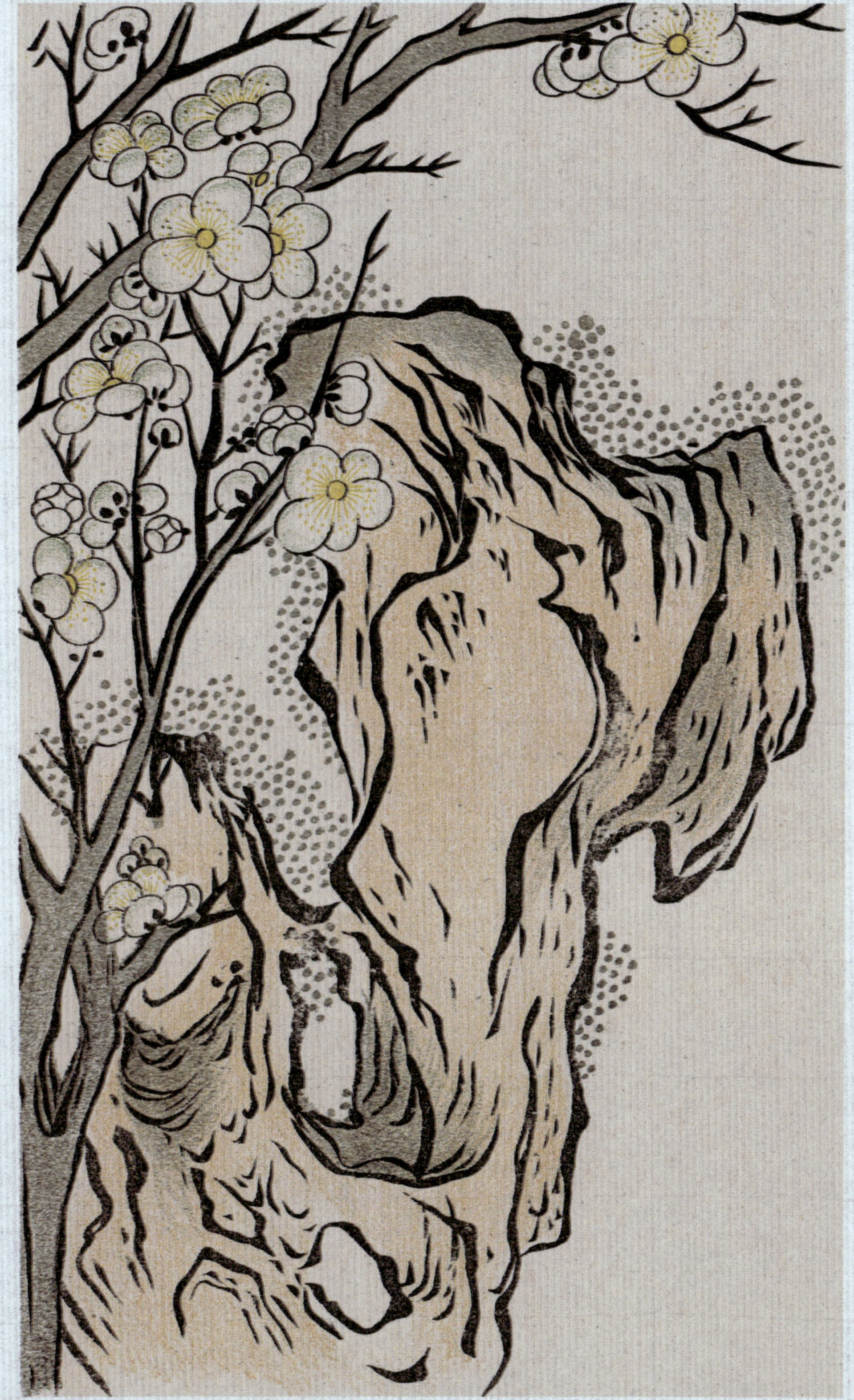

芥子園畫譜精品集

第一冊

二十

書香傳家

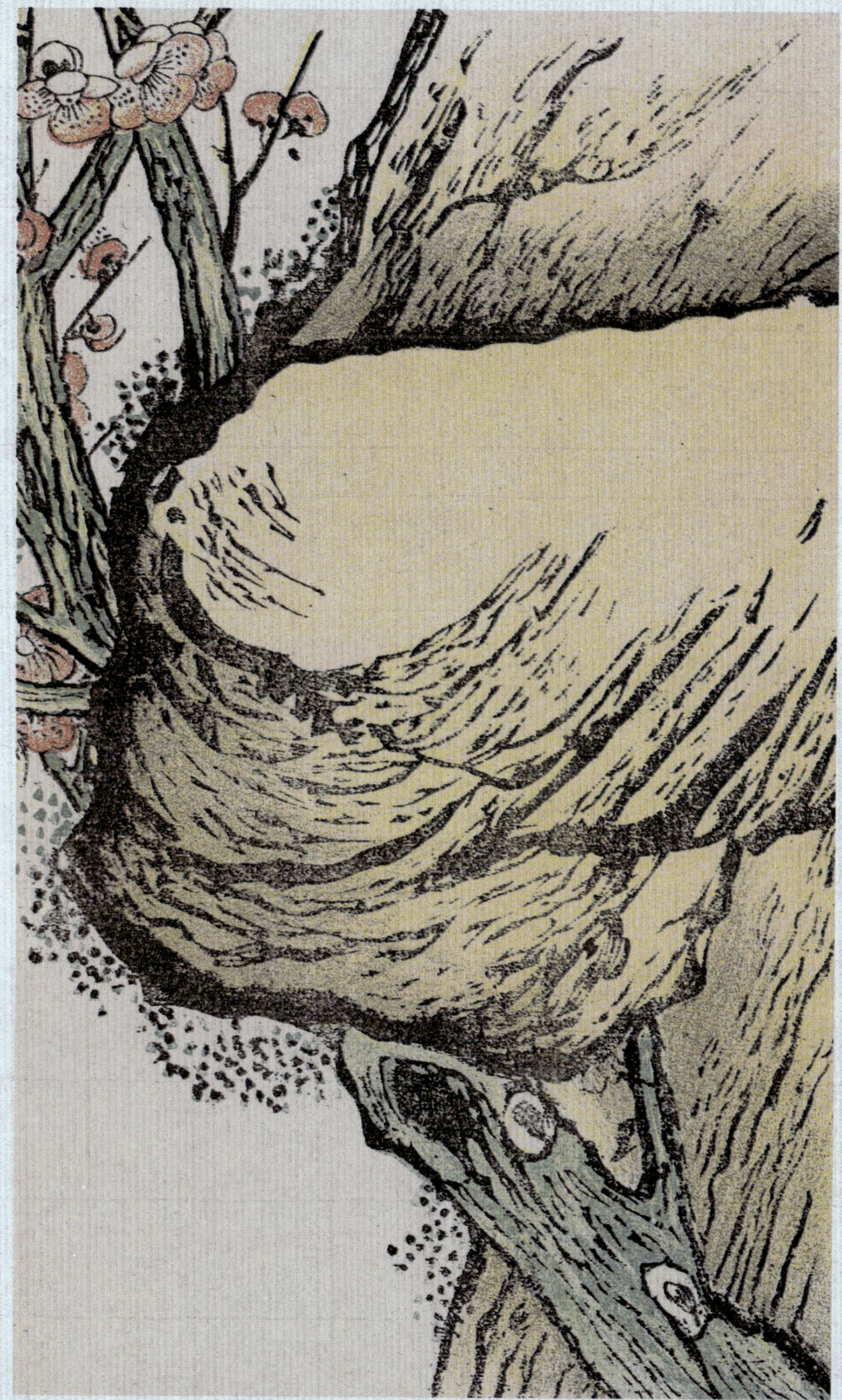

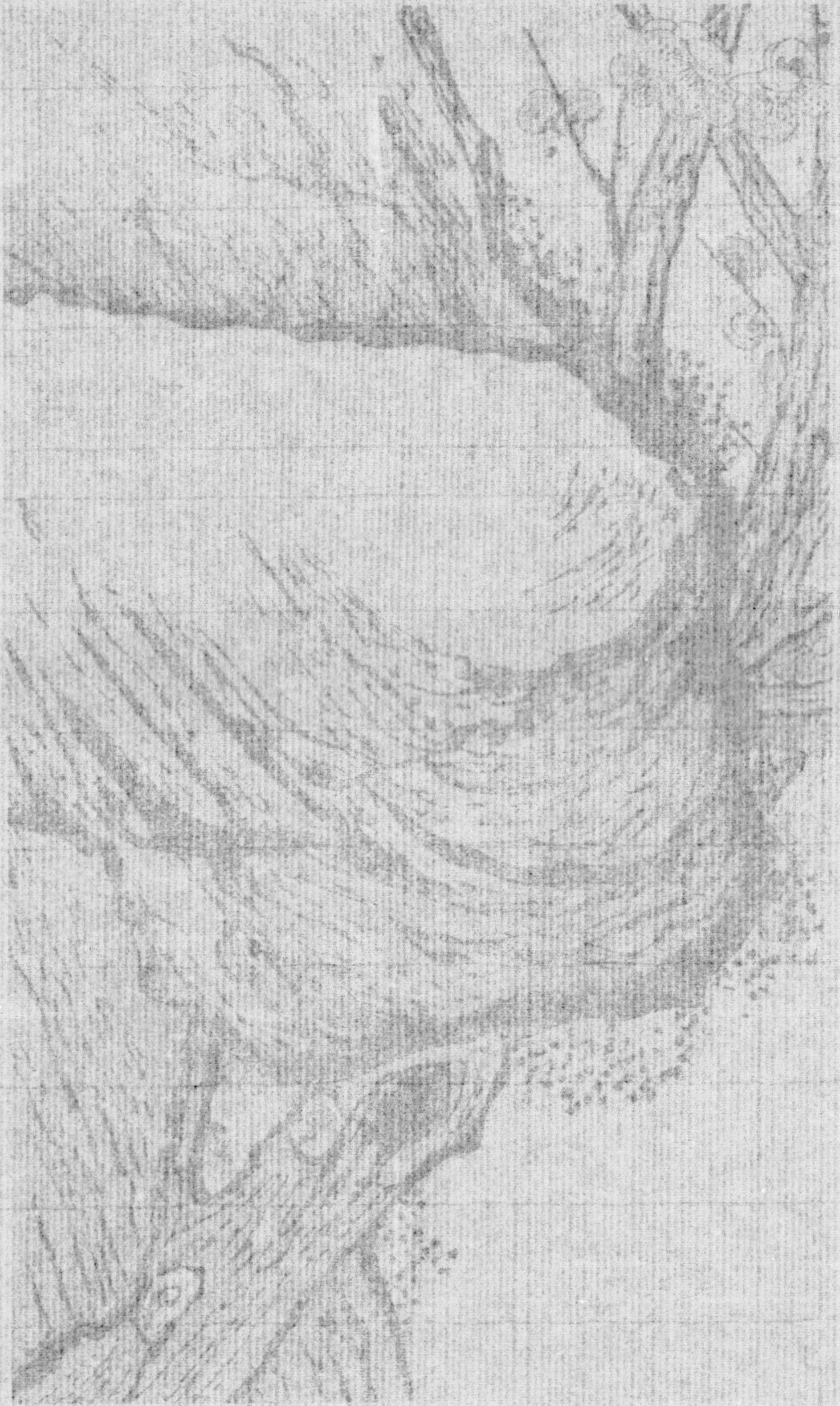

芥子園畫譜精品集

第一冊

二十

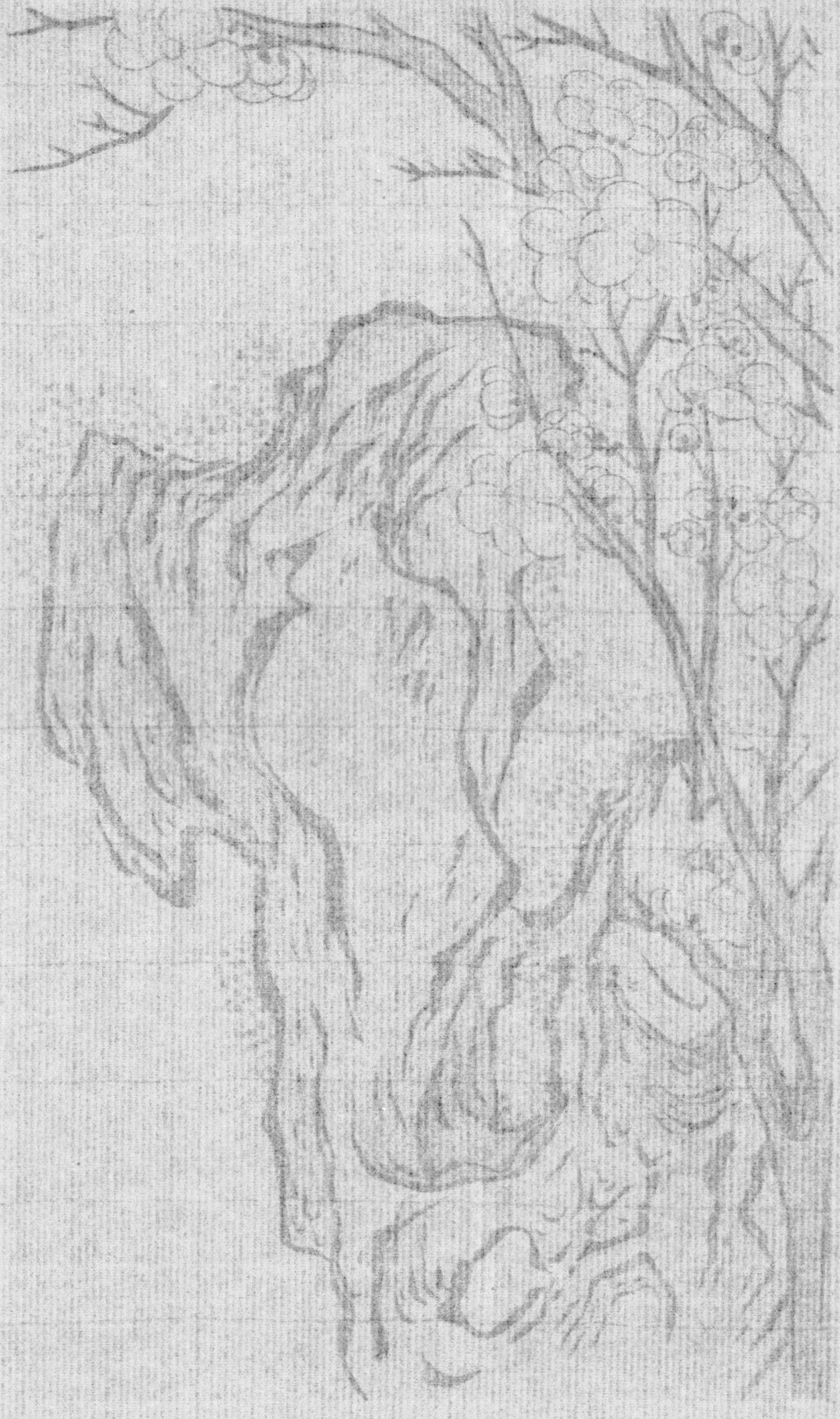

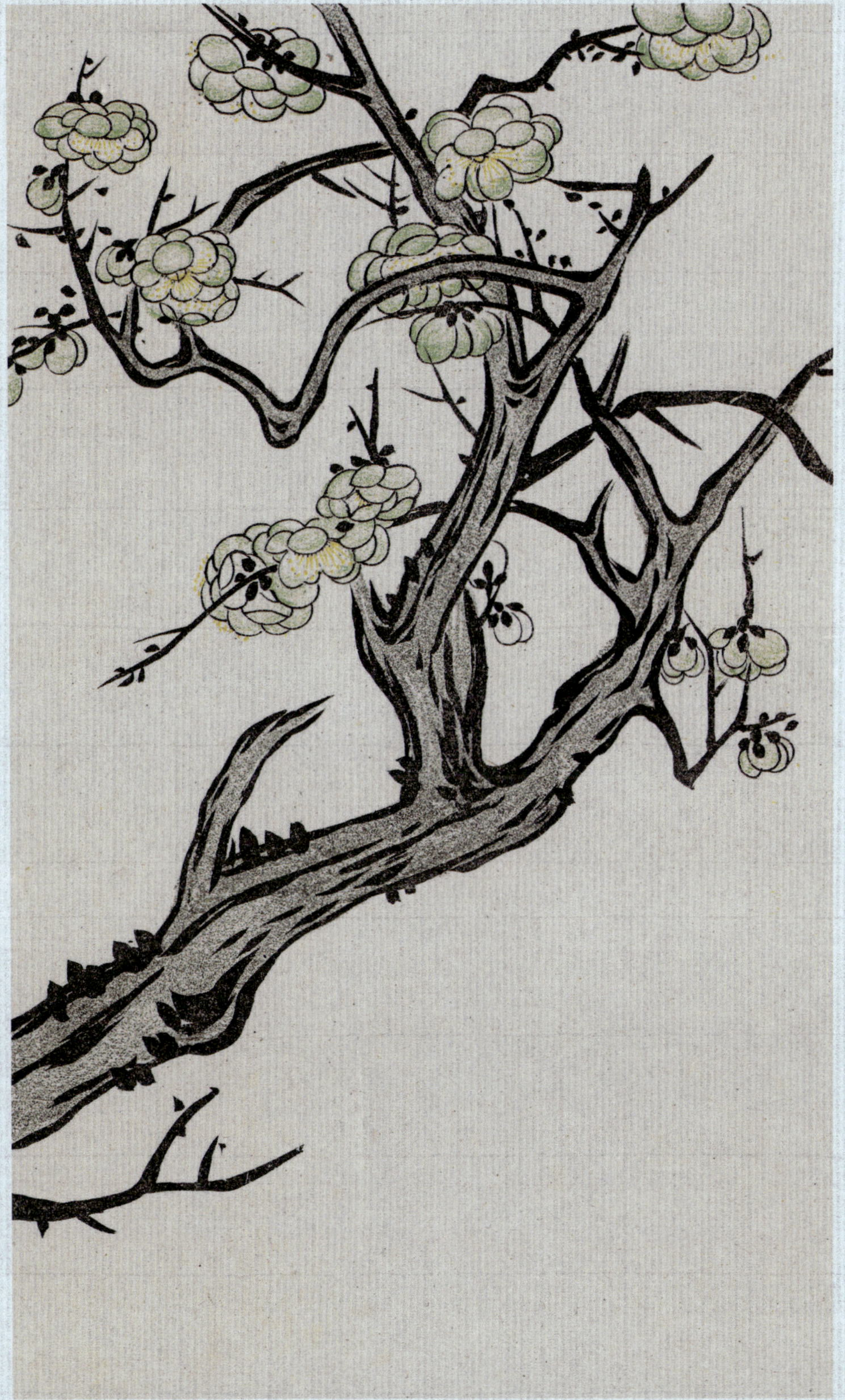

芥子園畫譜精品集

第一冊

二十一

書香傳家

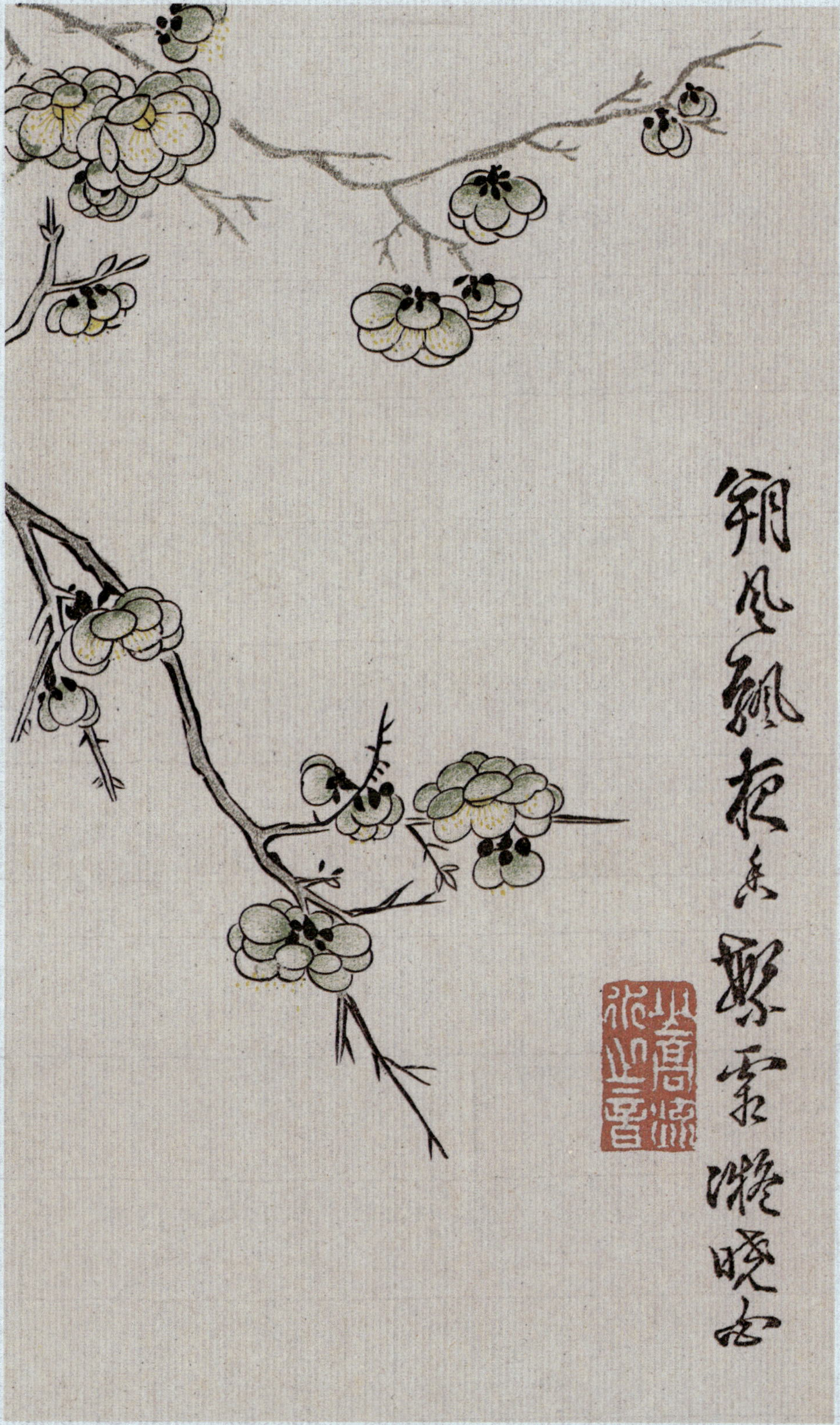

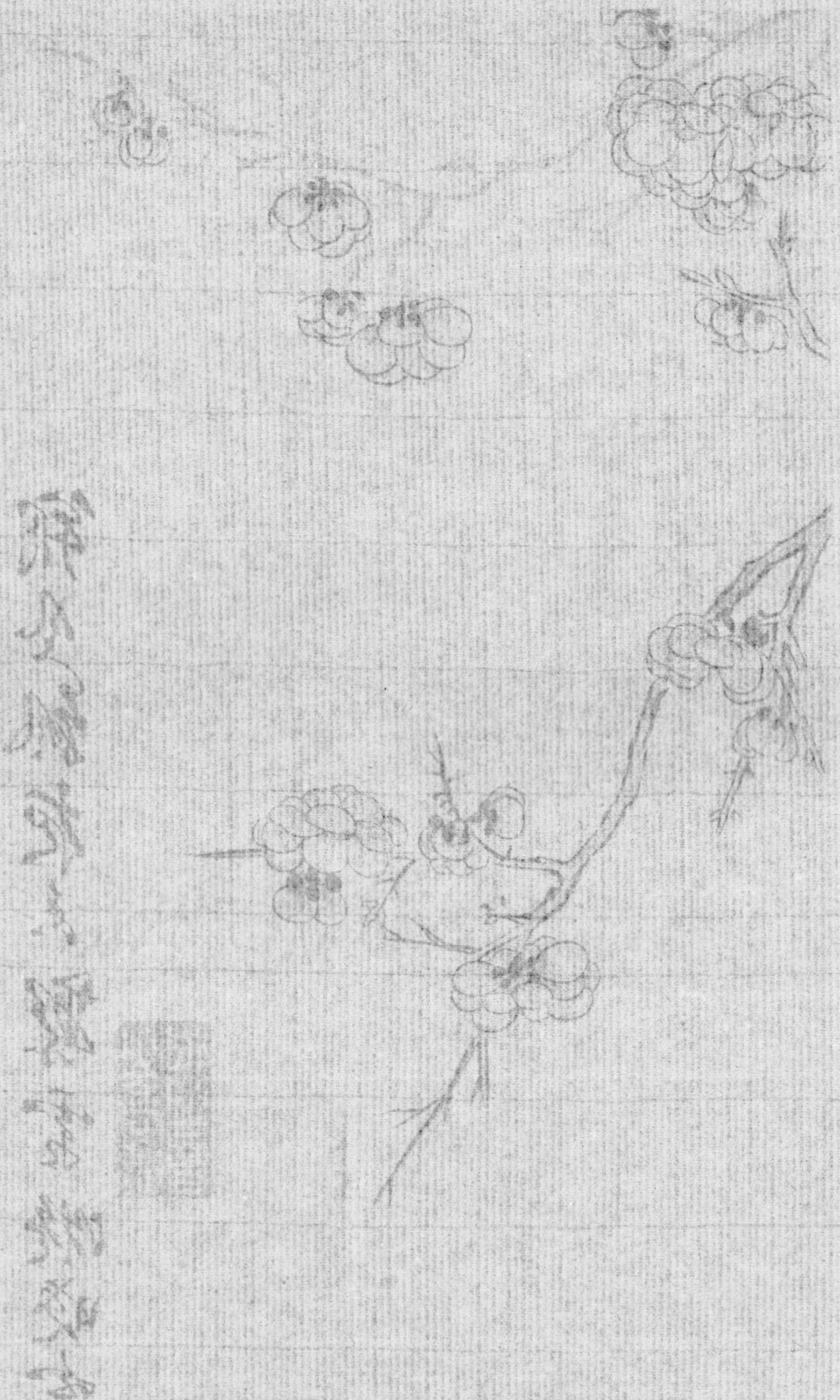

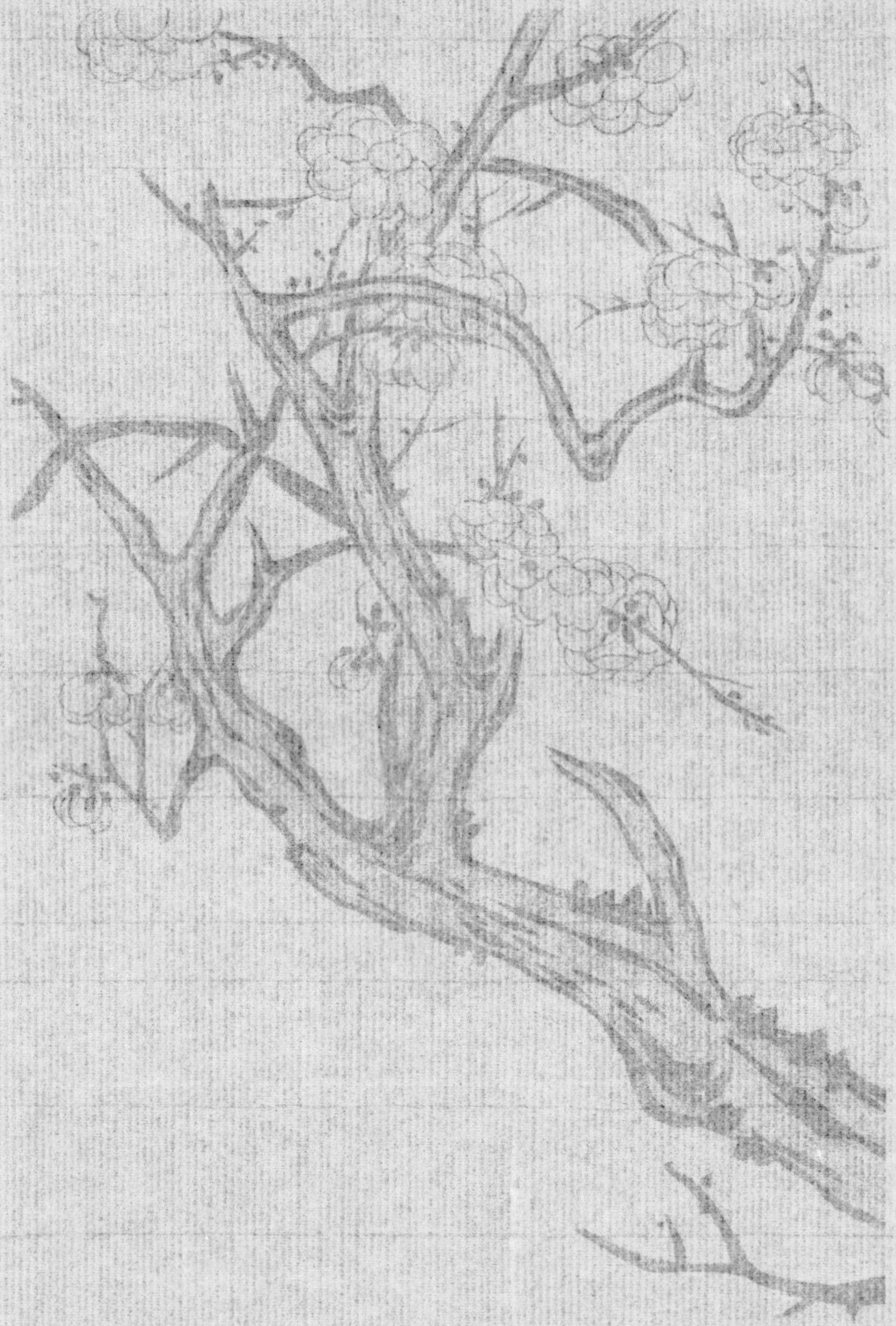

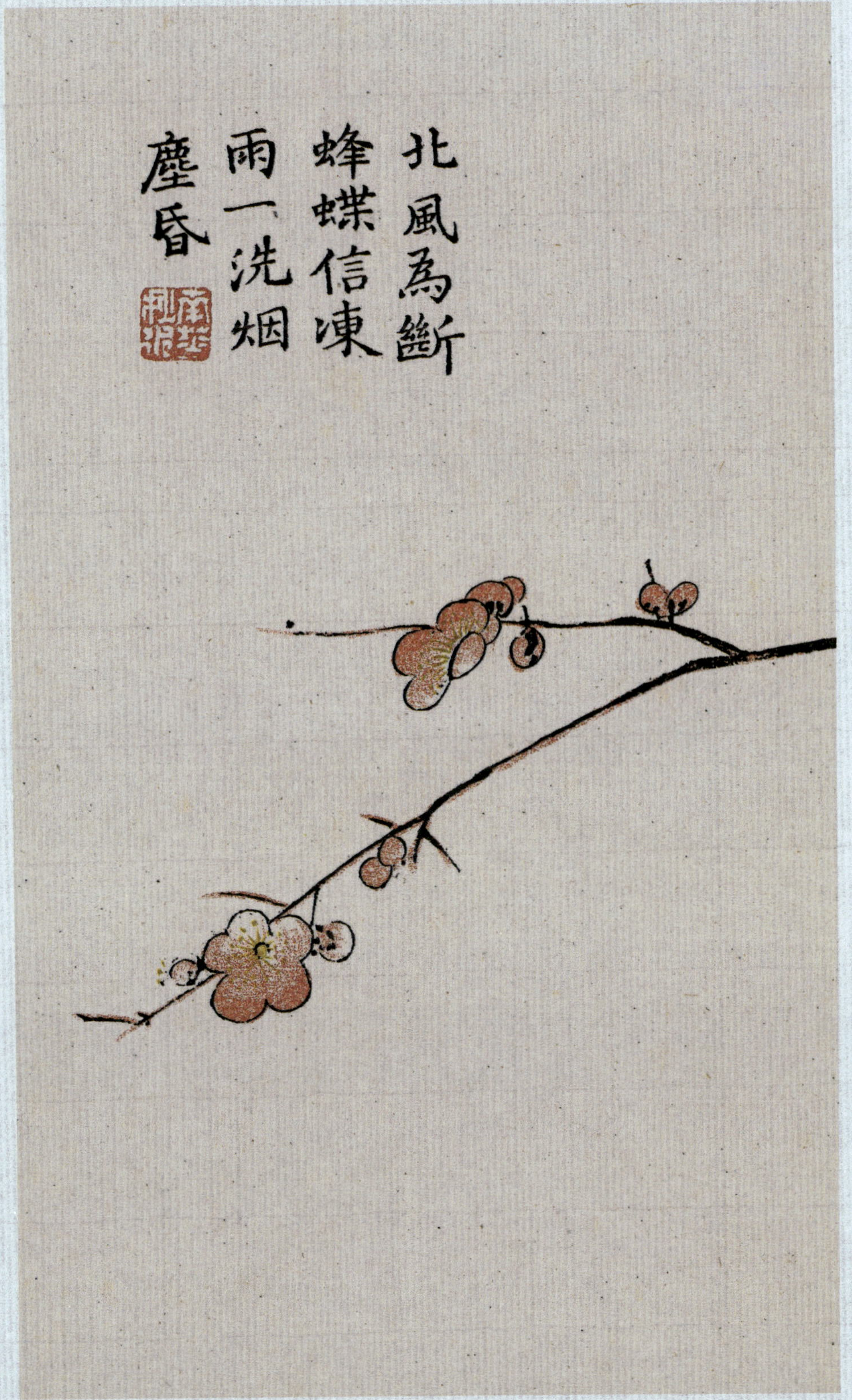

芥子園畫譜精品集

第一冊

二十二

書香傳家

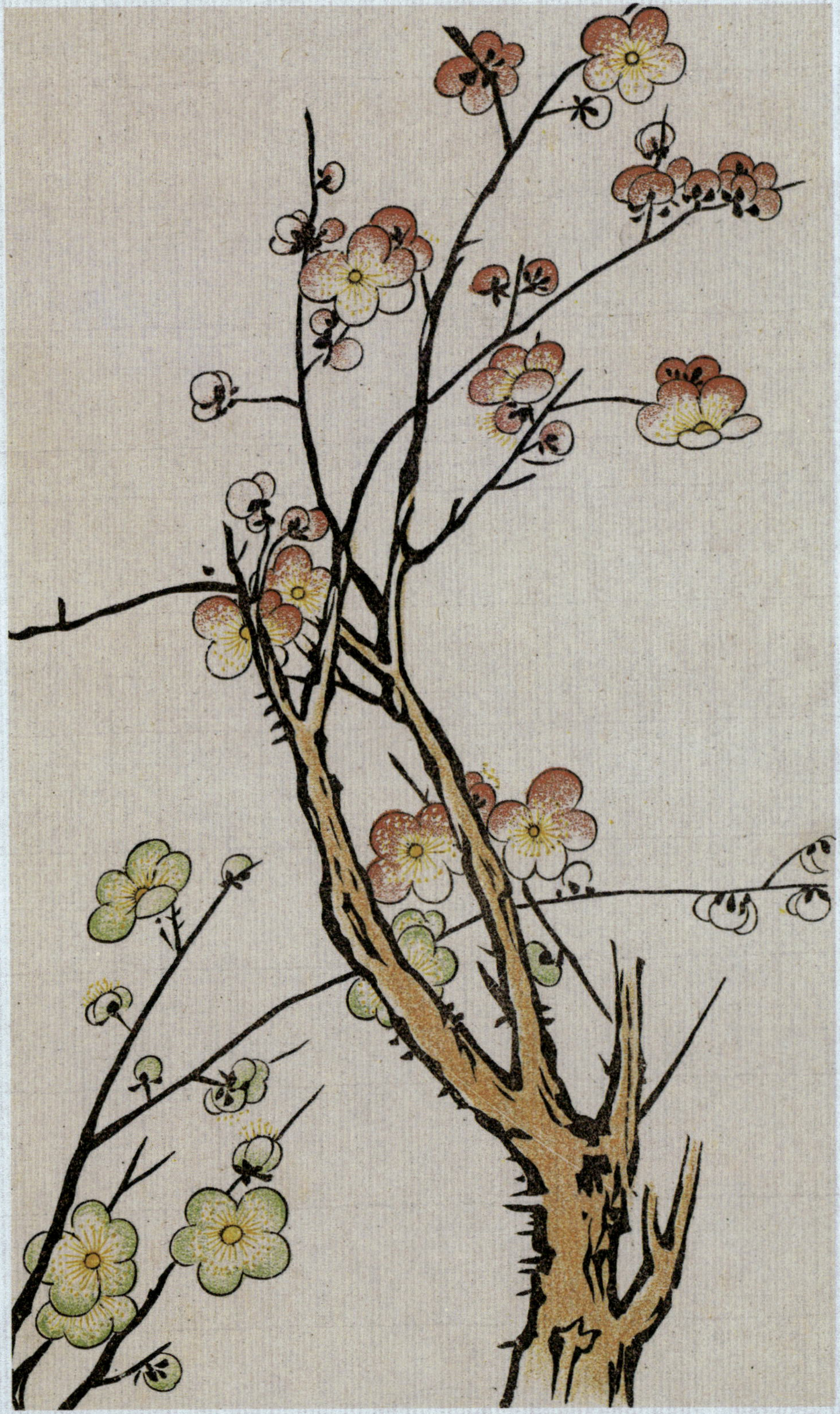

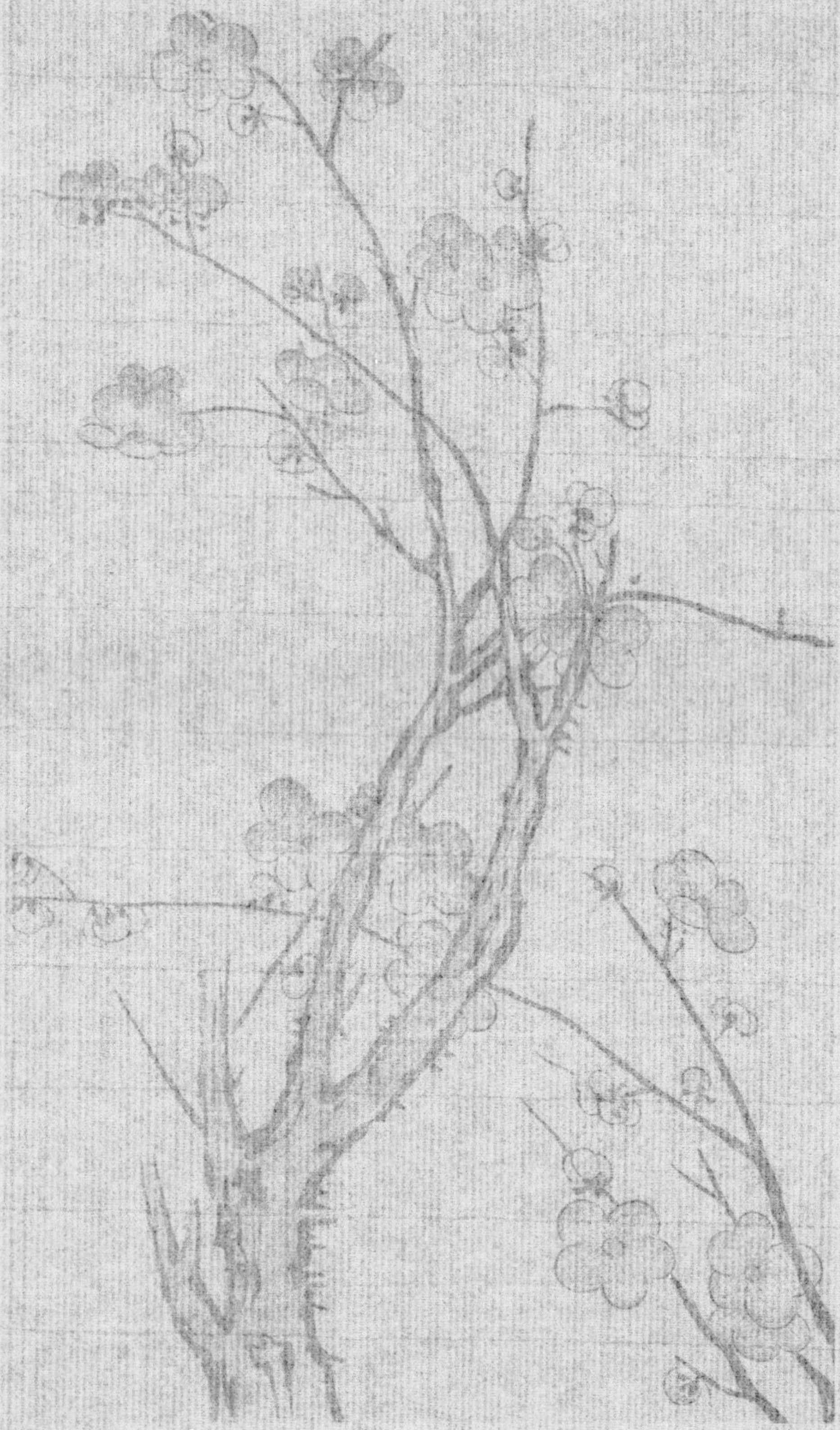

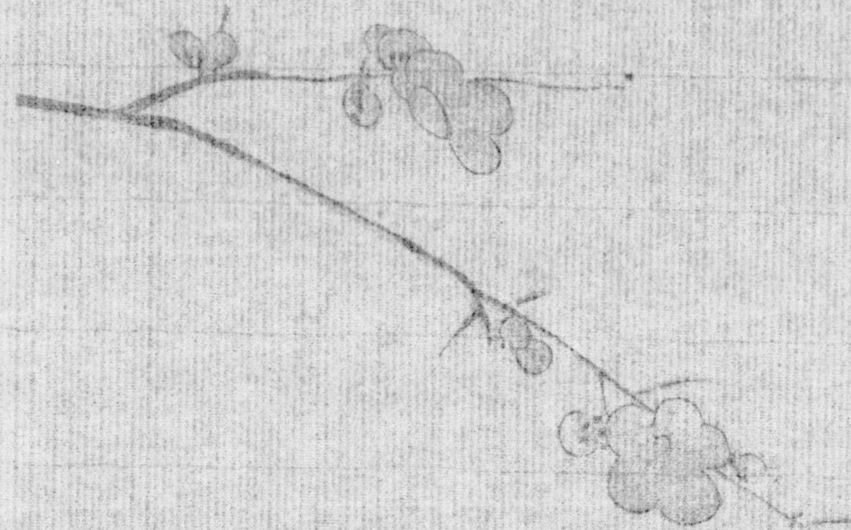

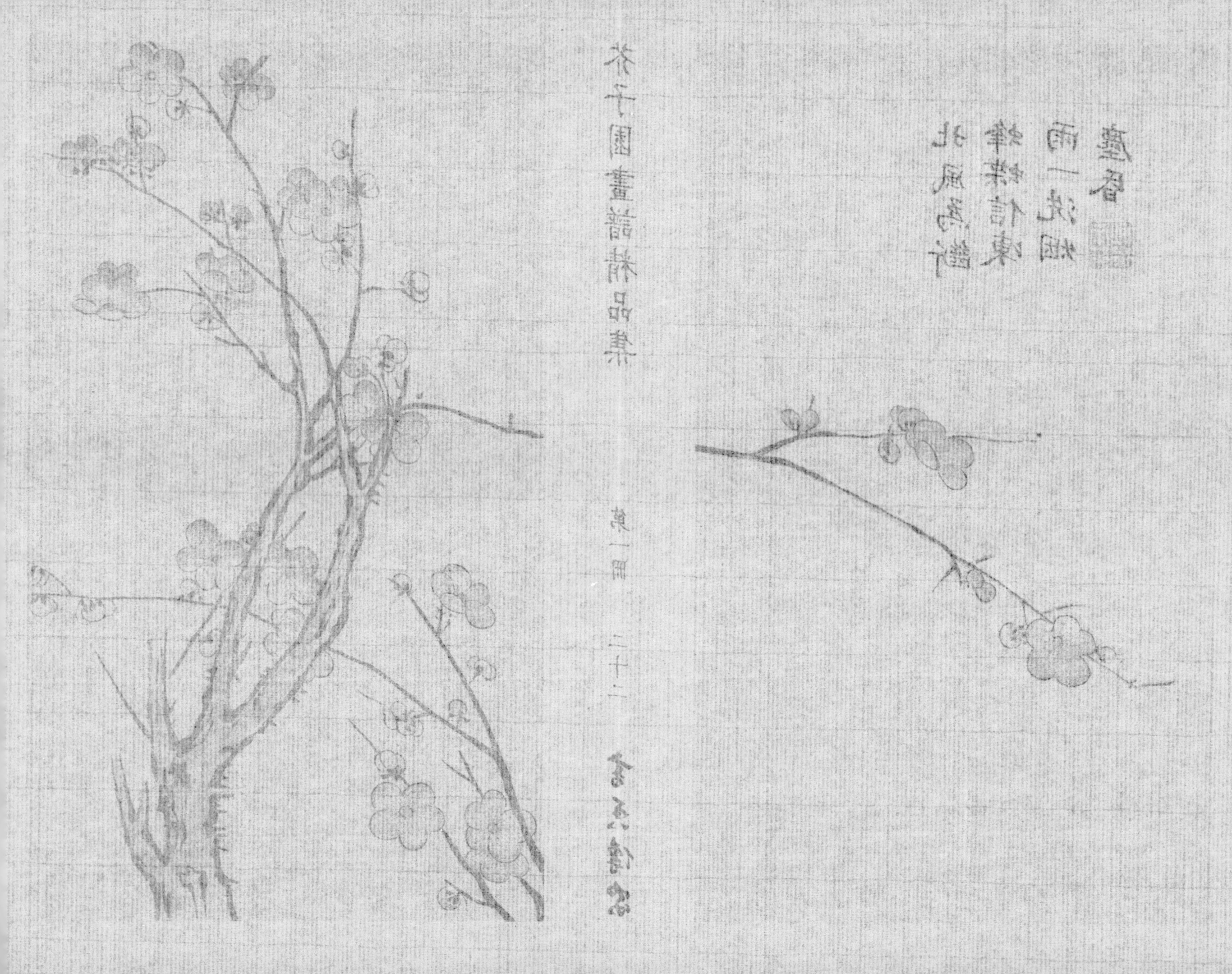

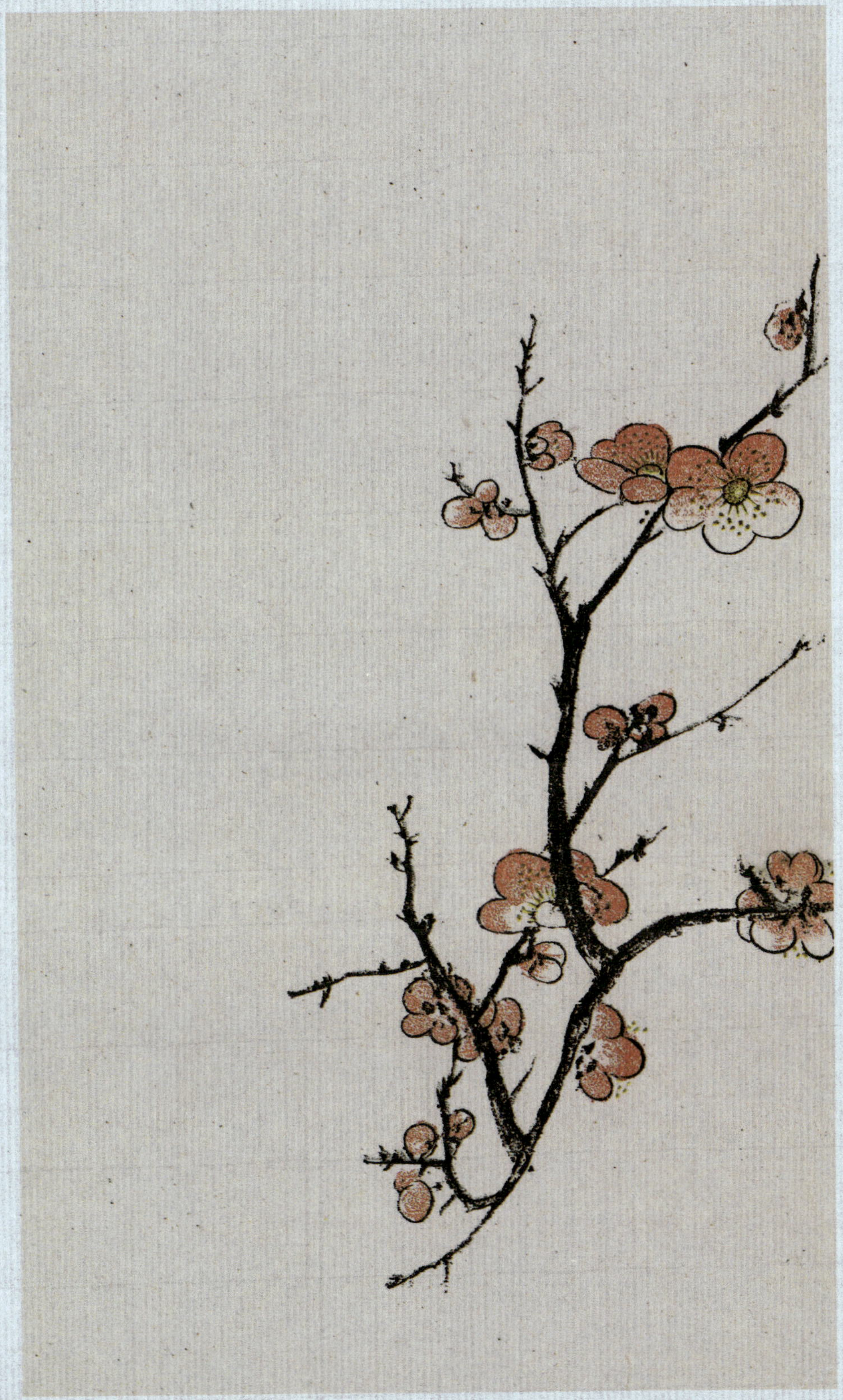

芥子園畫譜精品集

第一冊

二十三

書香傳家

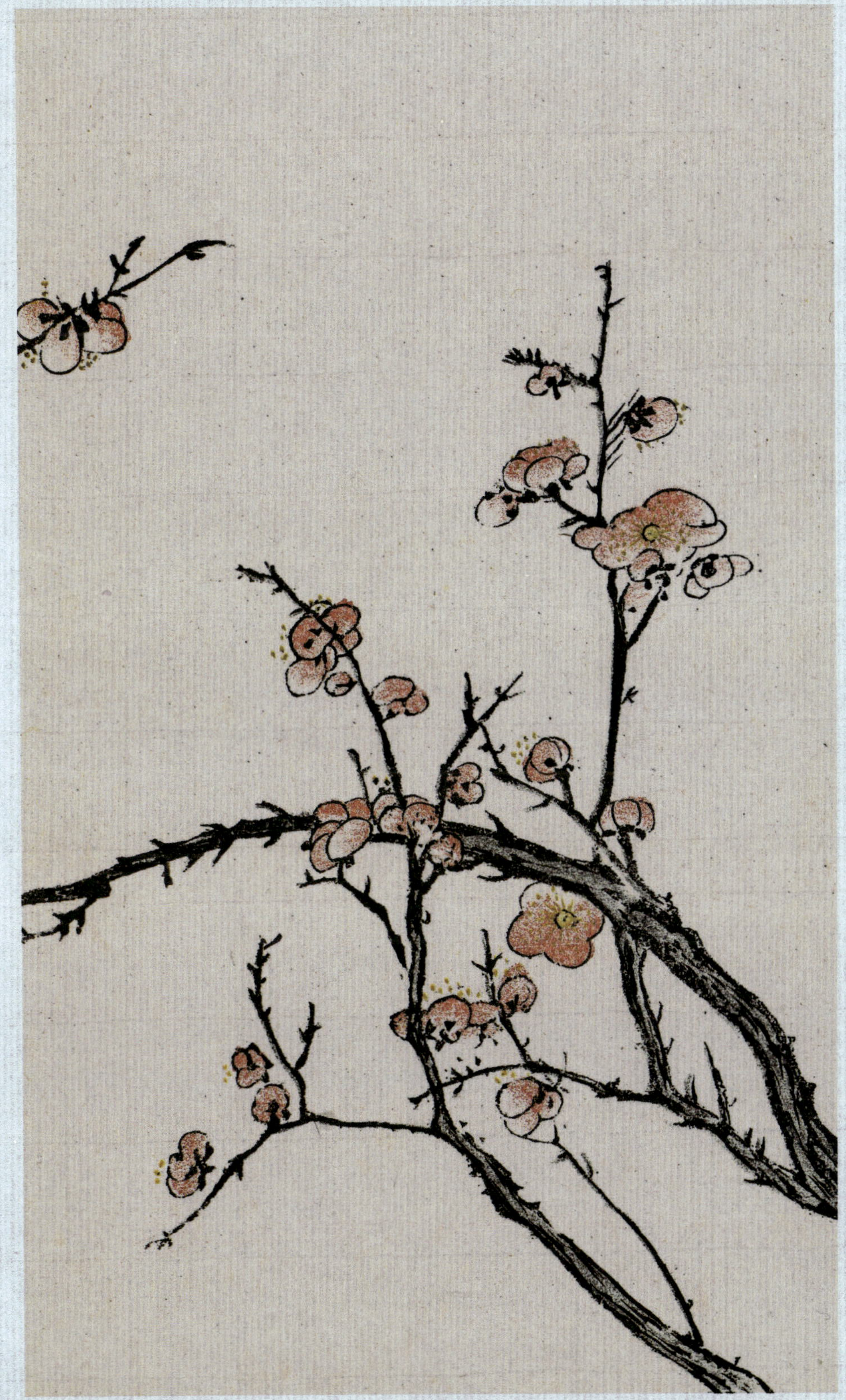

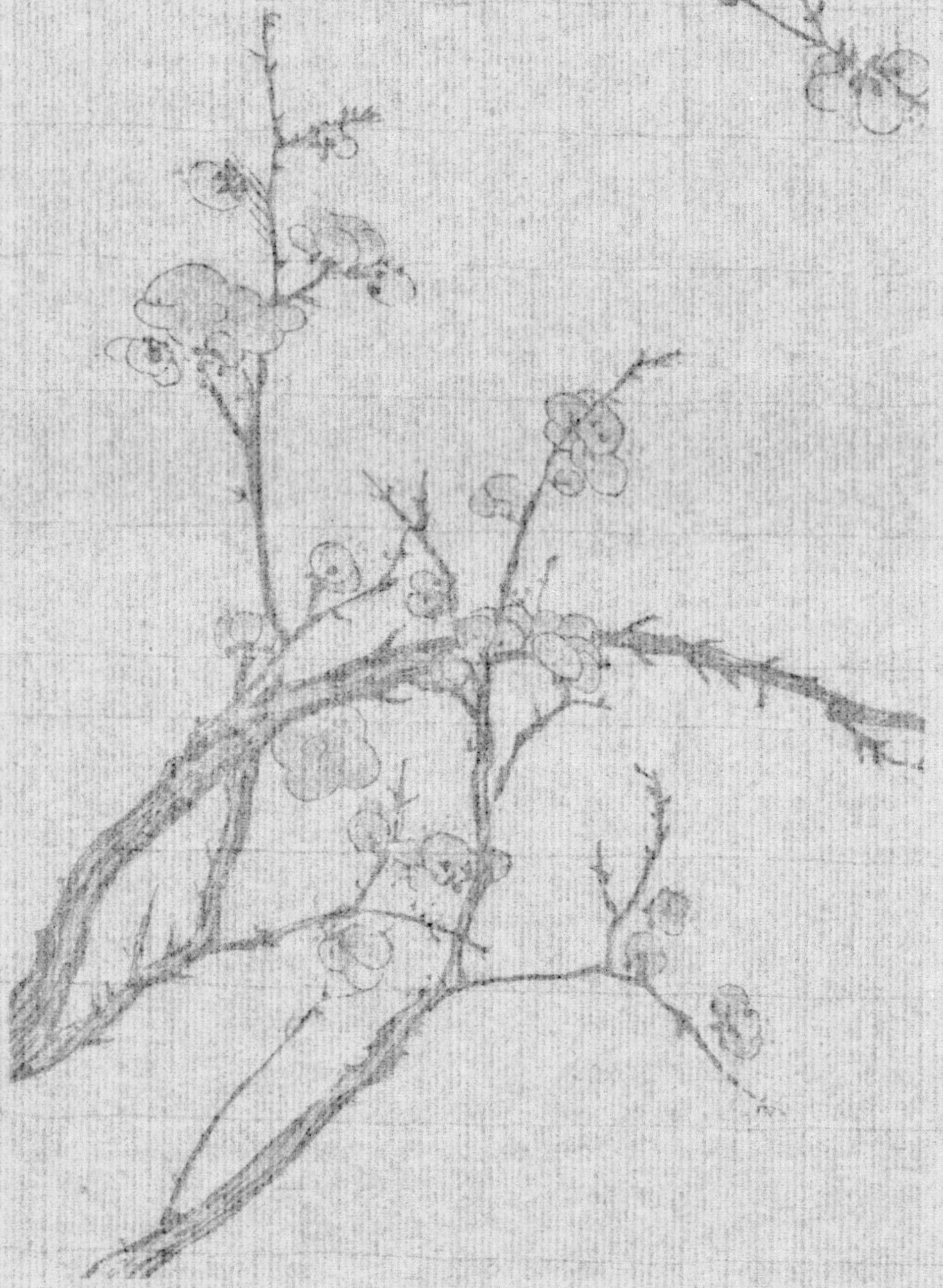

芥子園畫譜精品集

第一冊

二十三

[illegible]

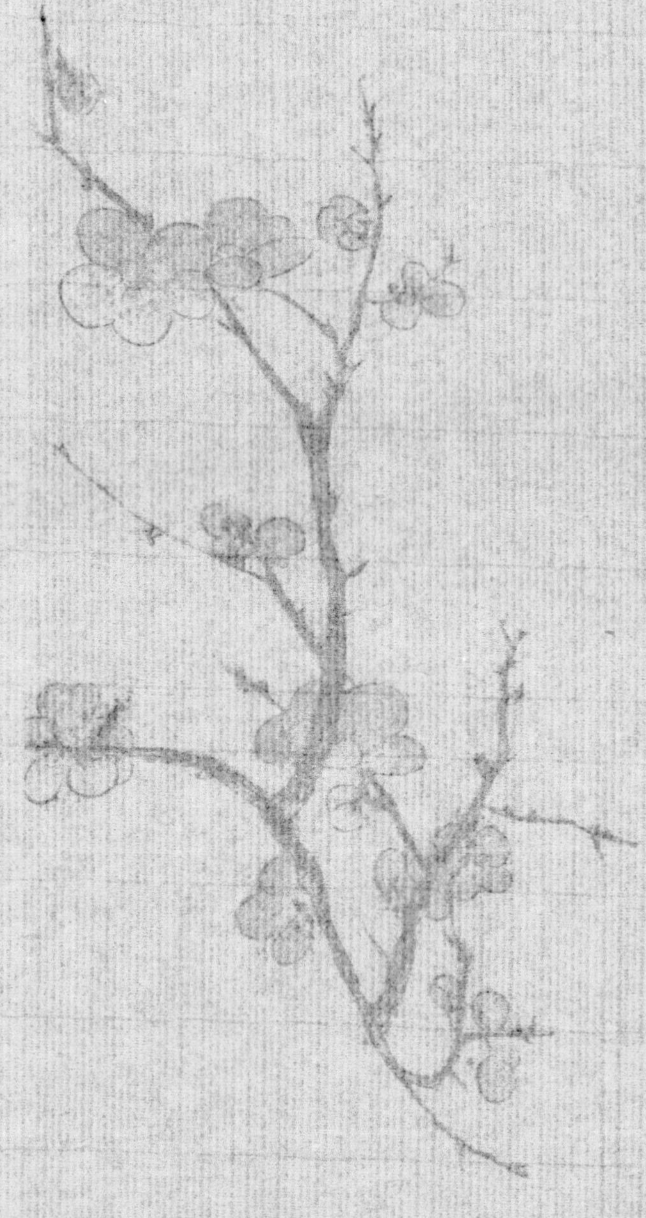

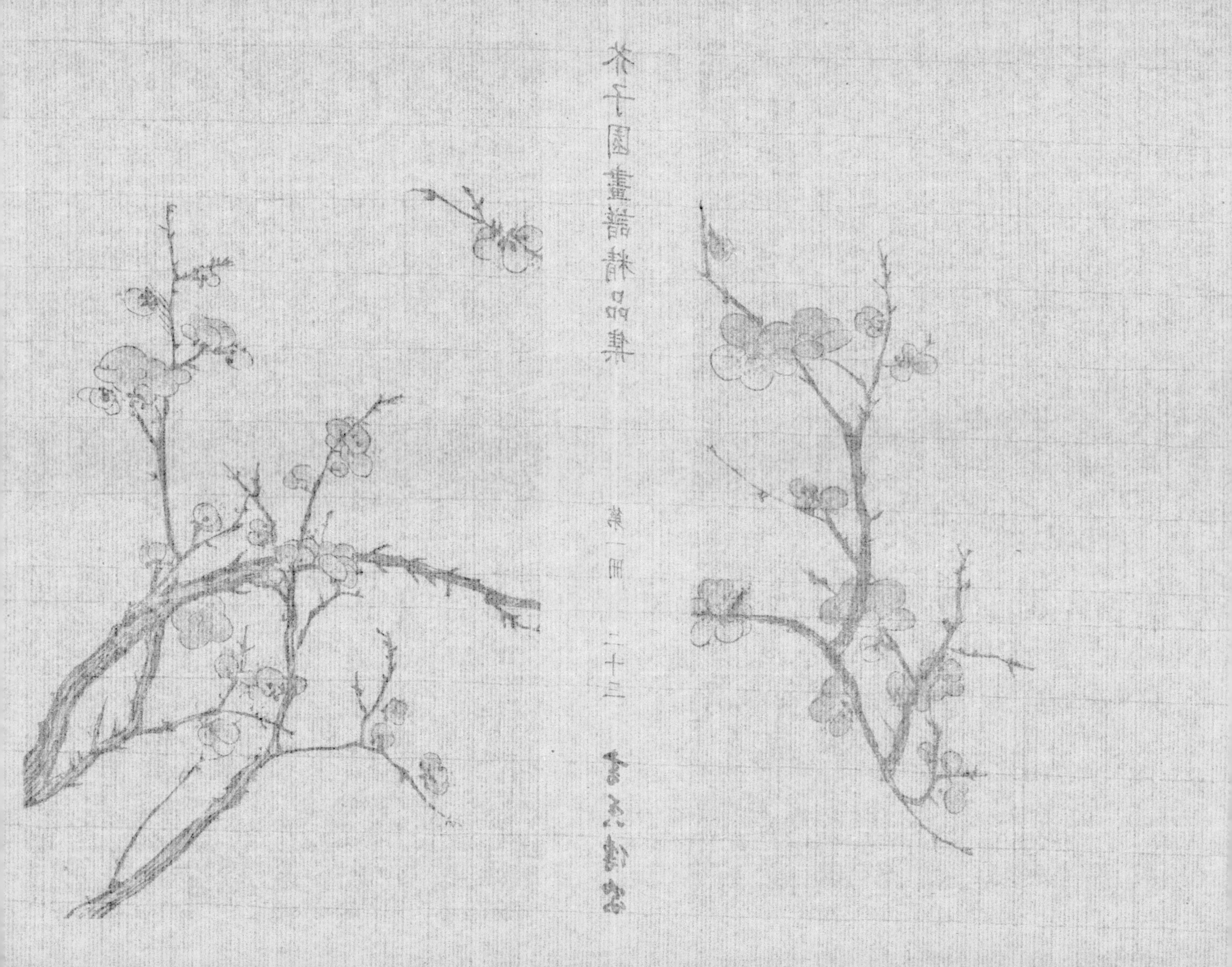

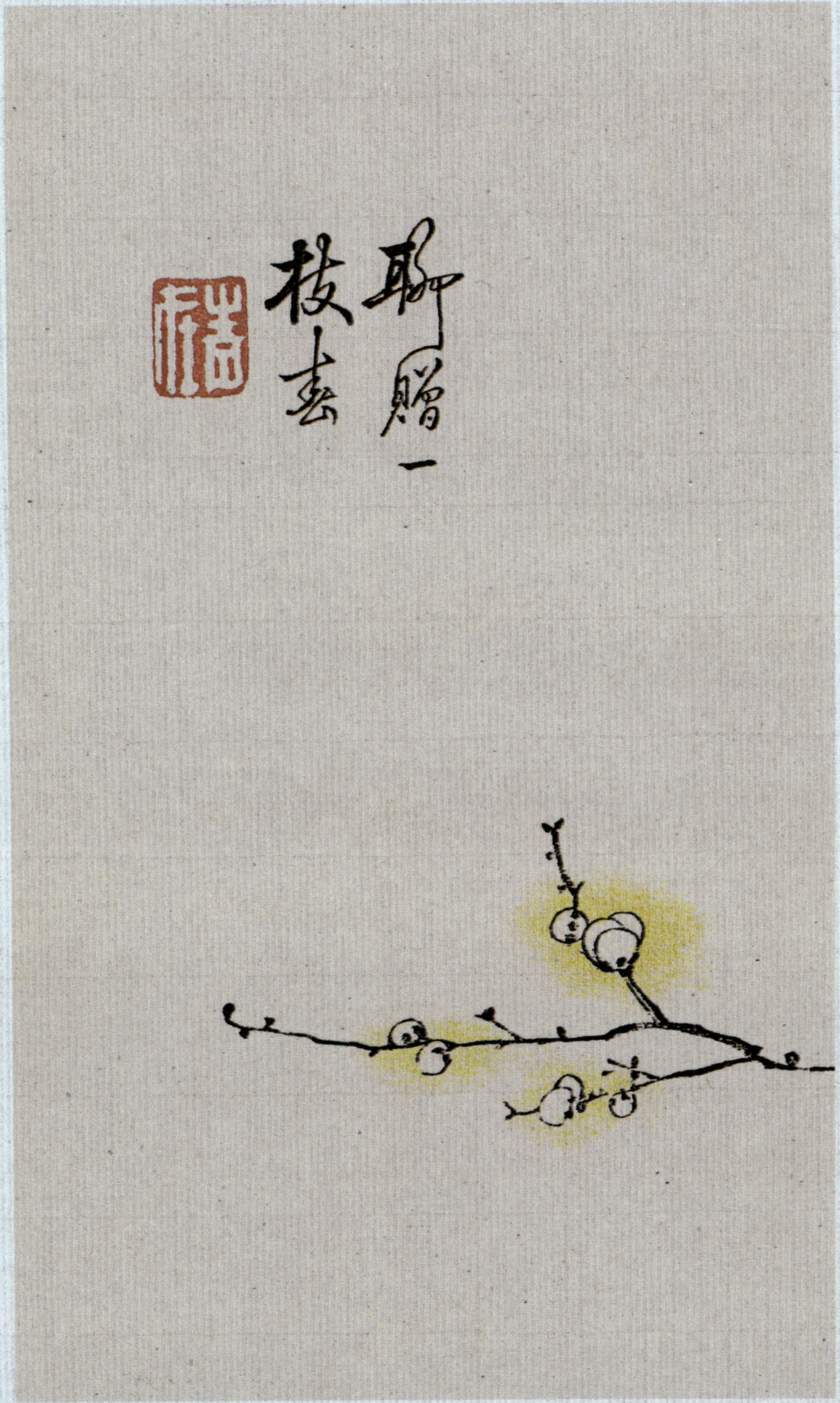

芥子園畫譜精品集

第一冊

二十四

書香傳家

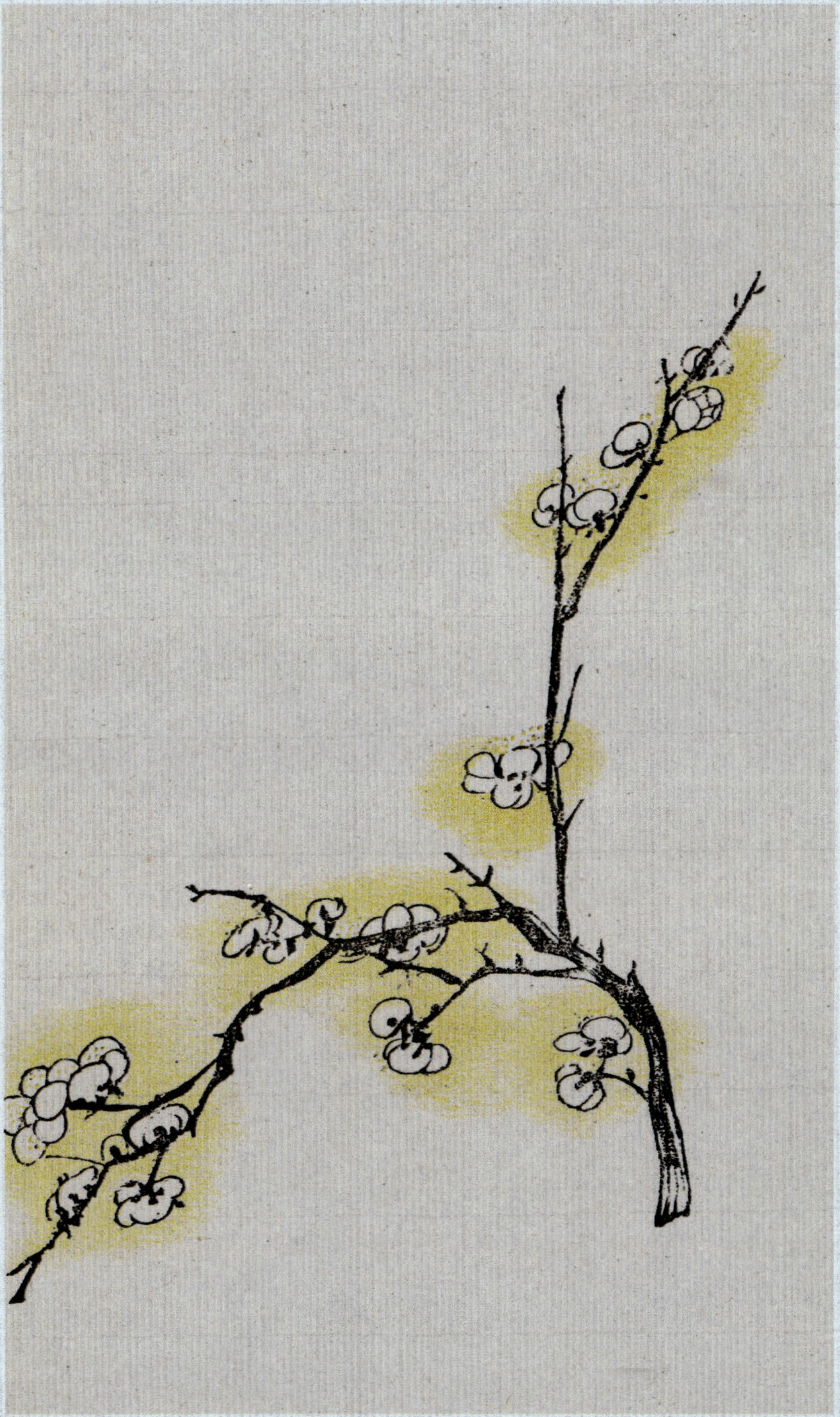

梅譜一

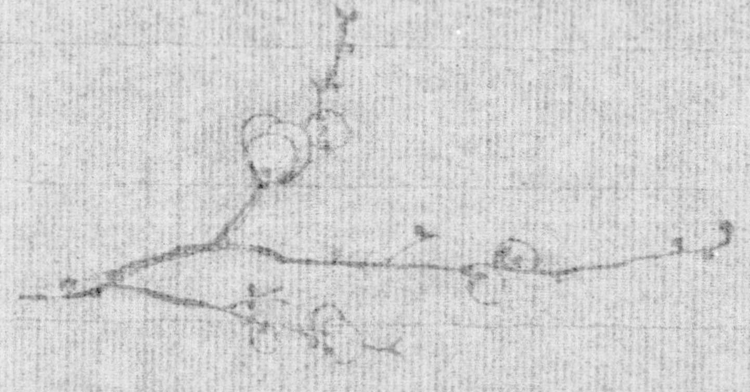

芥子園畫譜精品集

第一冊

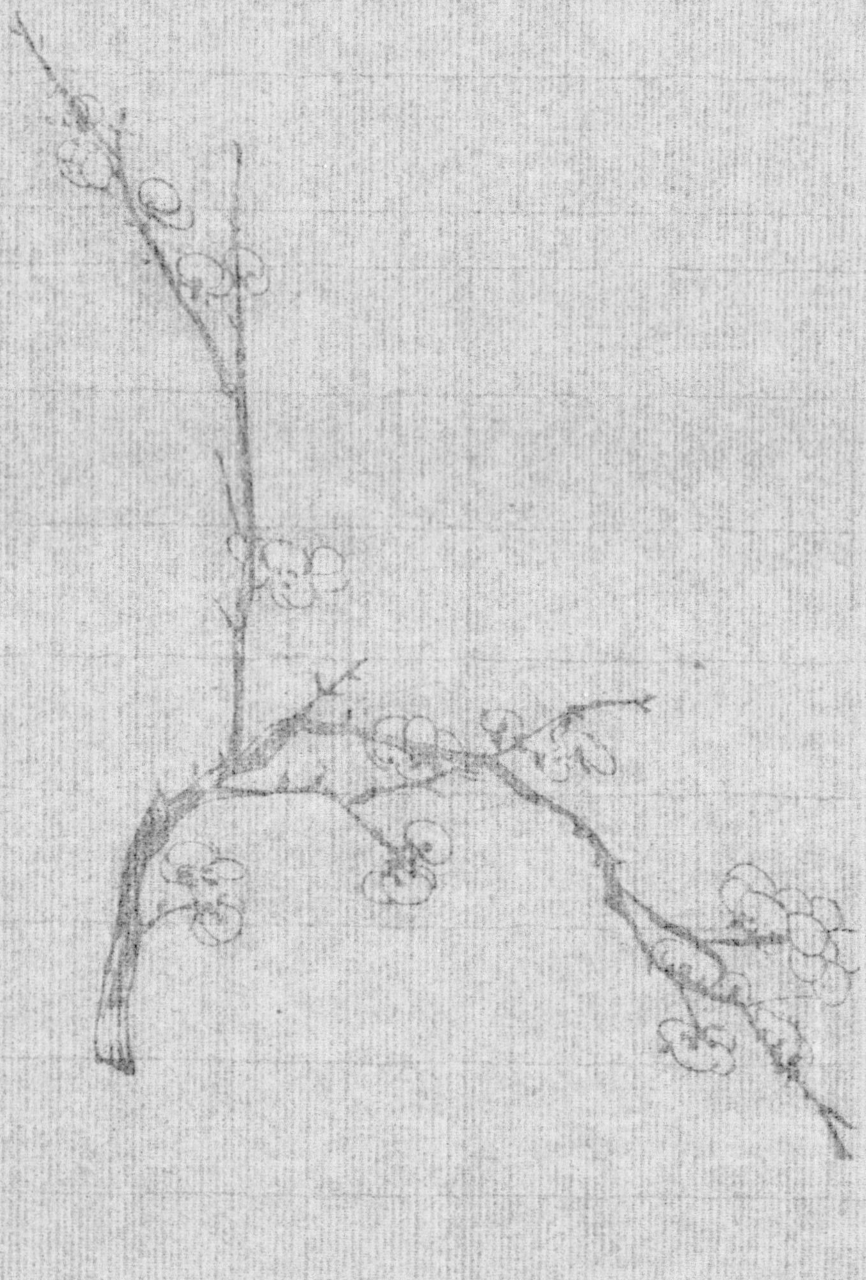

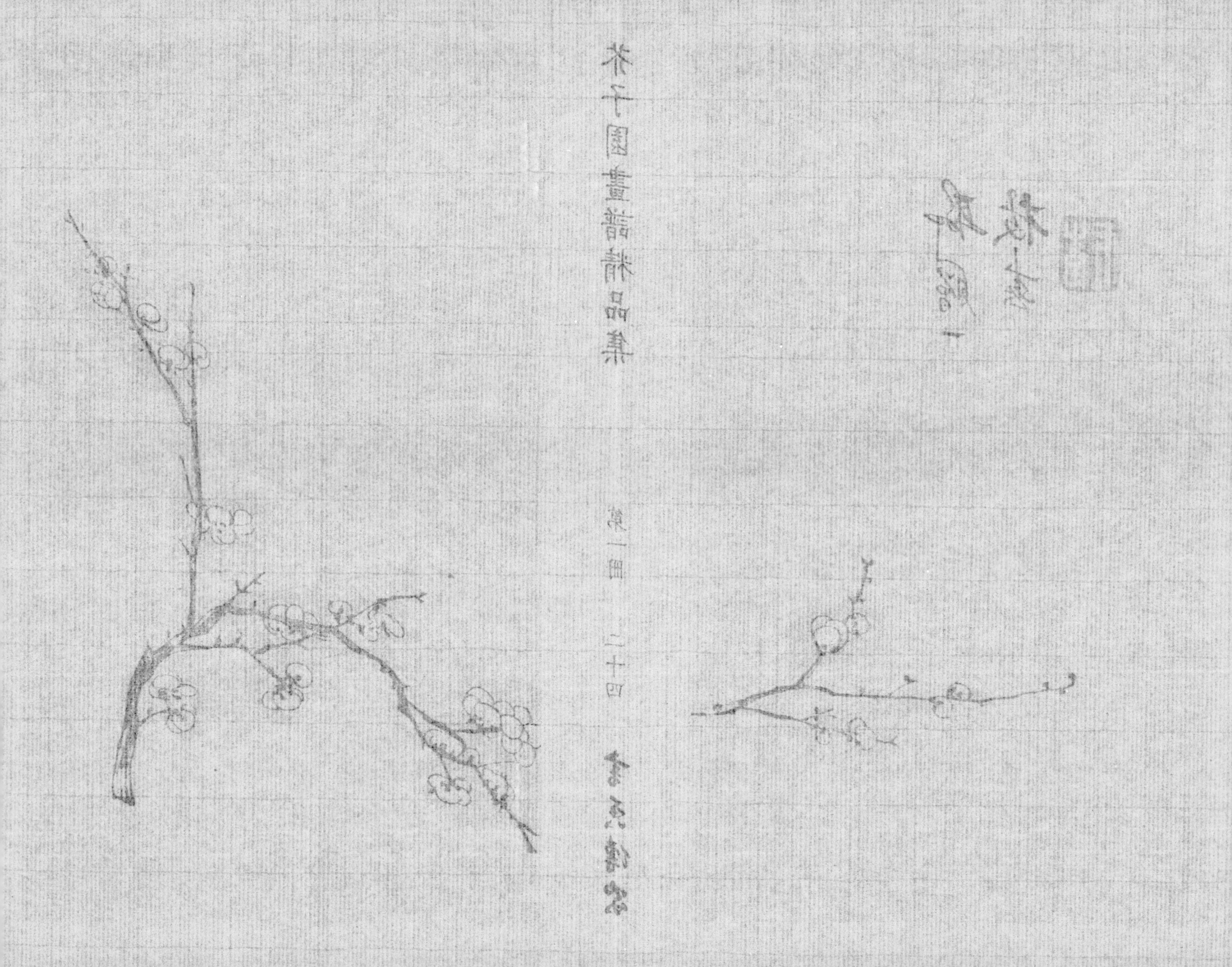

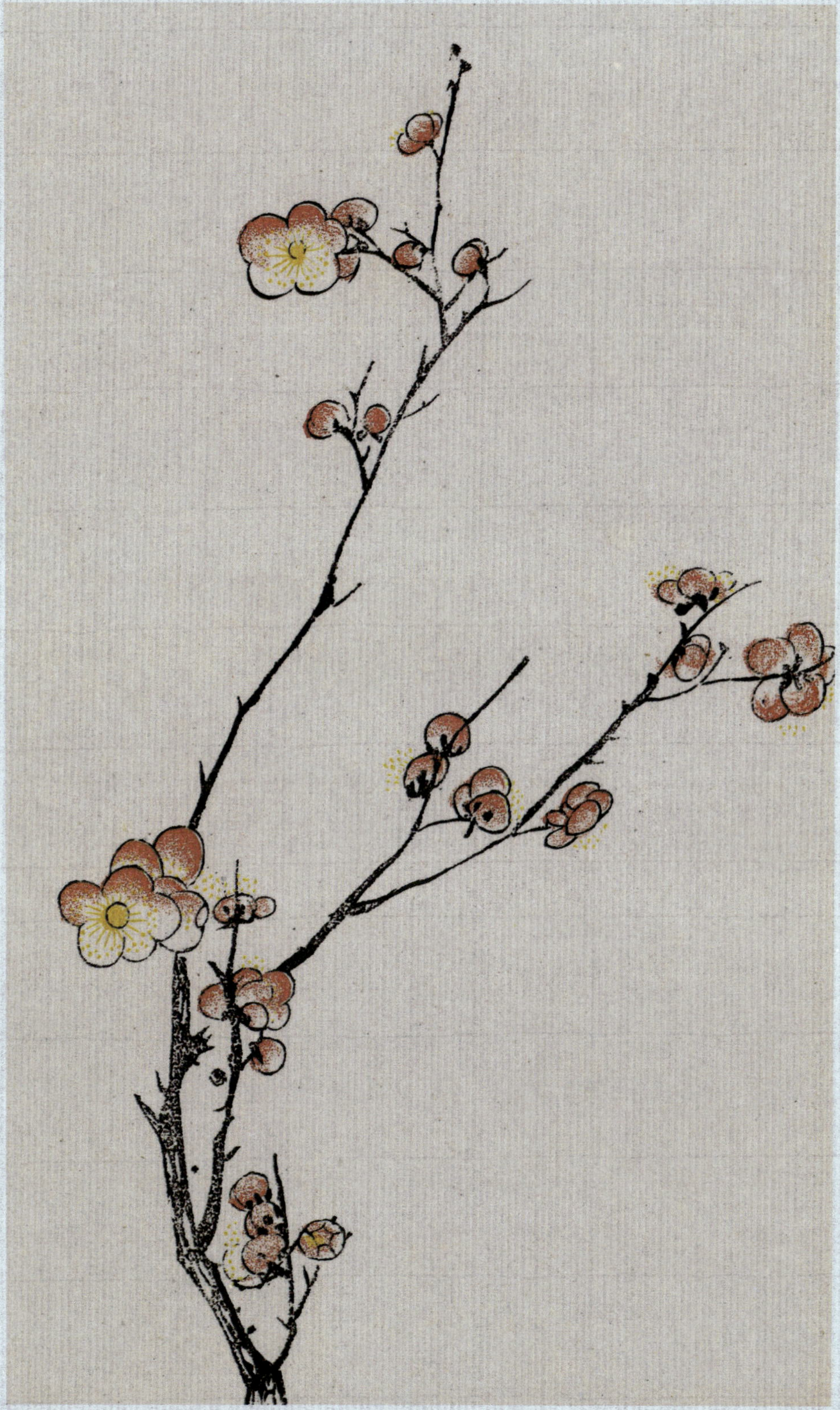

芥子園畫譜精品集

第一冊

二十五

書香傳家

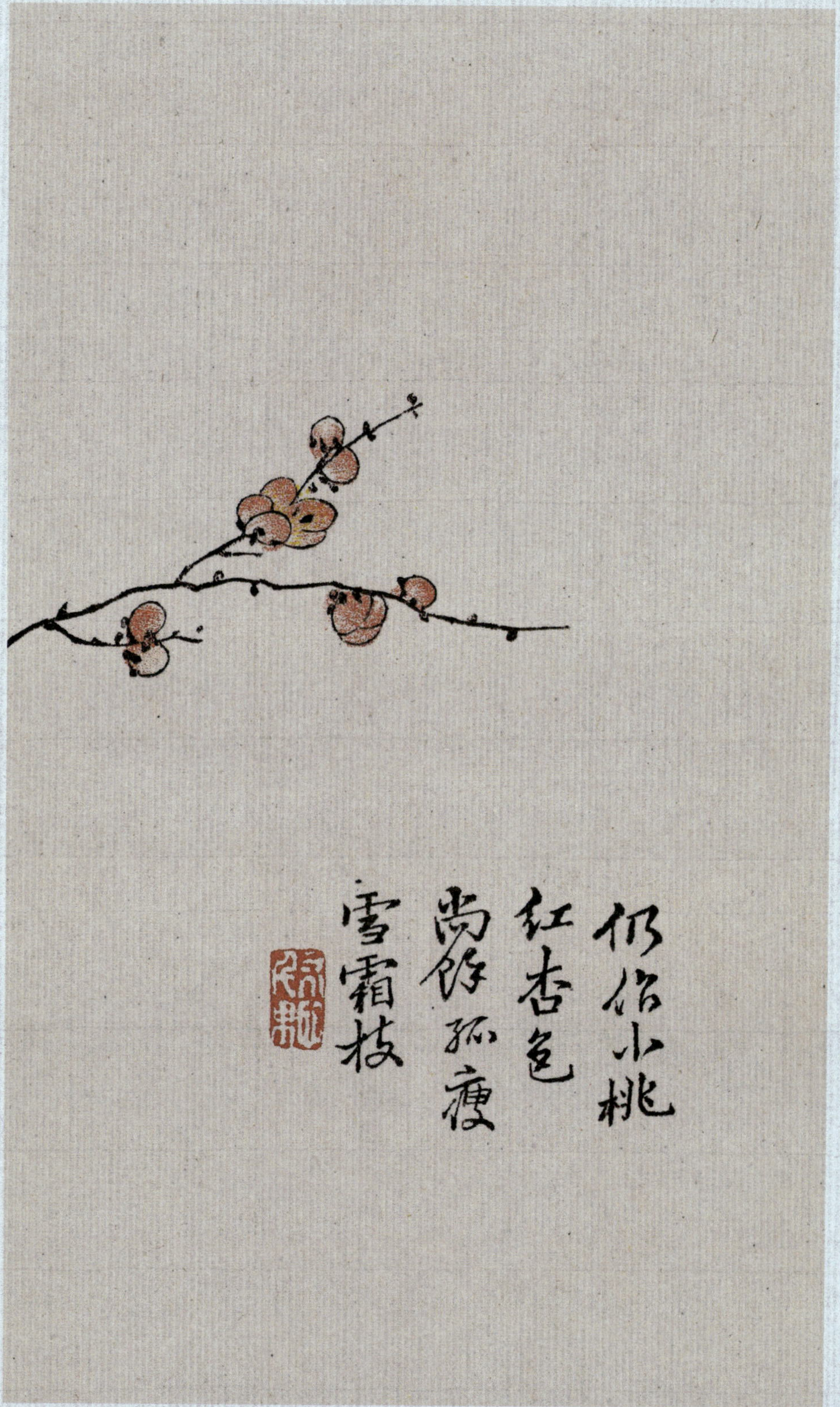

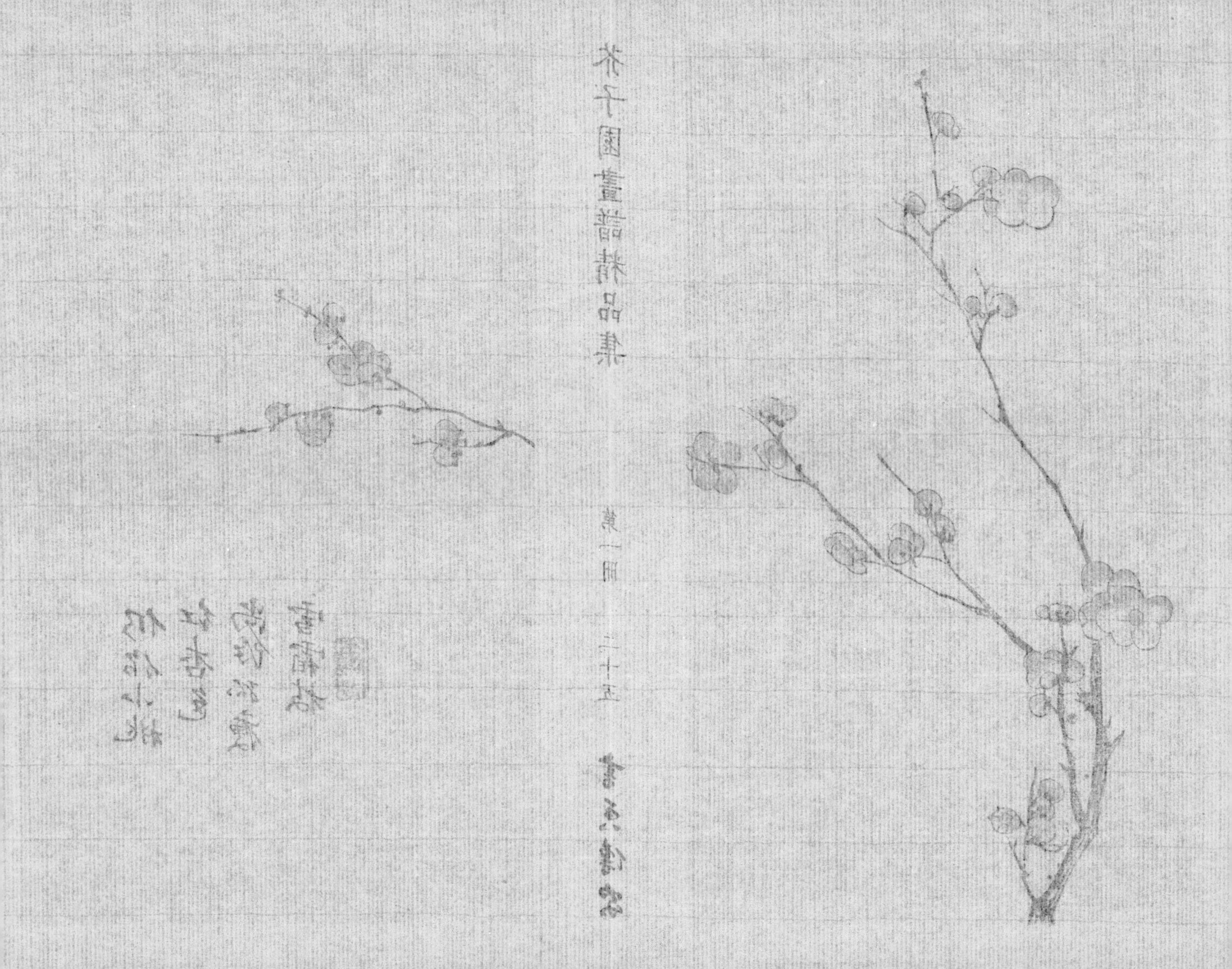

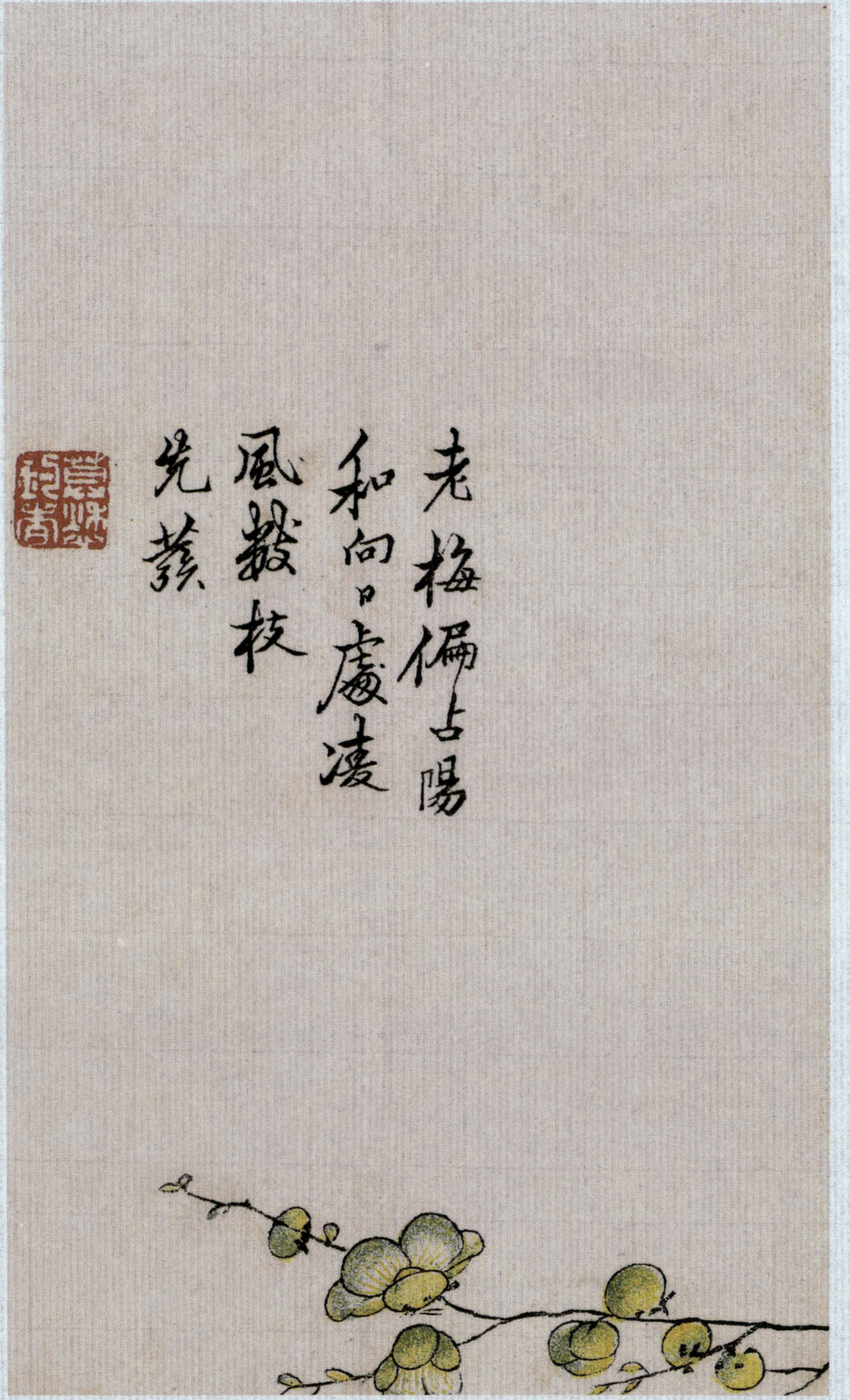

芥子園畫譜精品集

第一冊

二十六

書香傳家

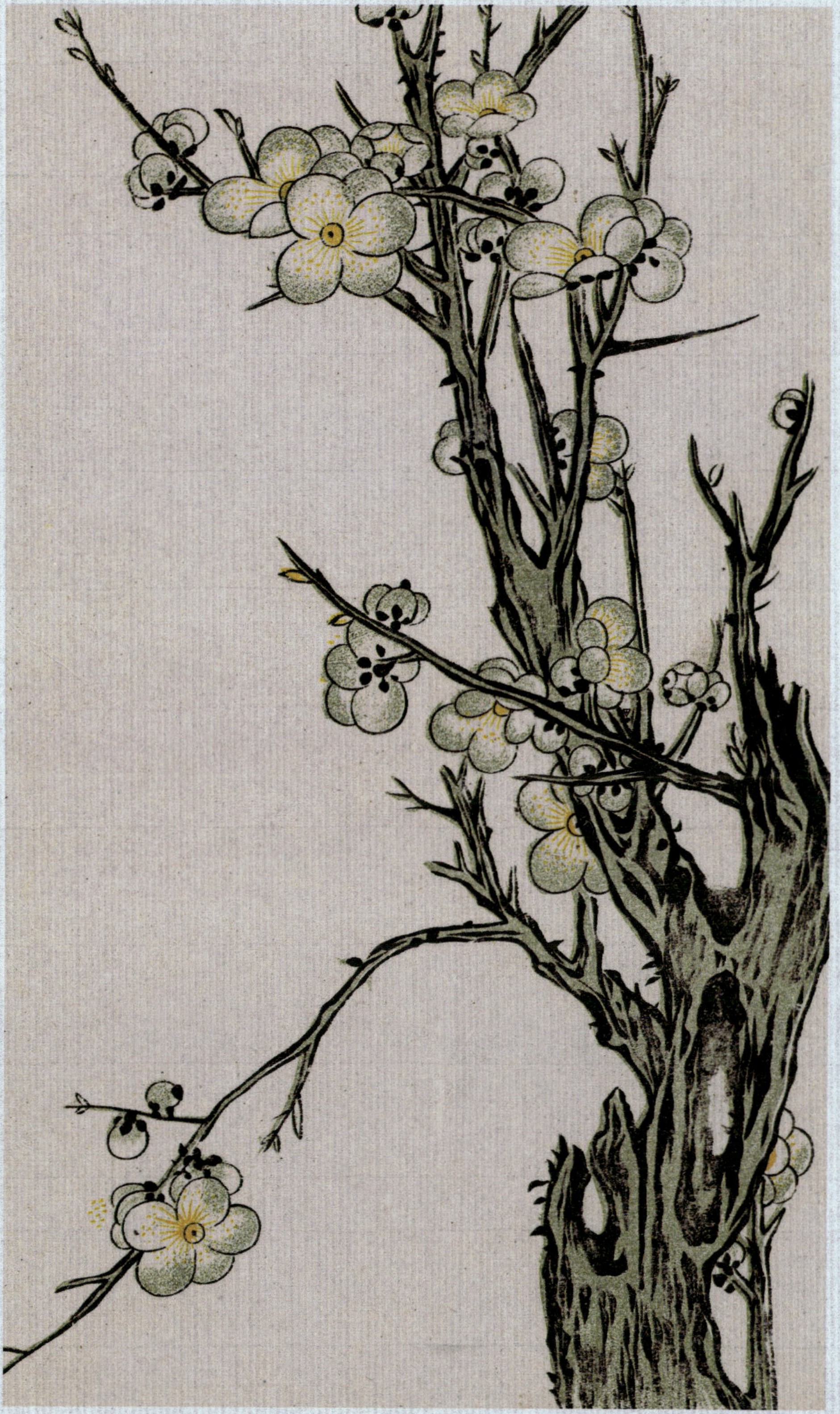

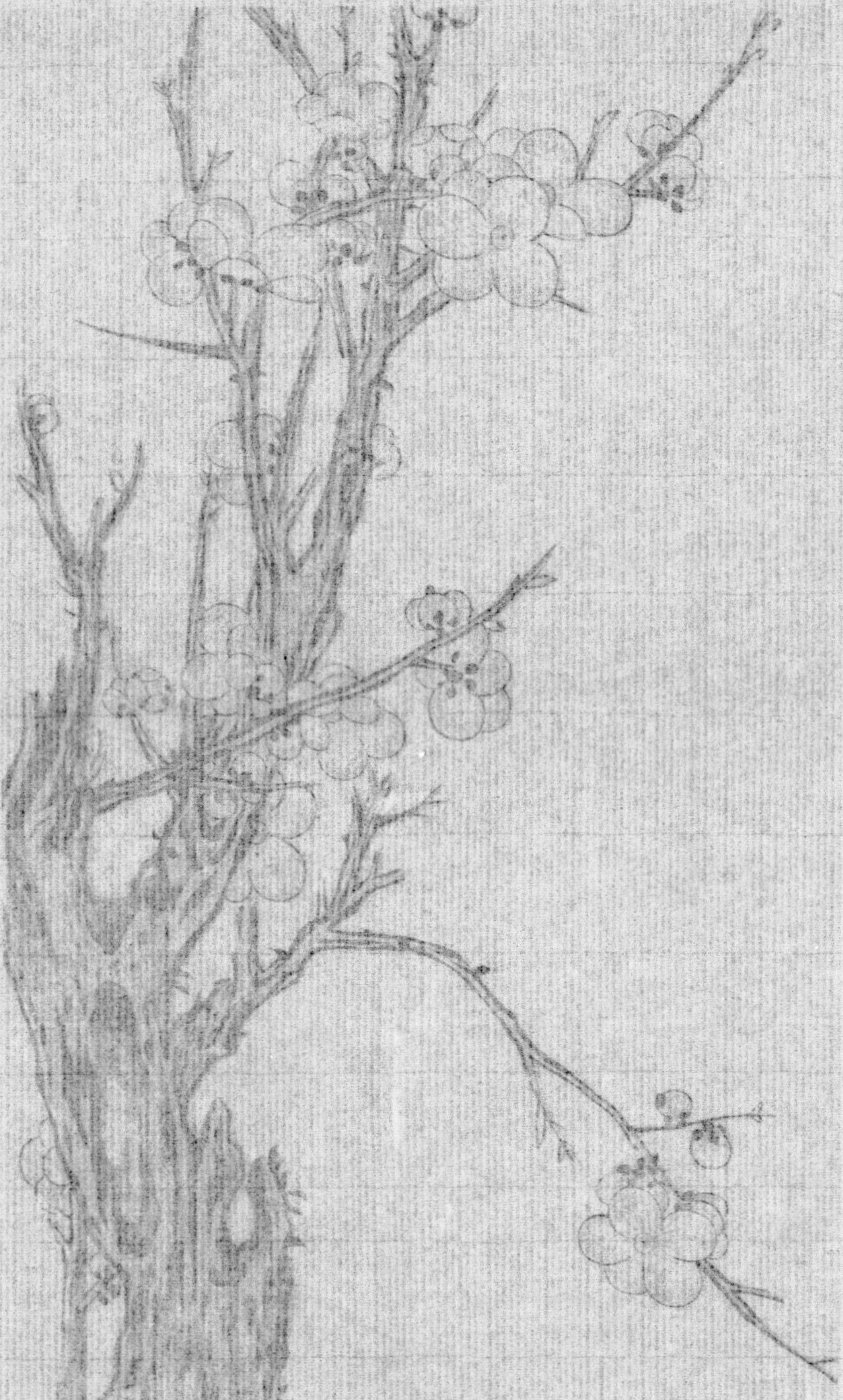

光緒 [illegible]
[illegible]

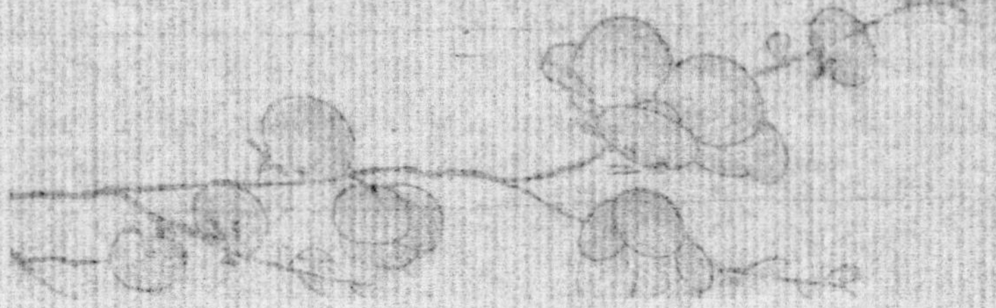

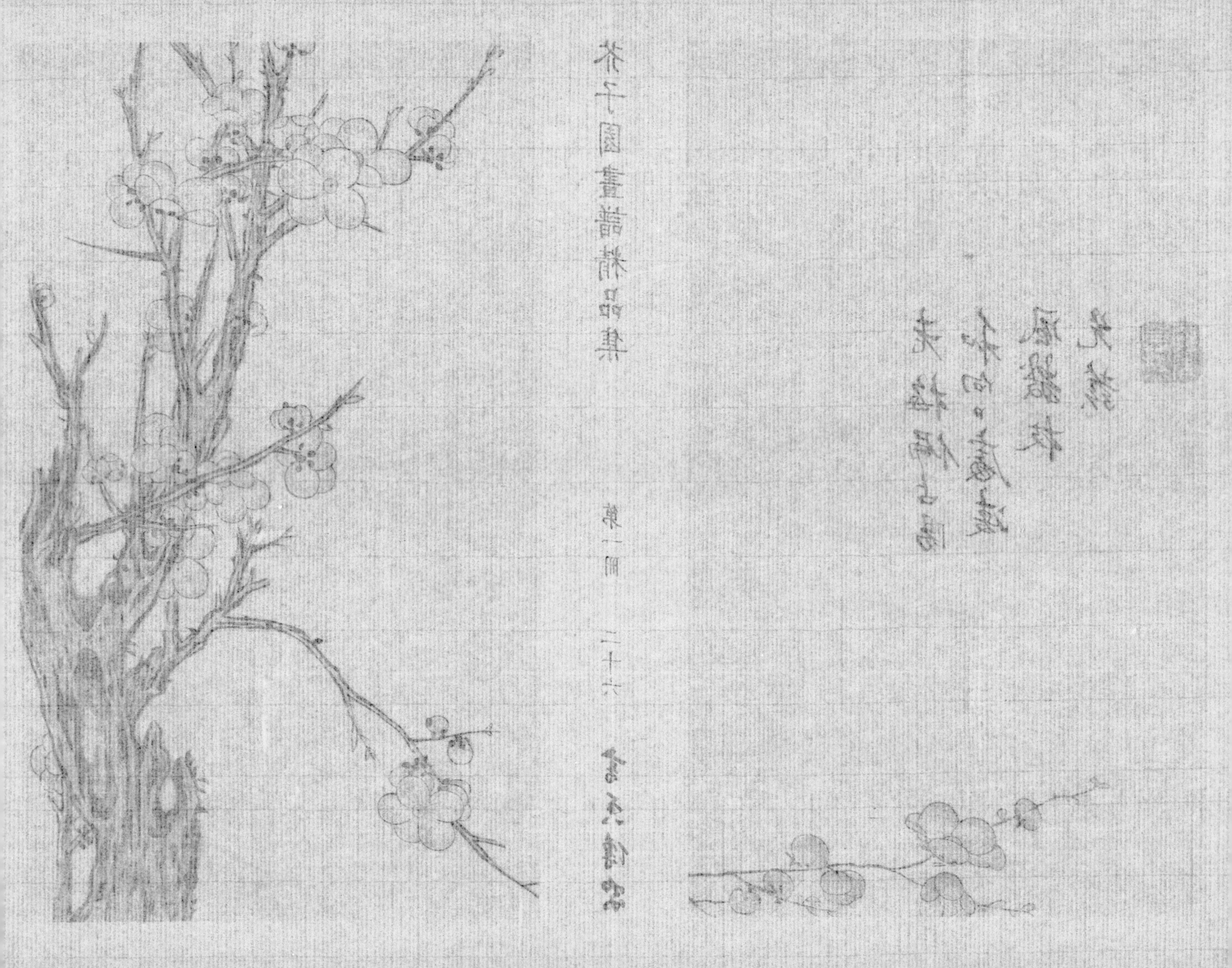

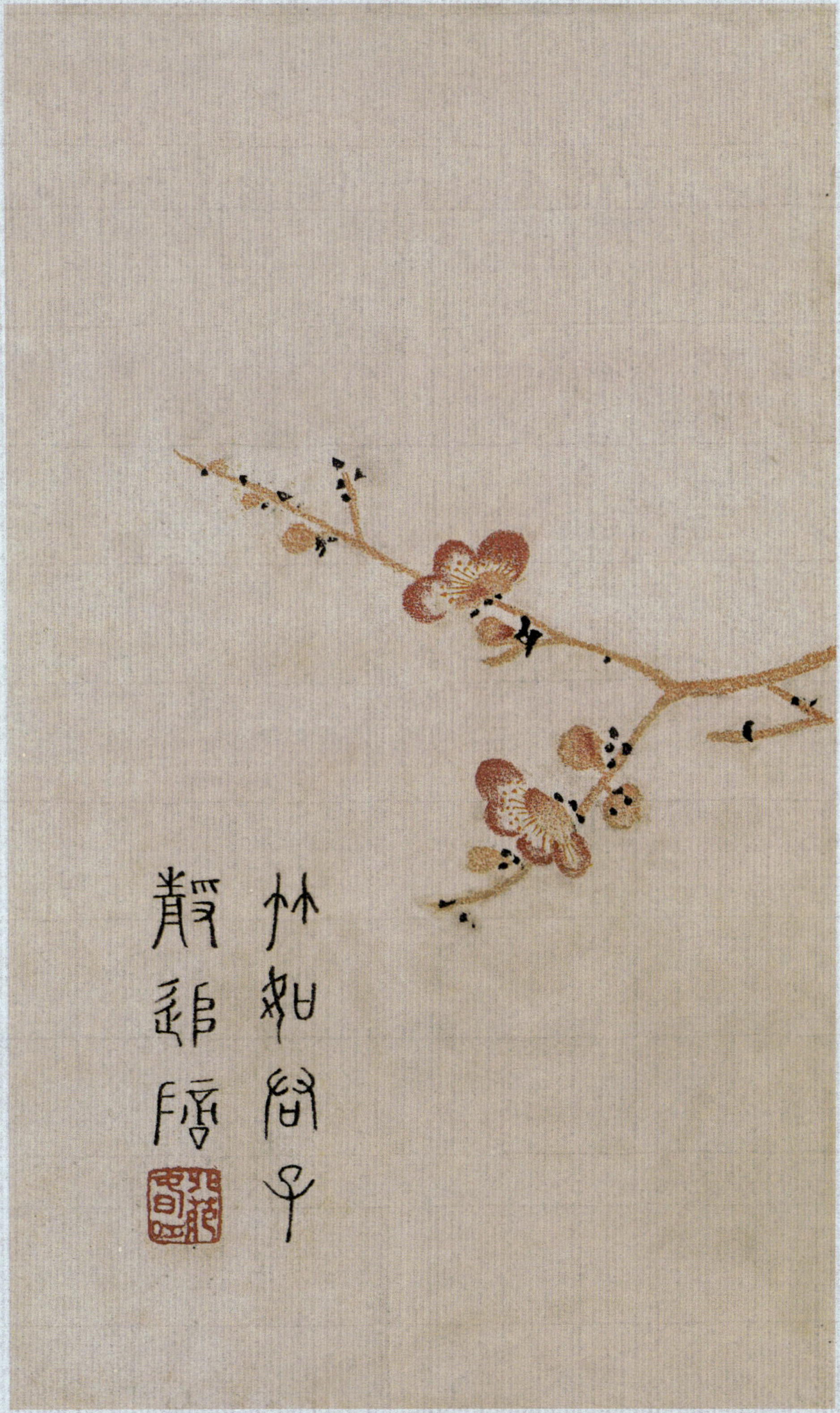

芥子園畫譜精品集

第一冊

二十七

書香傳家

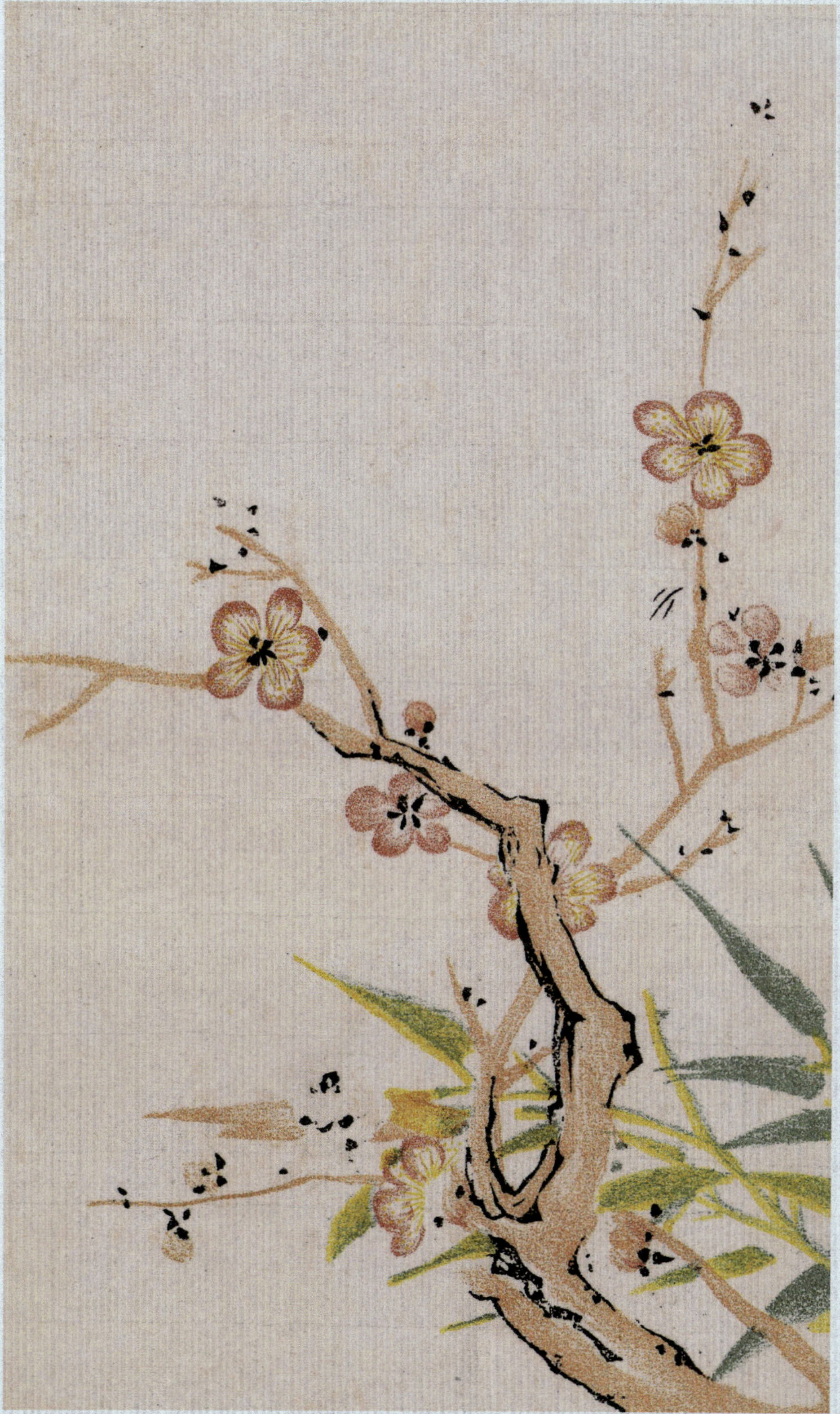

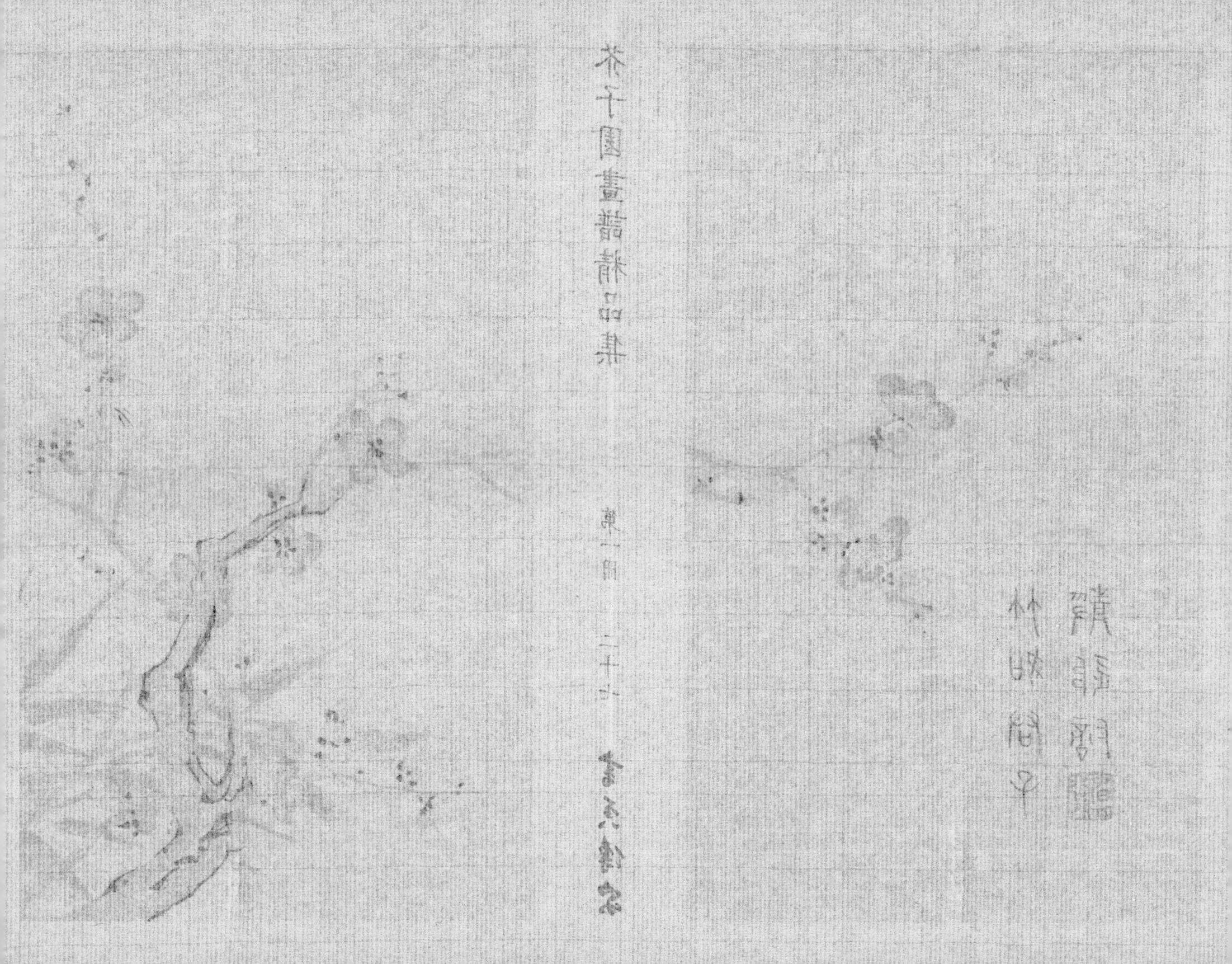

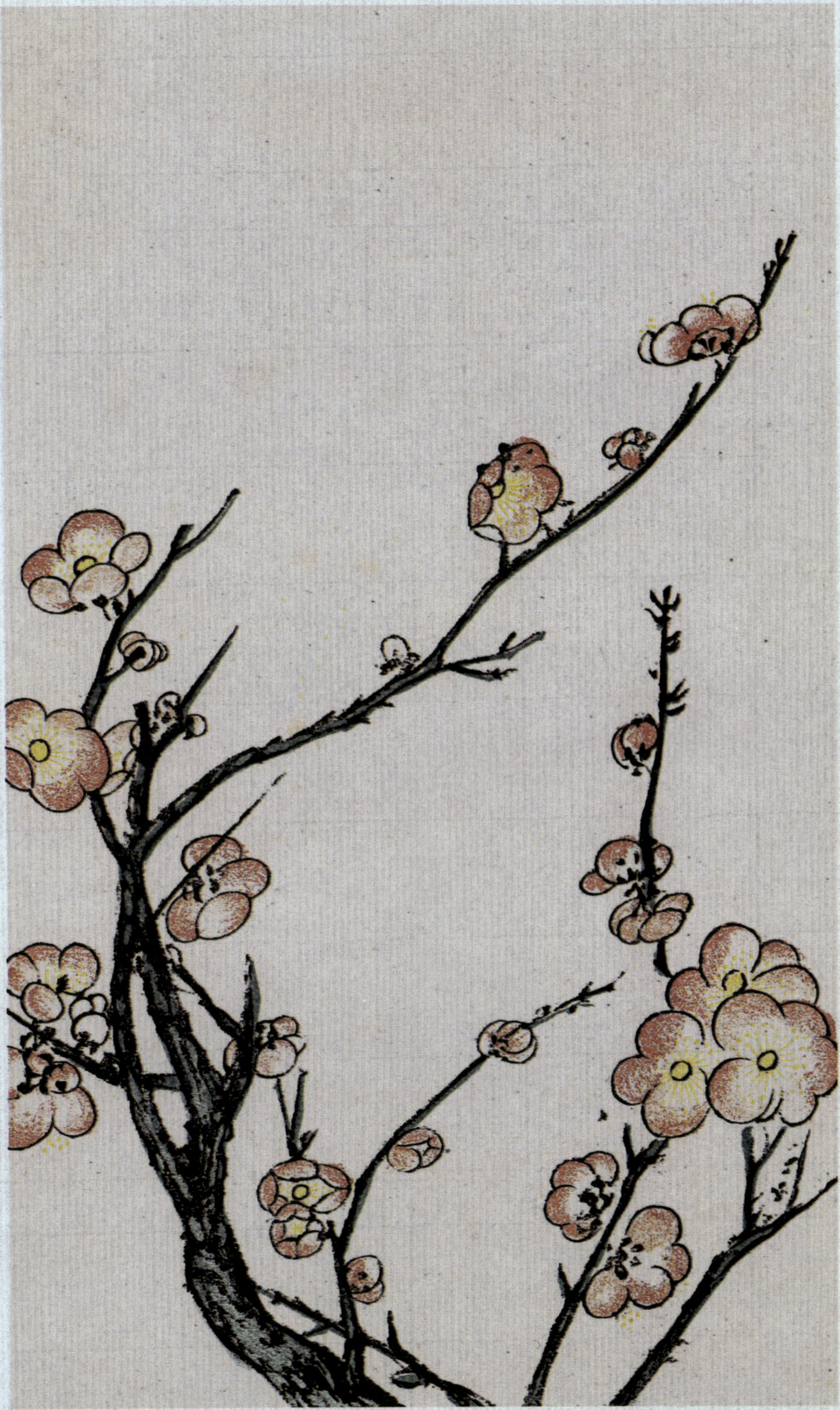

芥子園畫譜精品集

第一冊

二十八

書香傳家

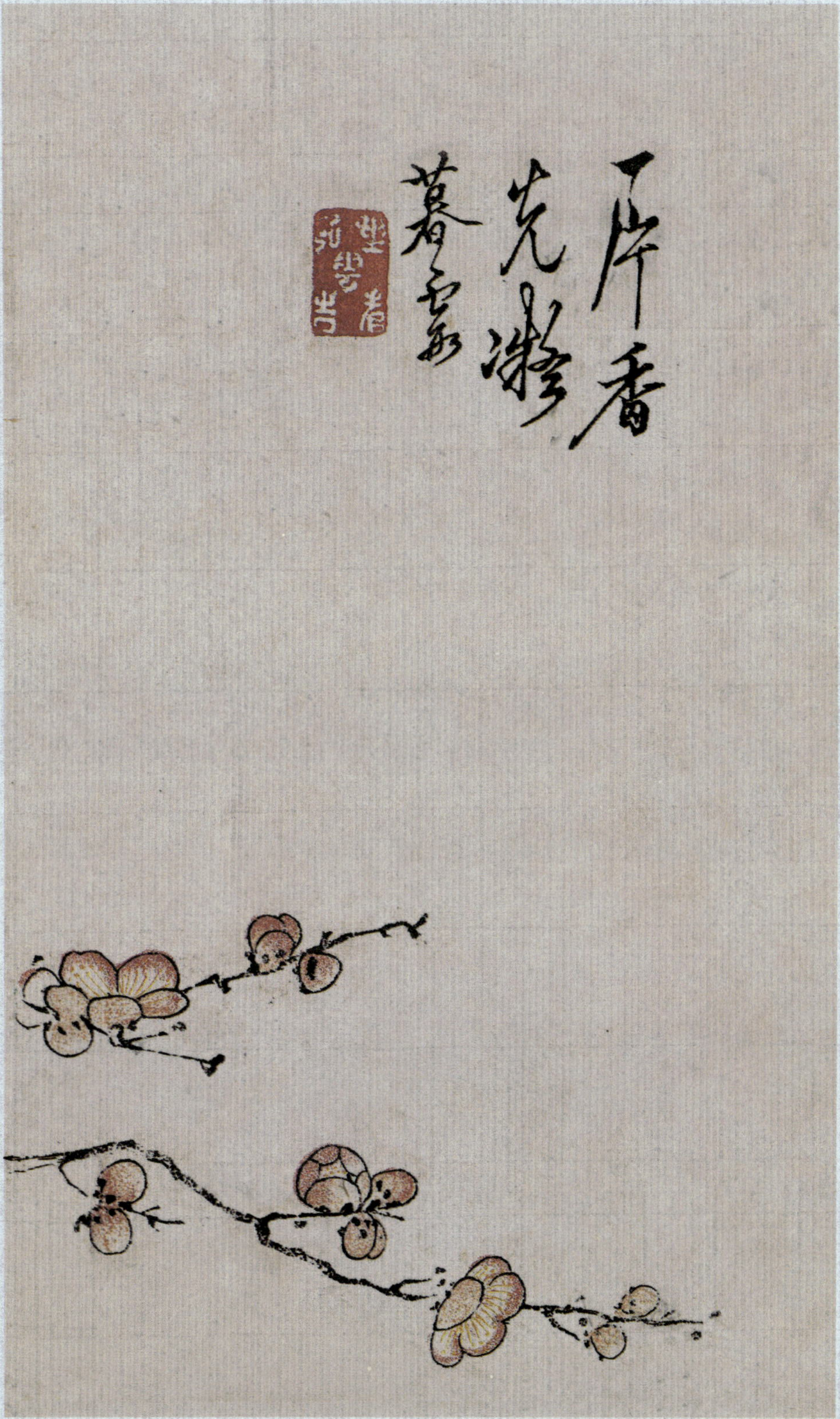

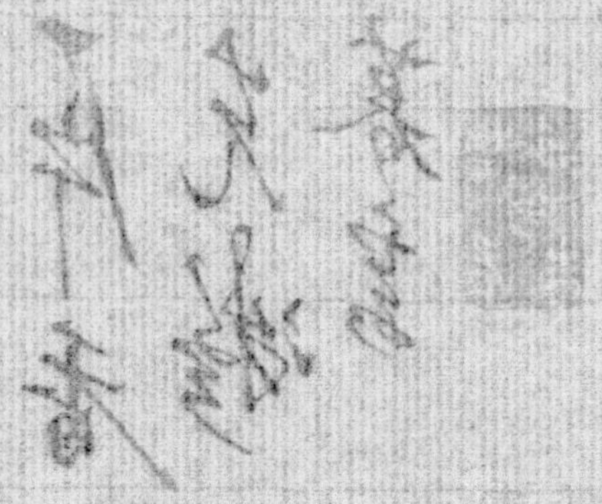

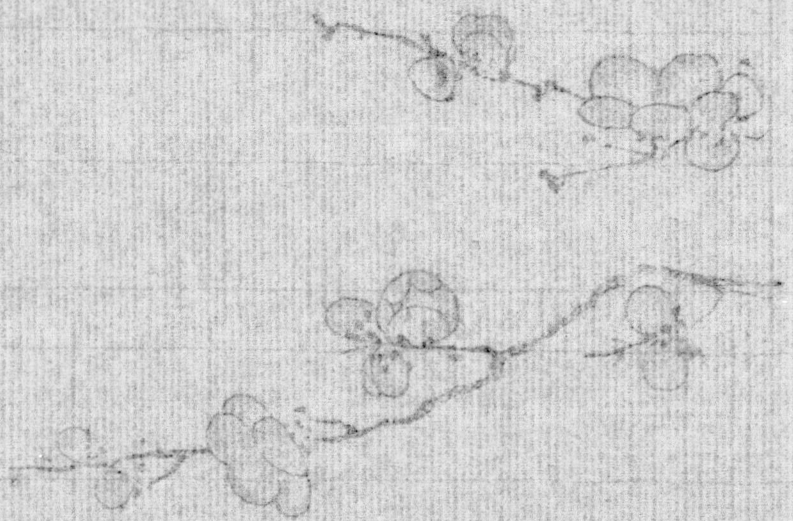

芥子園畫譜精品集

第一冊　二十八

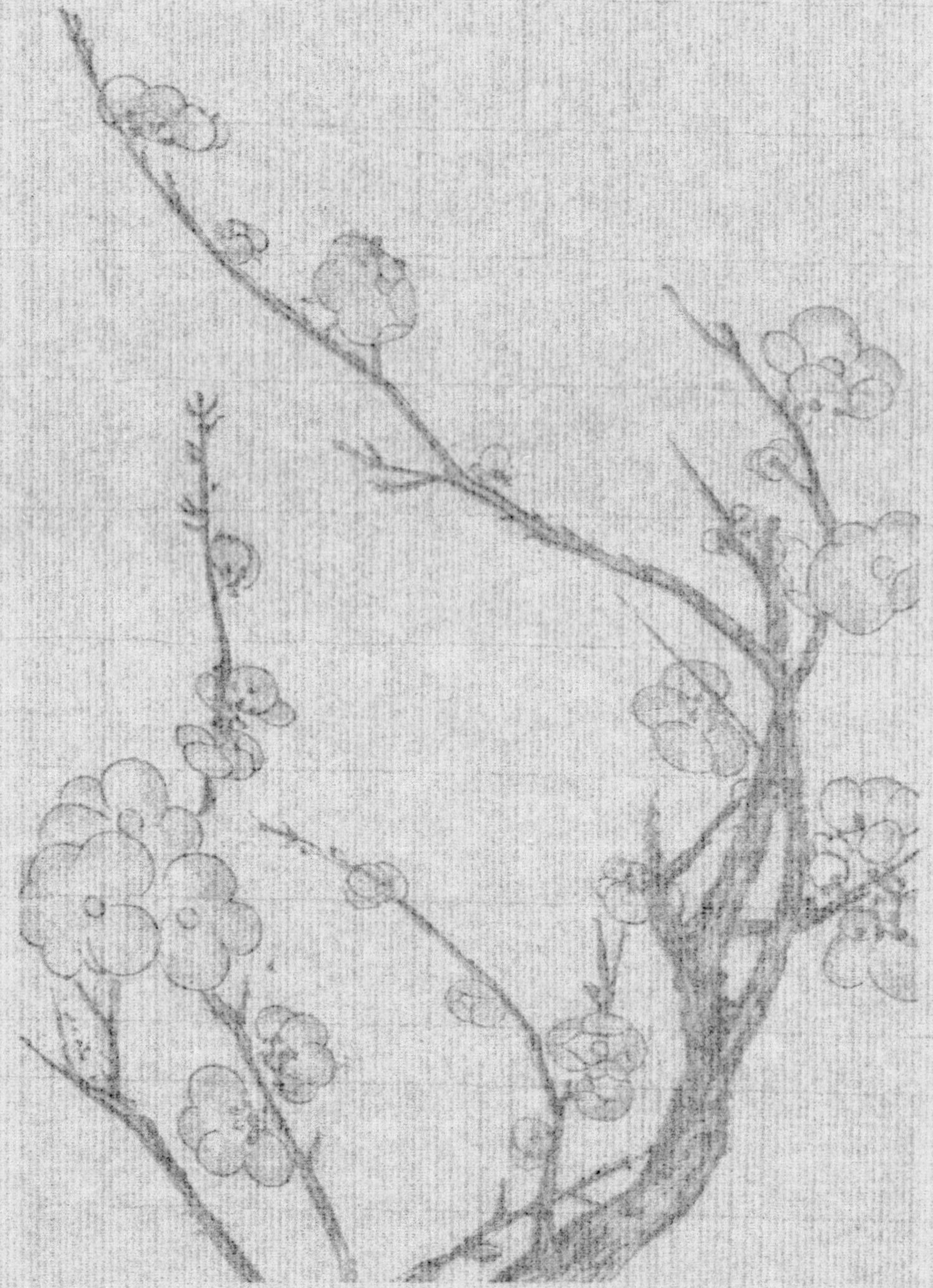

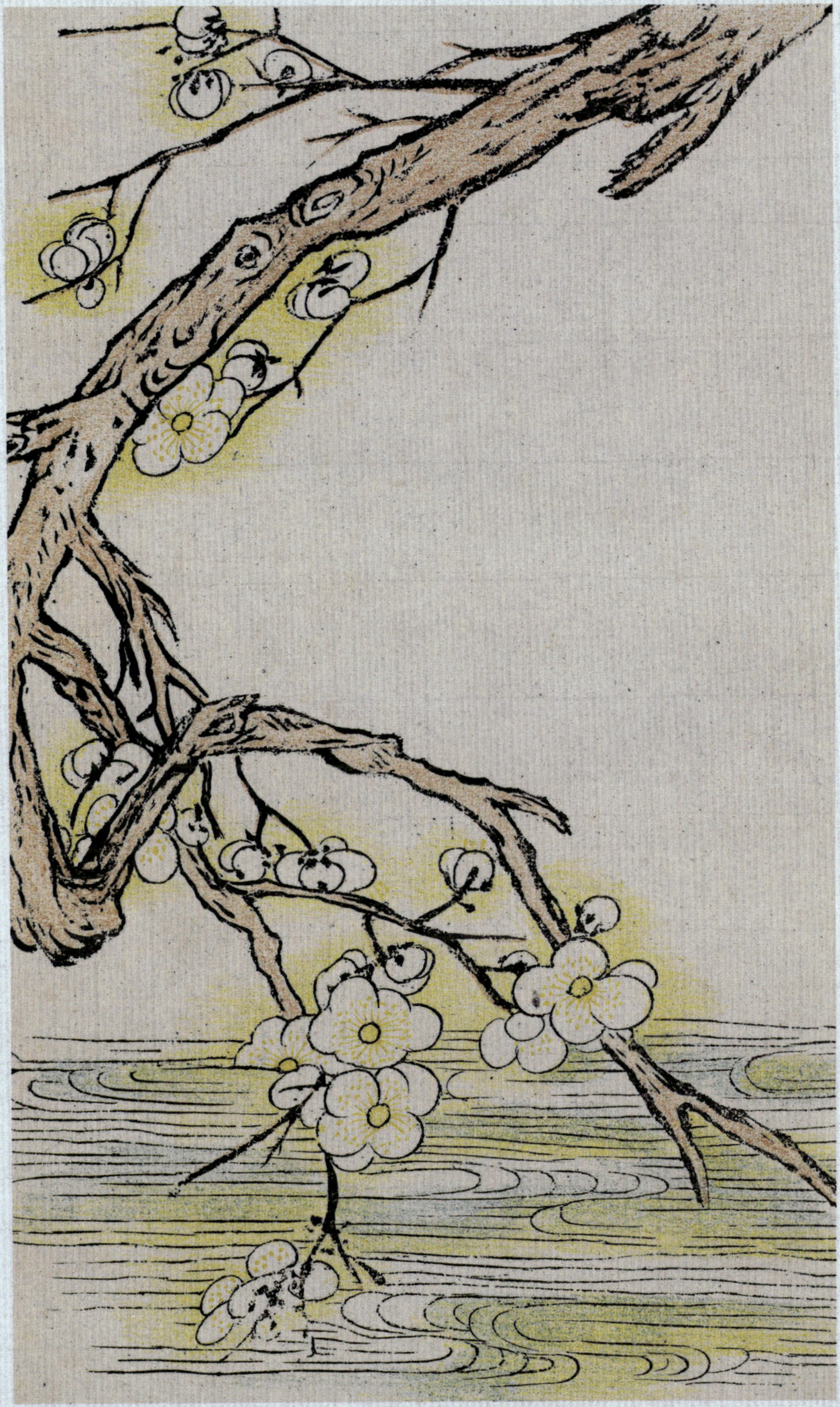

芥子園畫譜精品集

第一冊

二十九

書香傳家

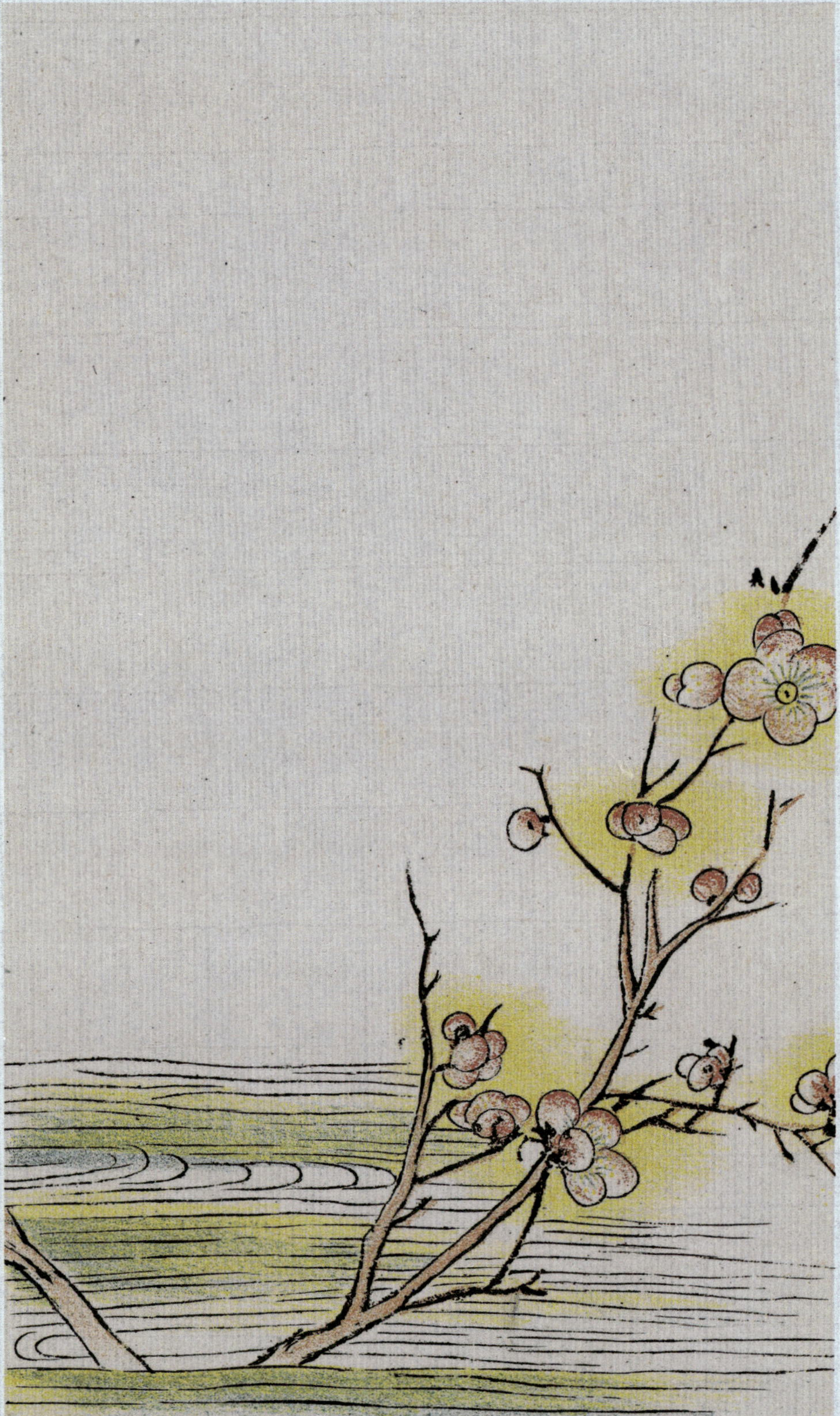

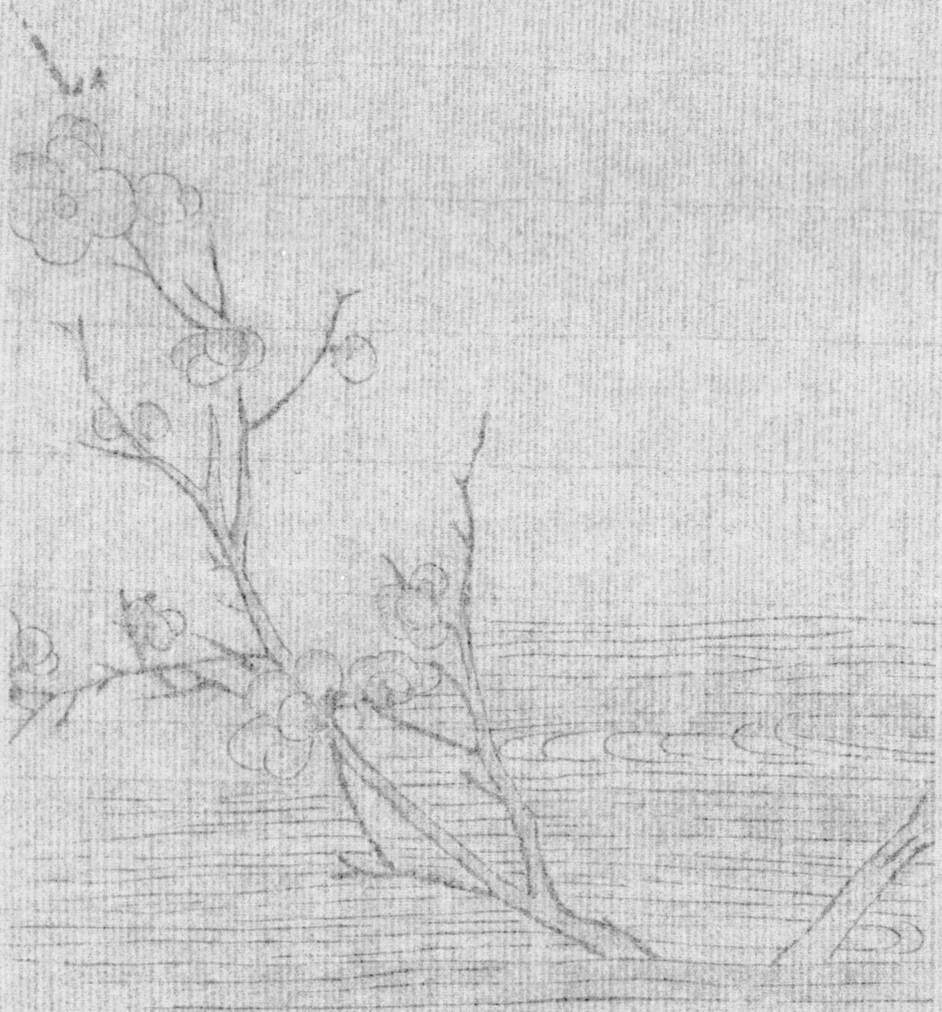

芥子園畫譜精品集

第一冊　二十九

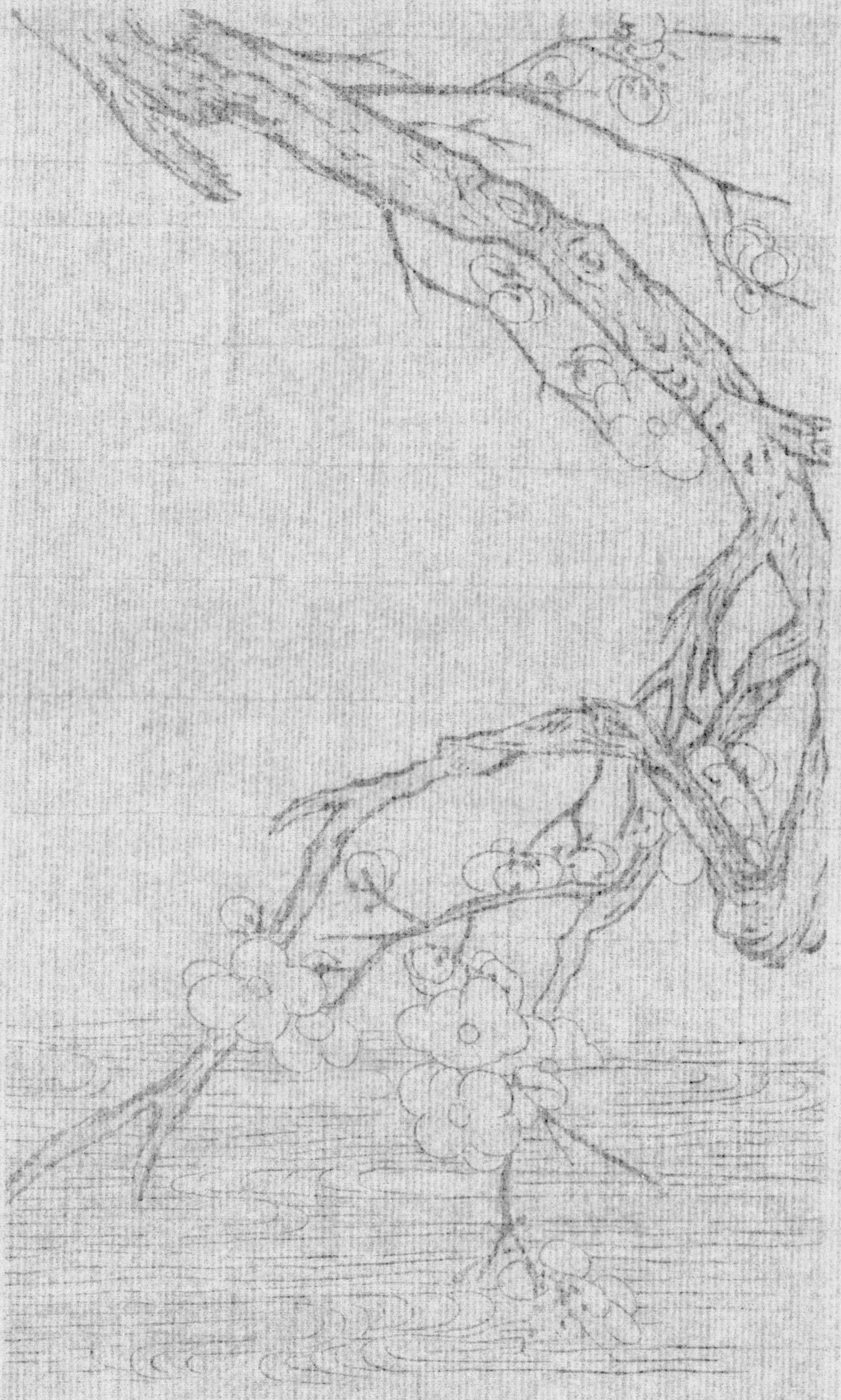

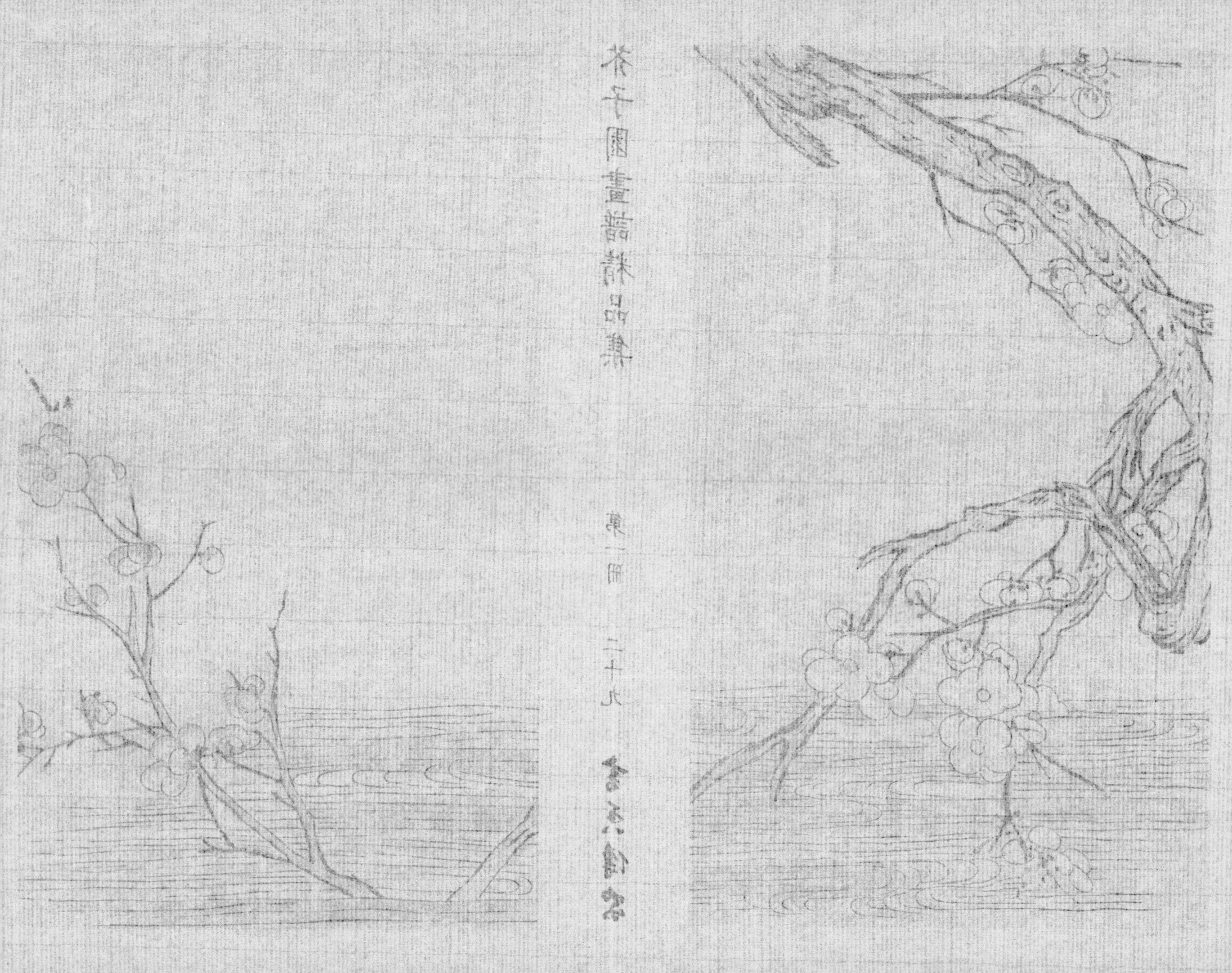

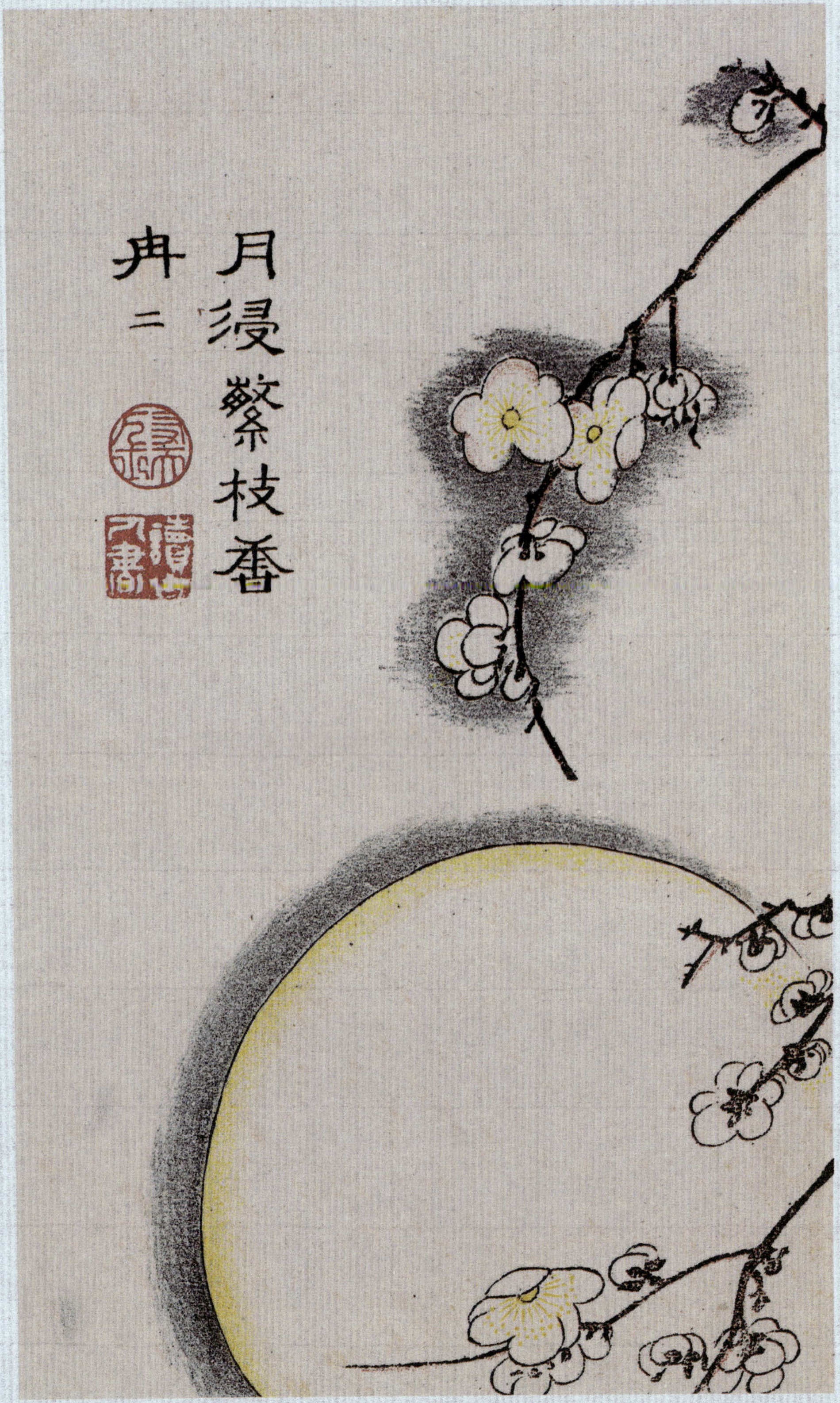

芥子園畫譜精品集

第一冊

三十

書香傳家

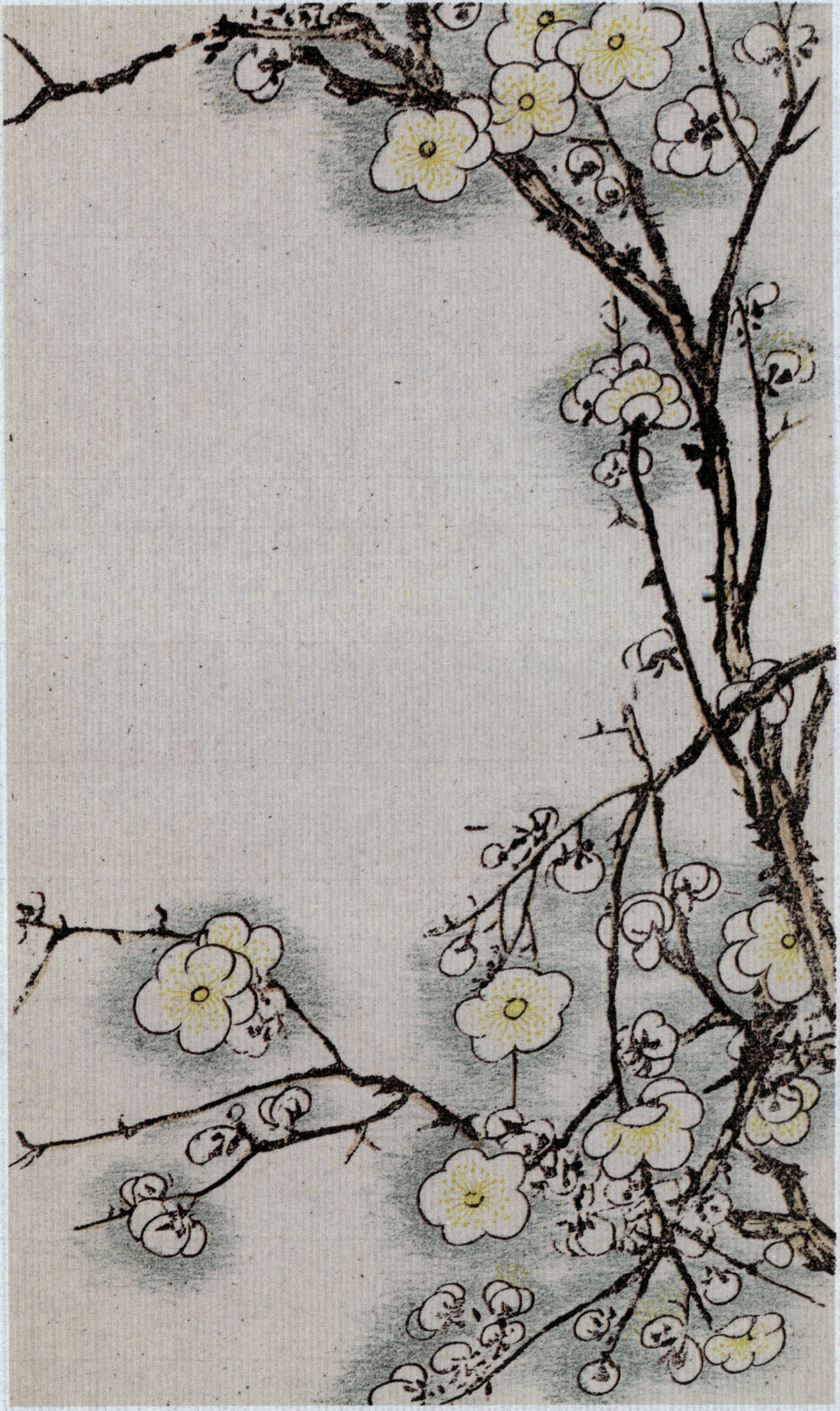

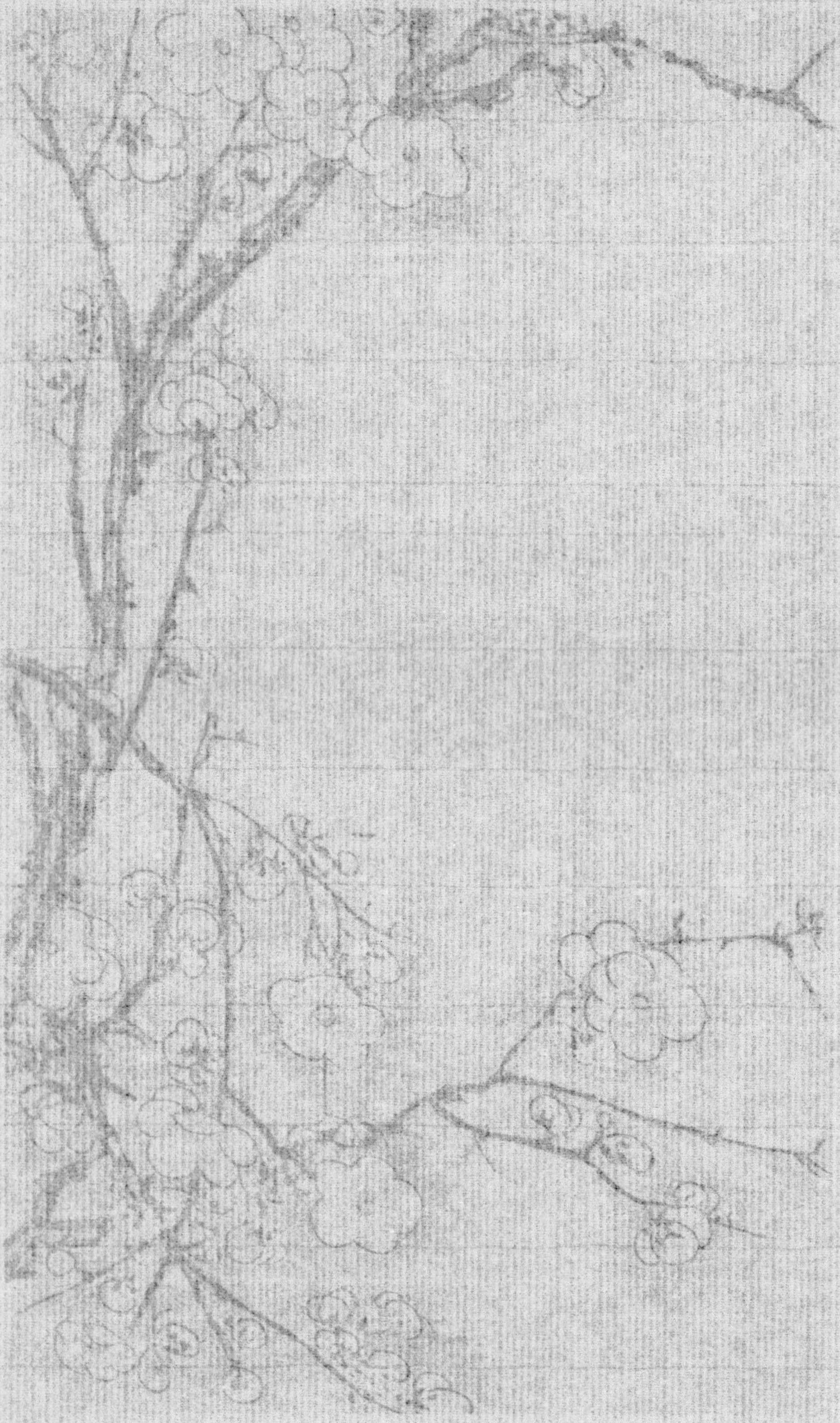

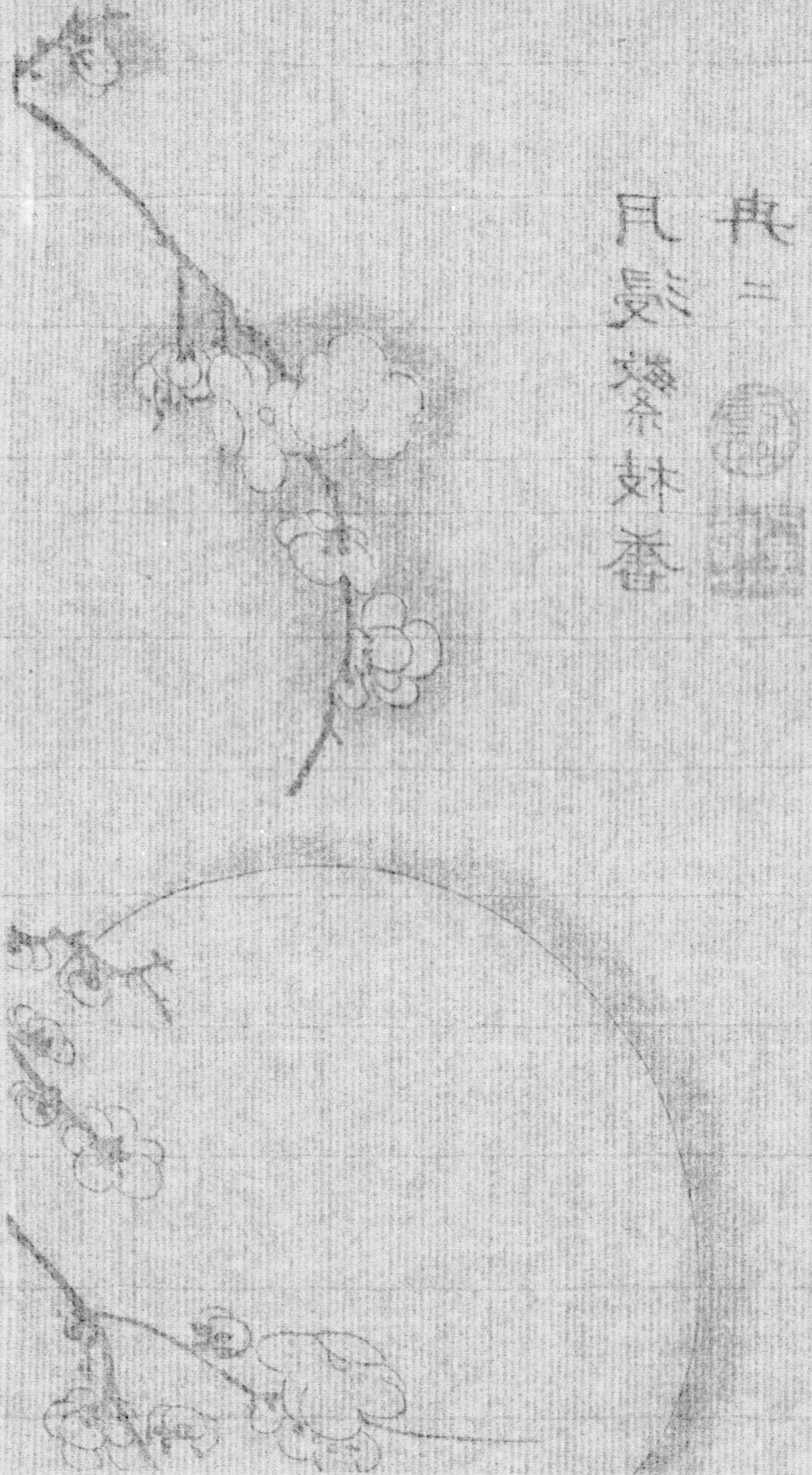
冉二
月浸寒枝香

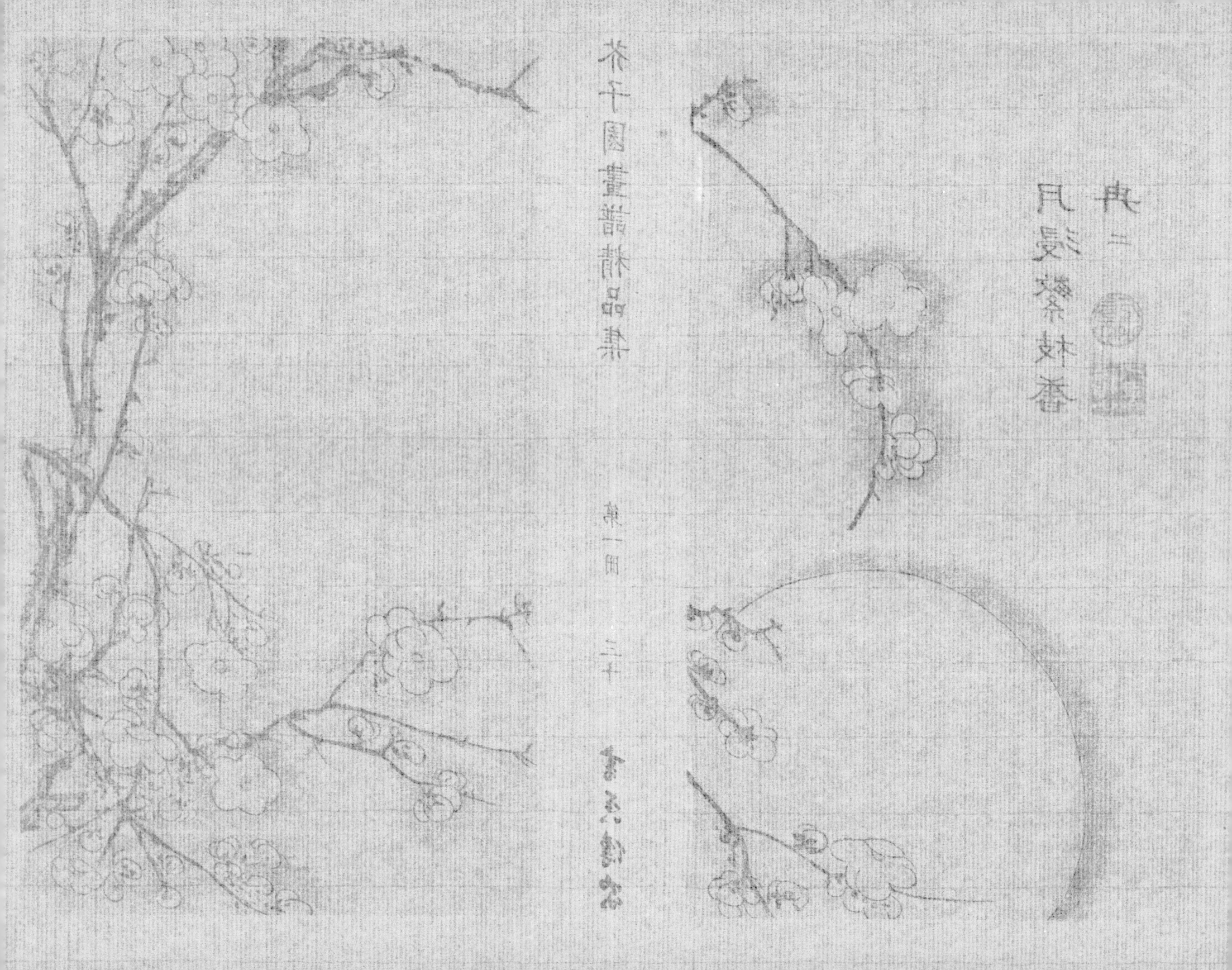

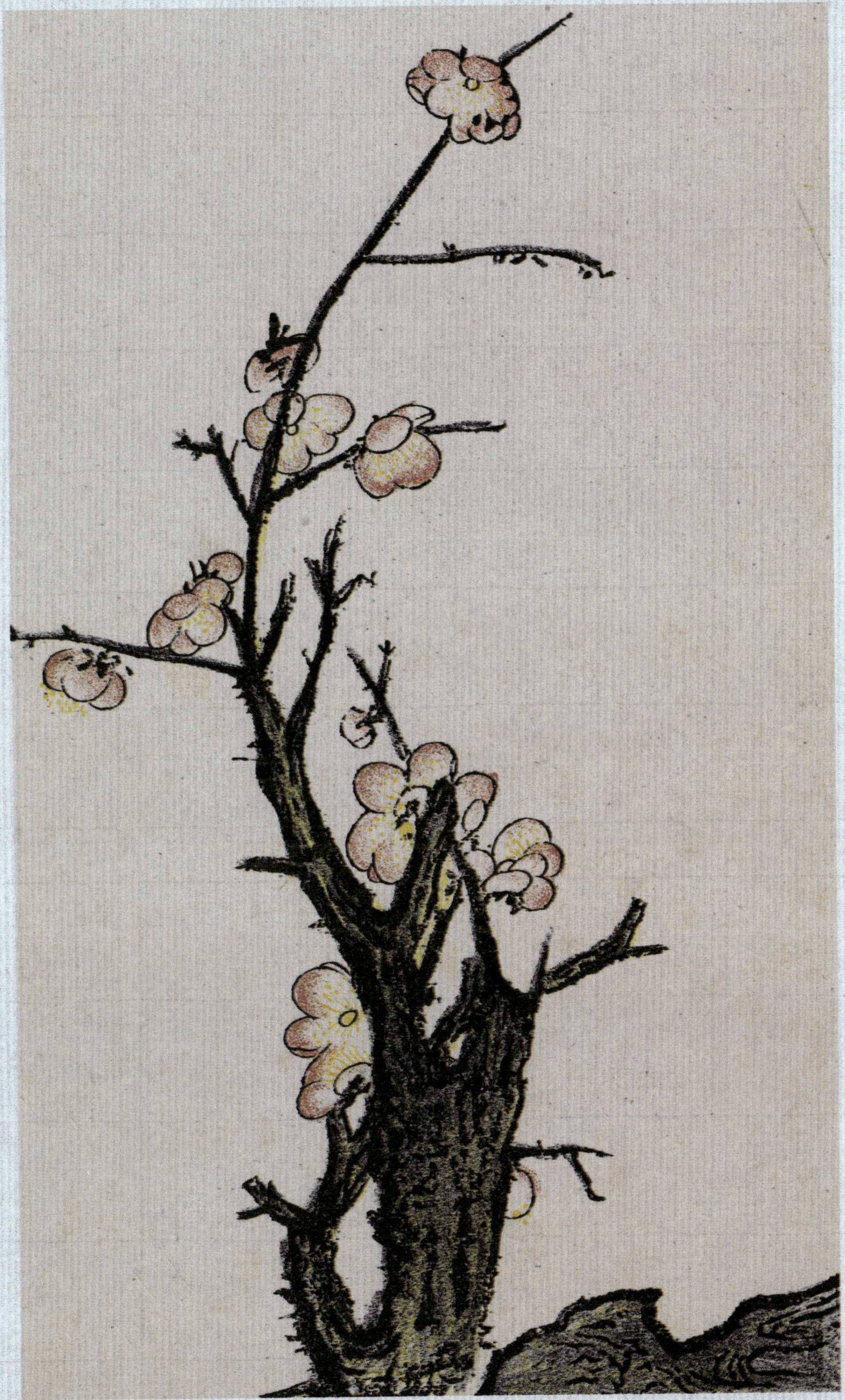

芥子園畫譜精品集

第一冊

三十一

書香傳家

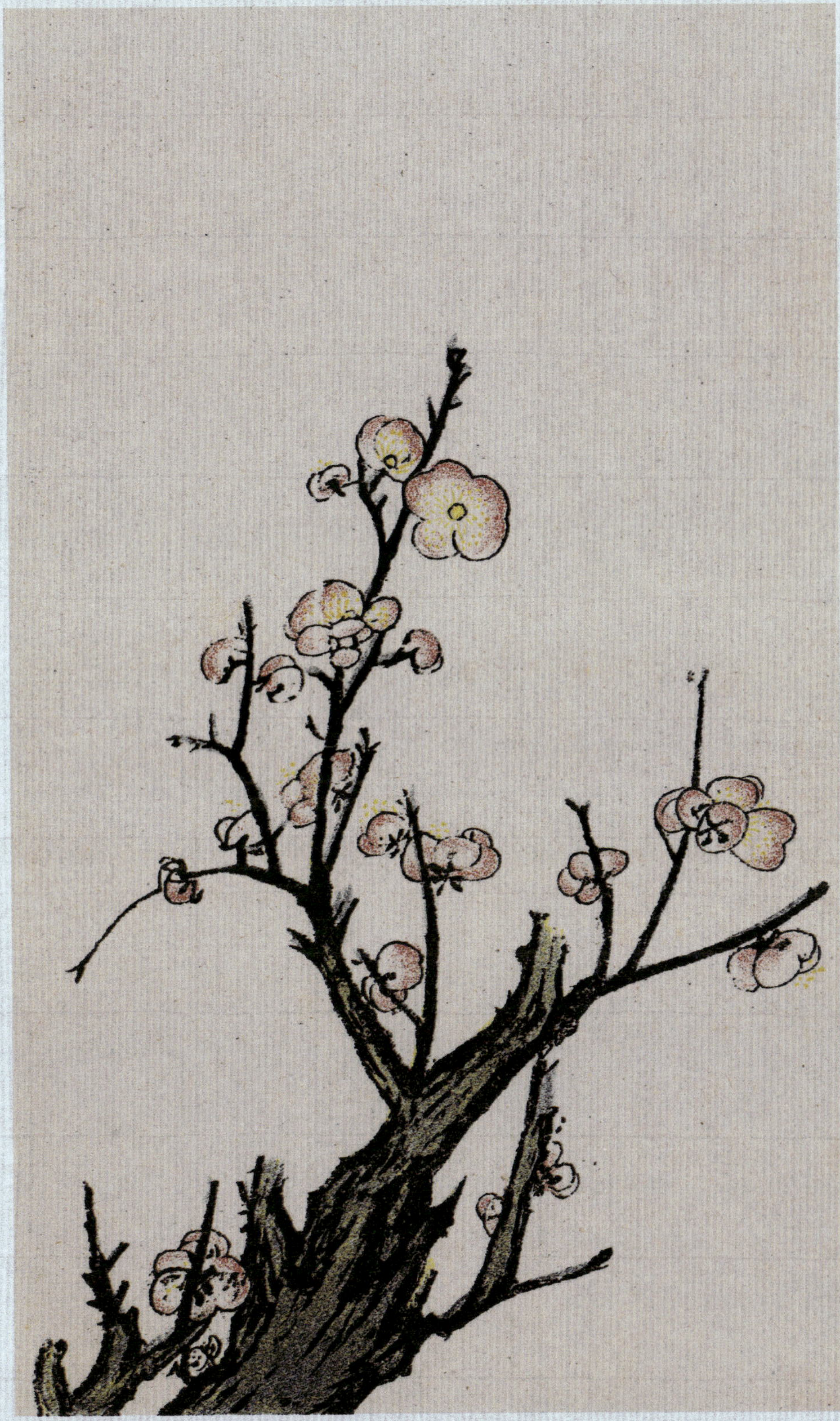

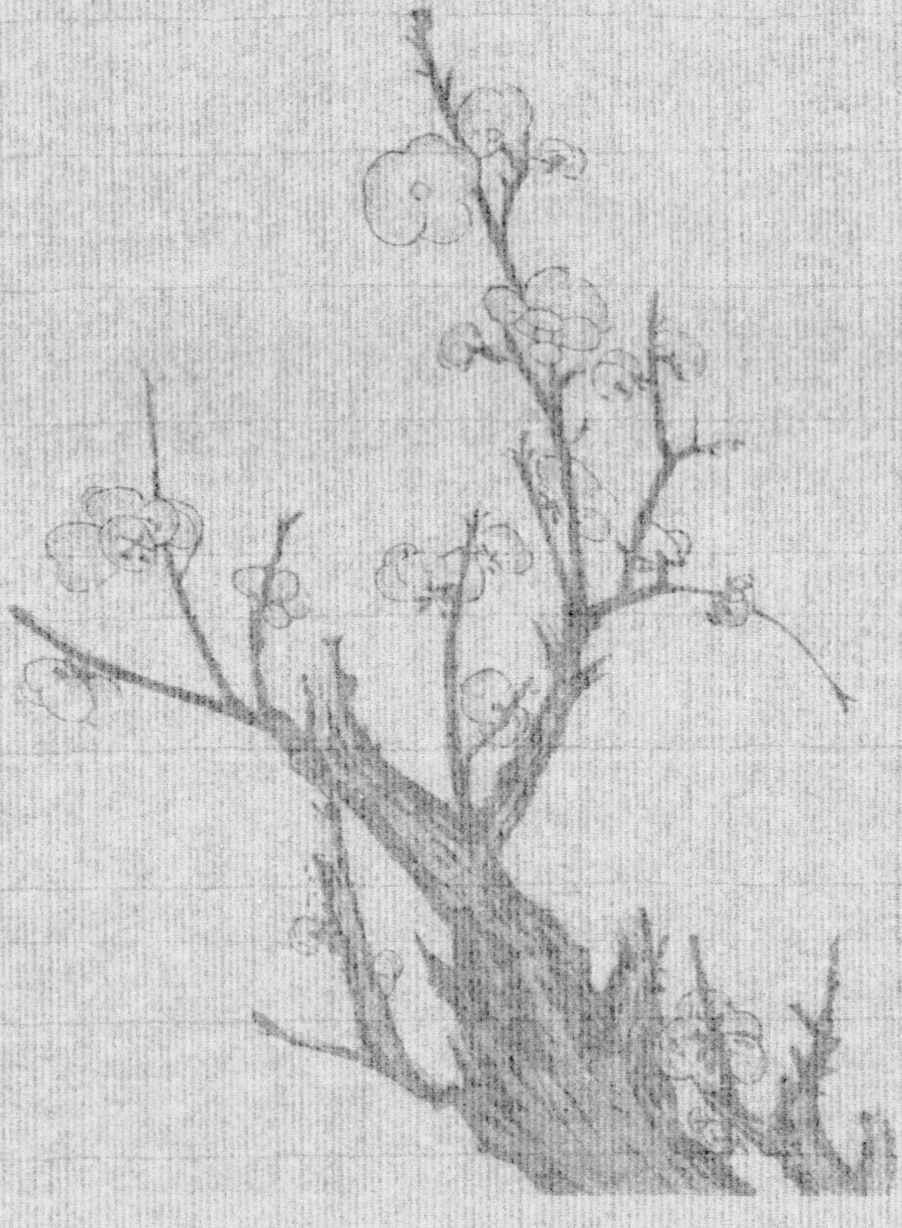

芥子園畫譜精品集

第一冊　三十一

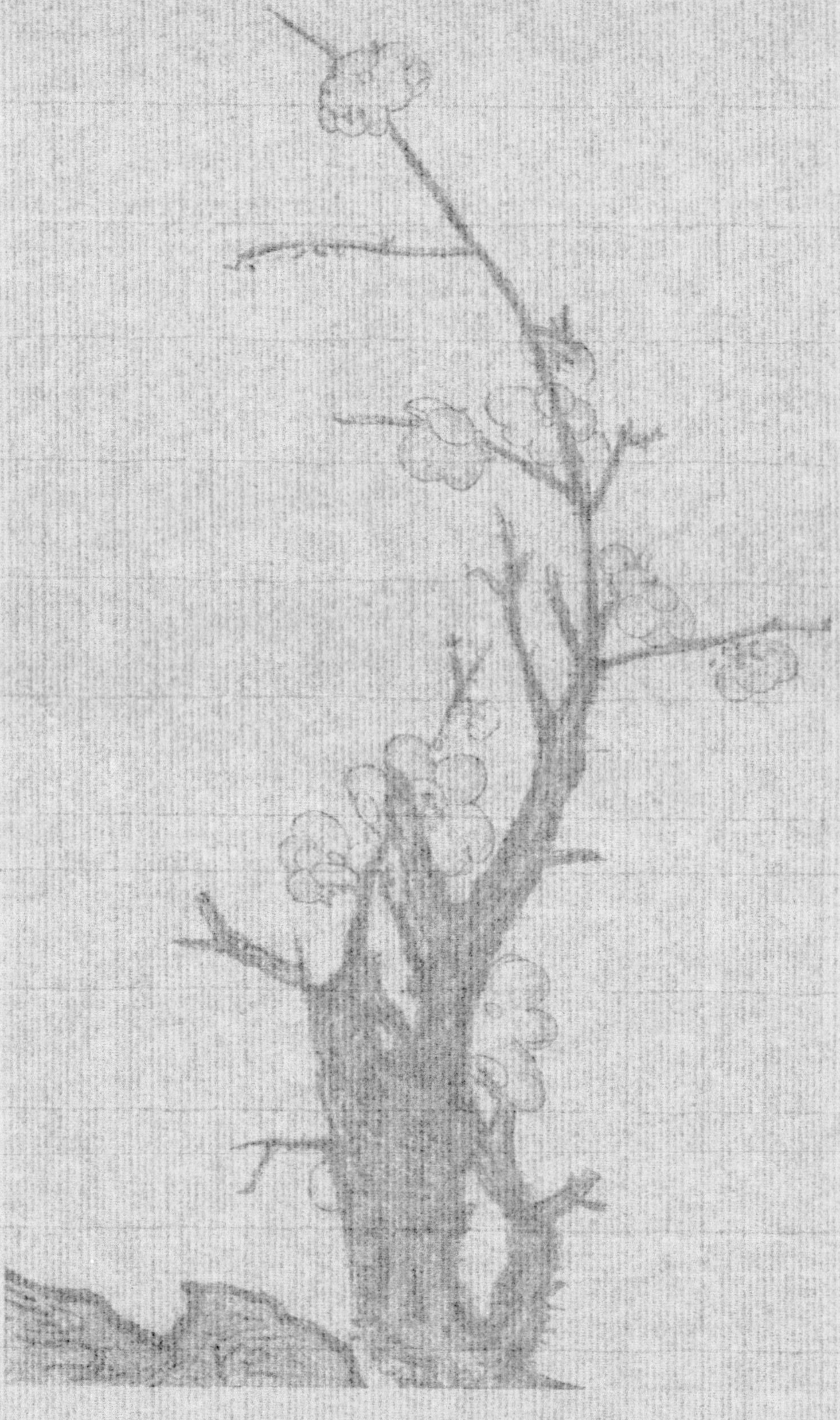

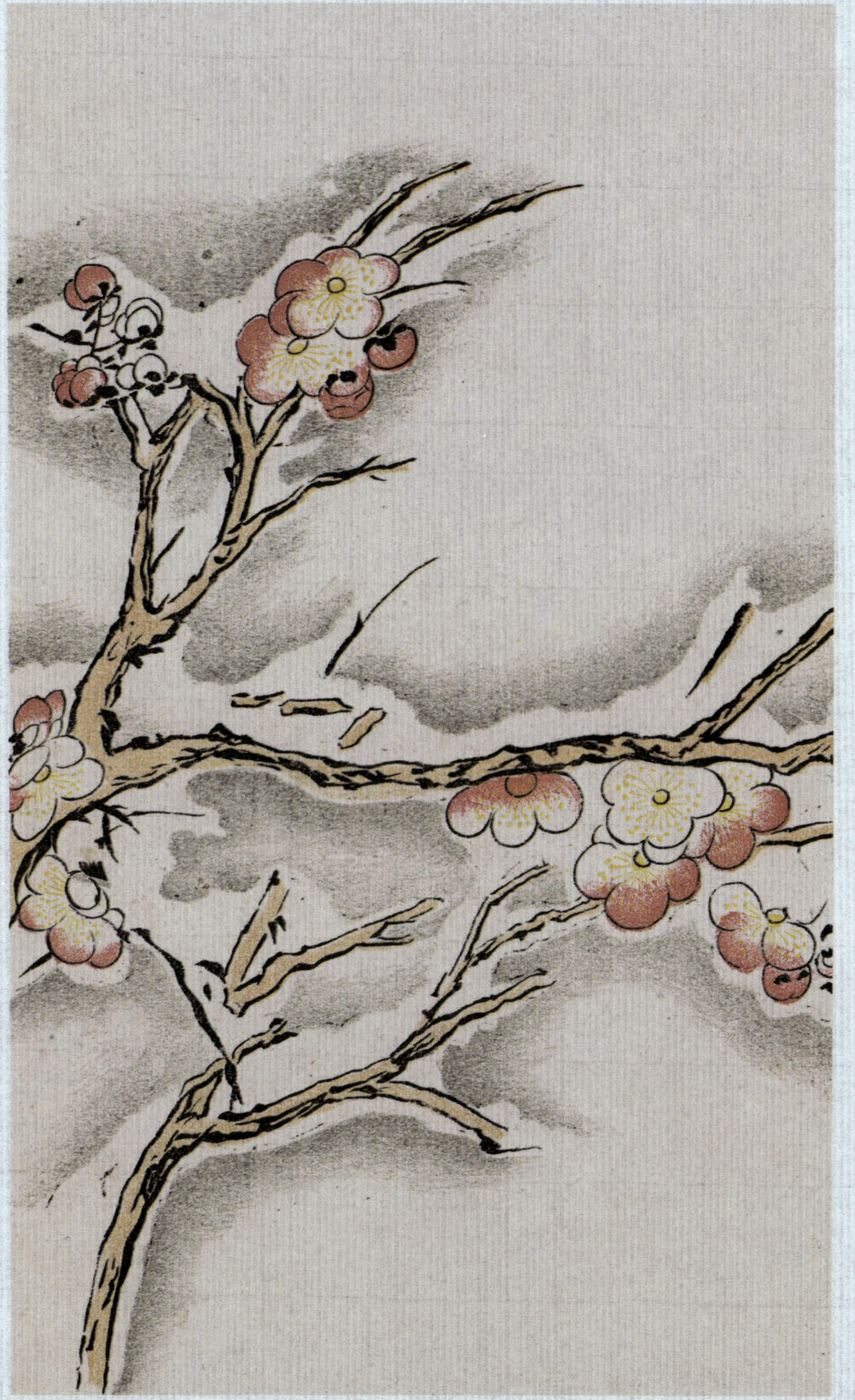

芥子園畫譜精品集

第一冊

三十二

書香傳家

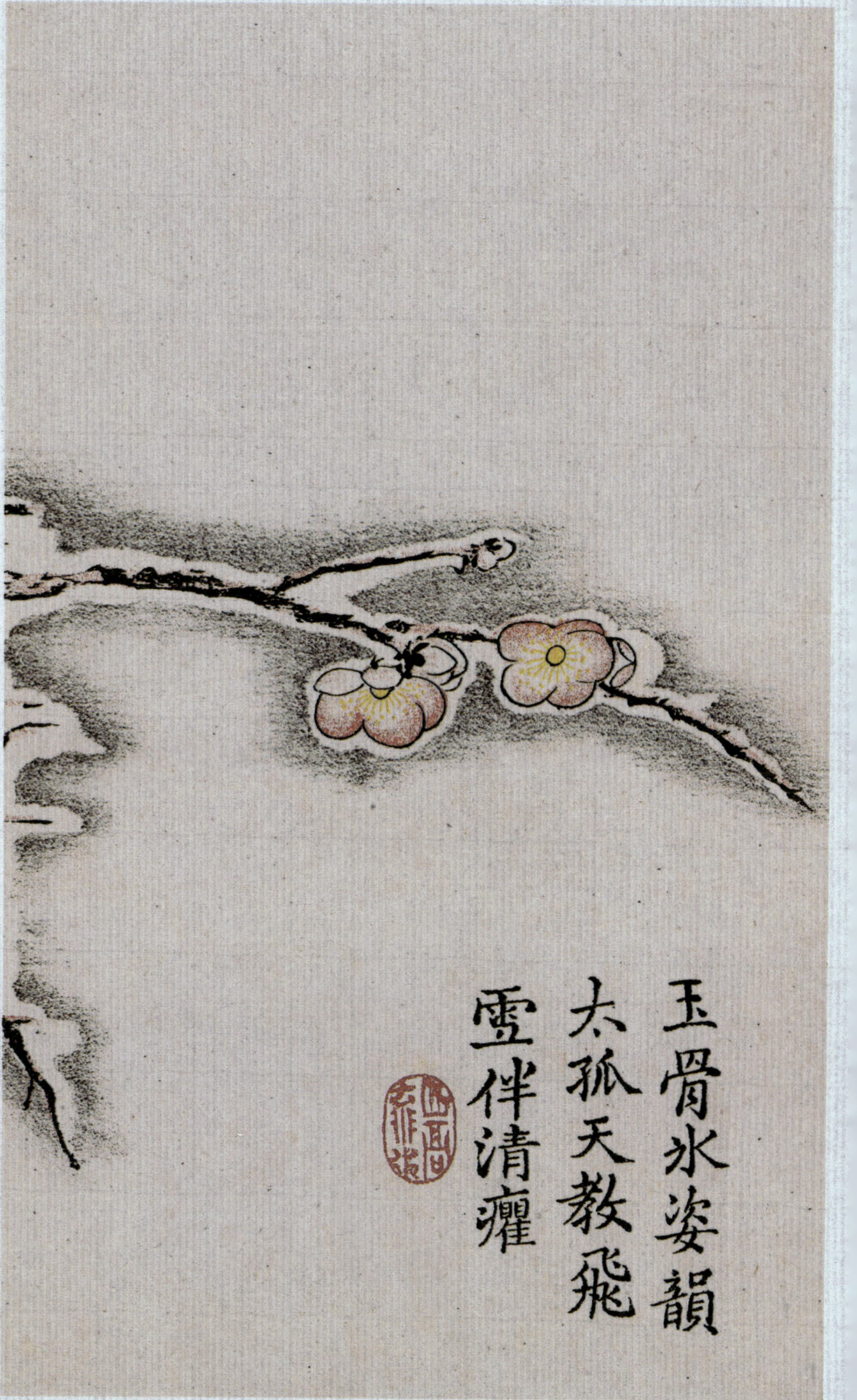

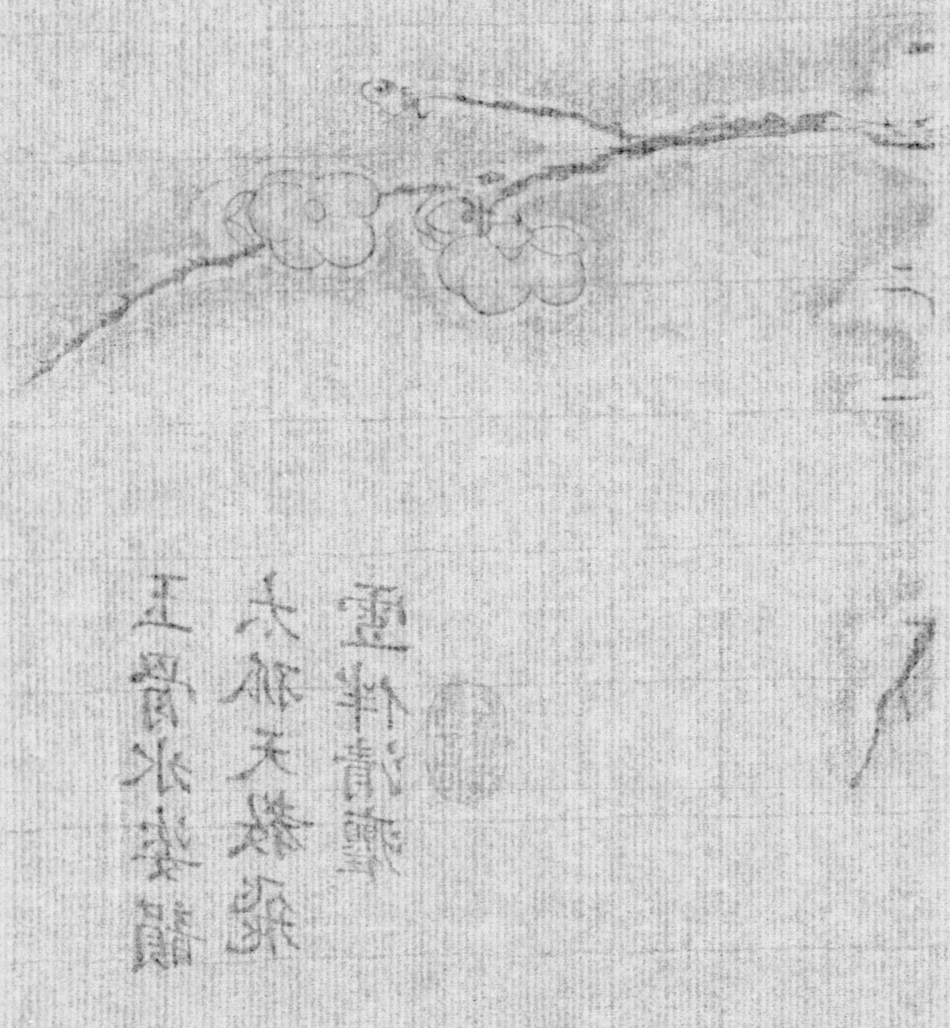

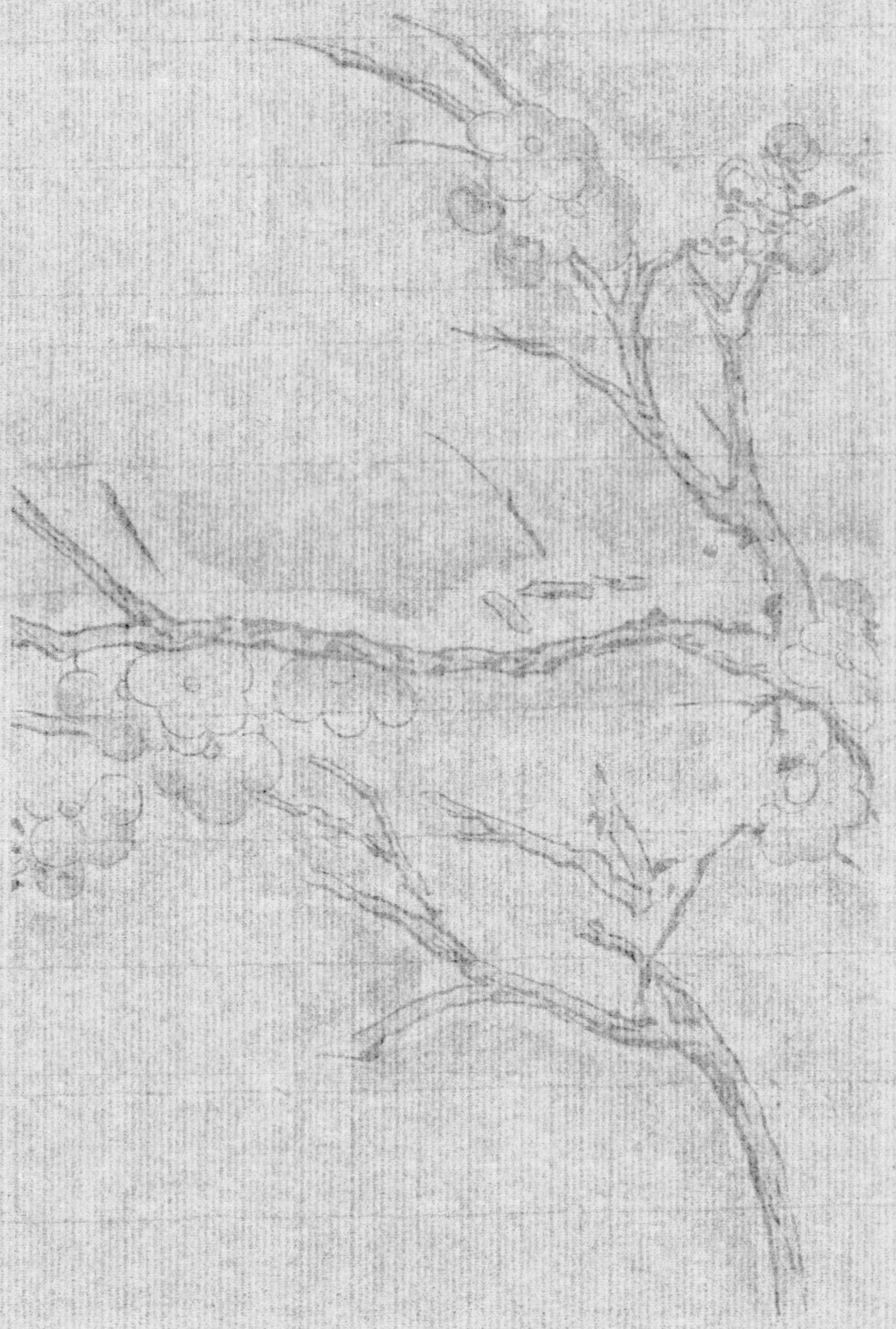

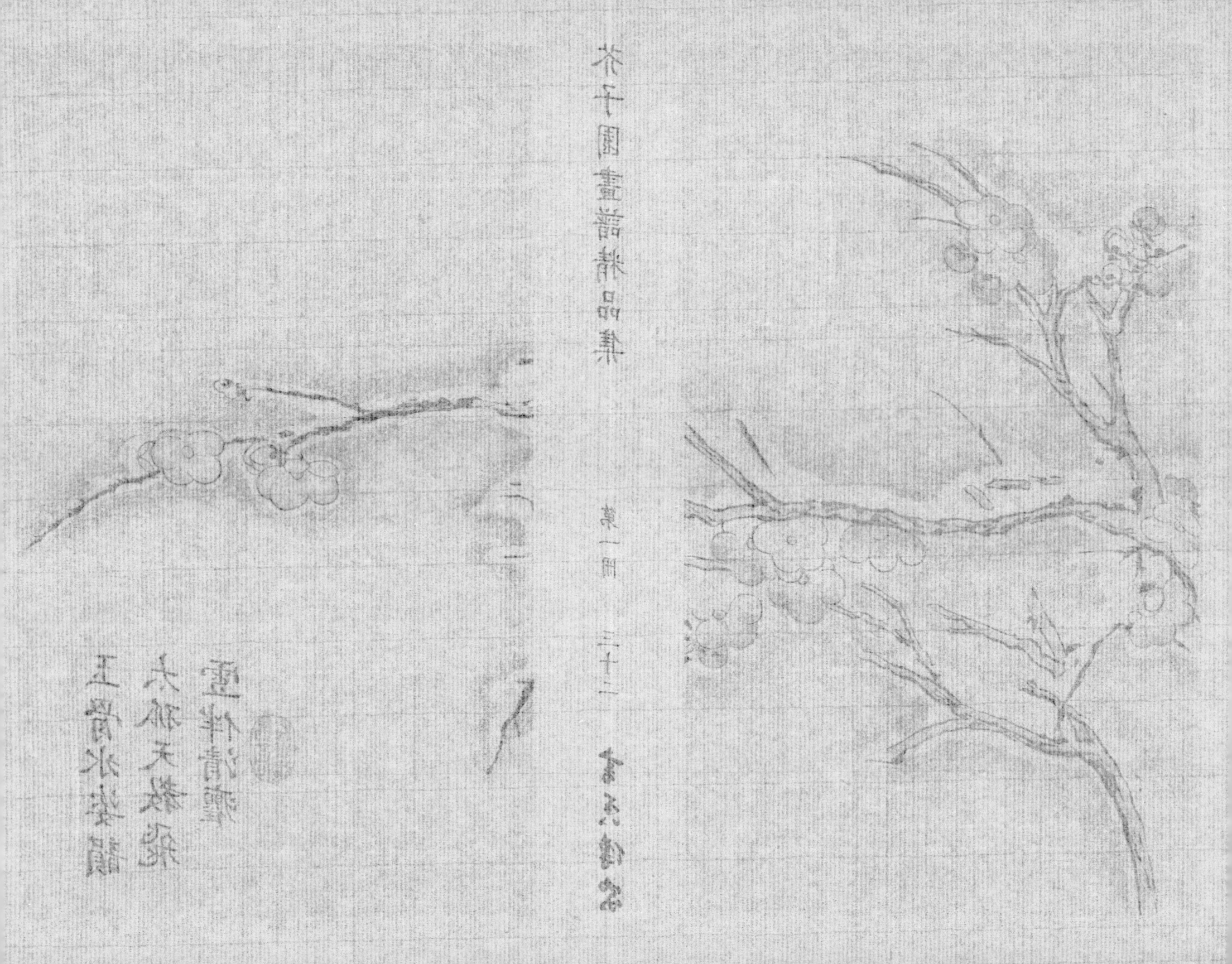

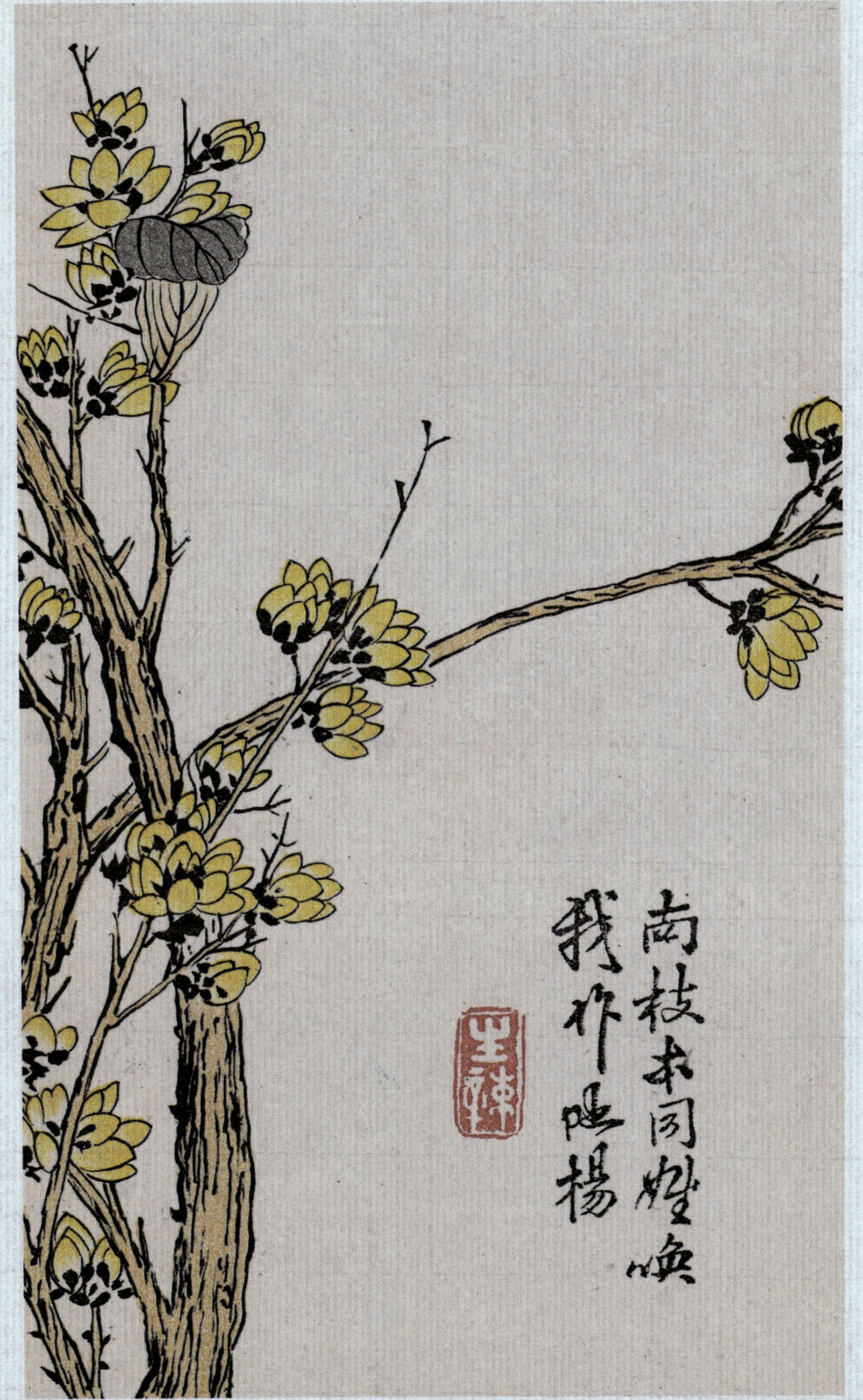

芥子園畫譜精品集

第一冊

三十三

書香傳家

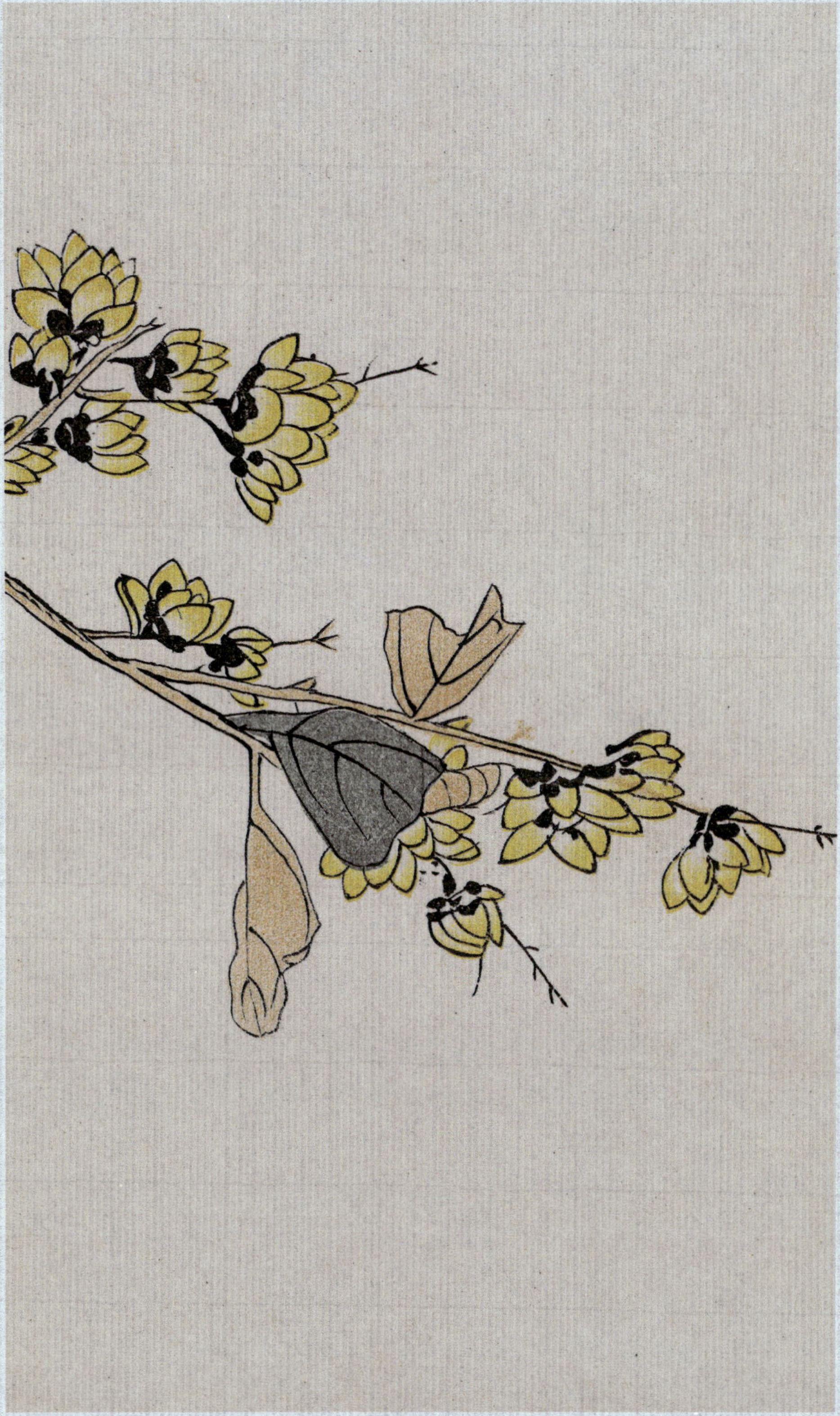

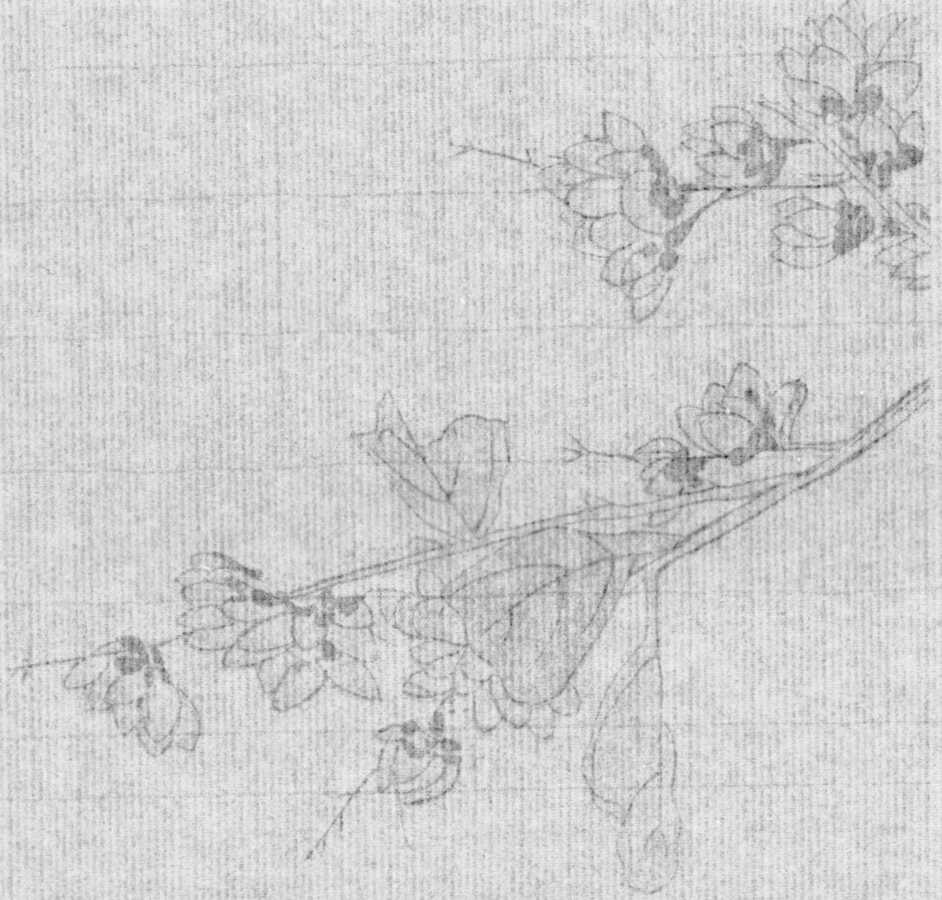

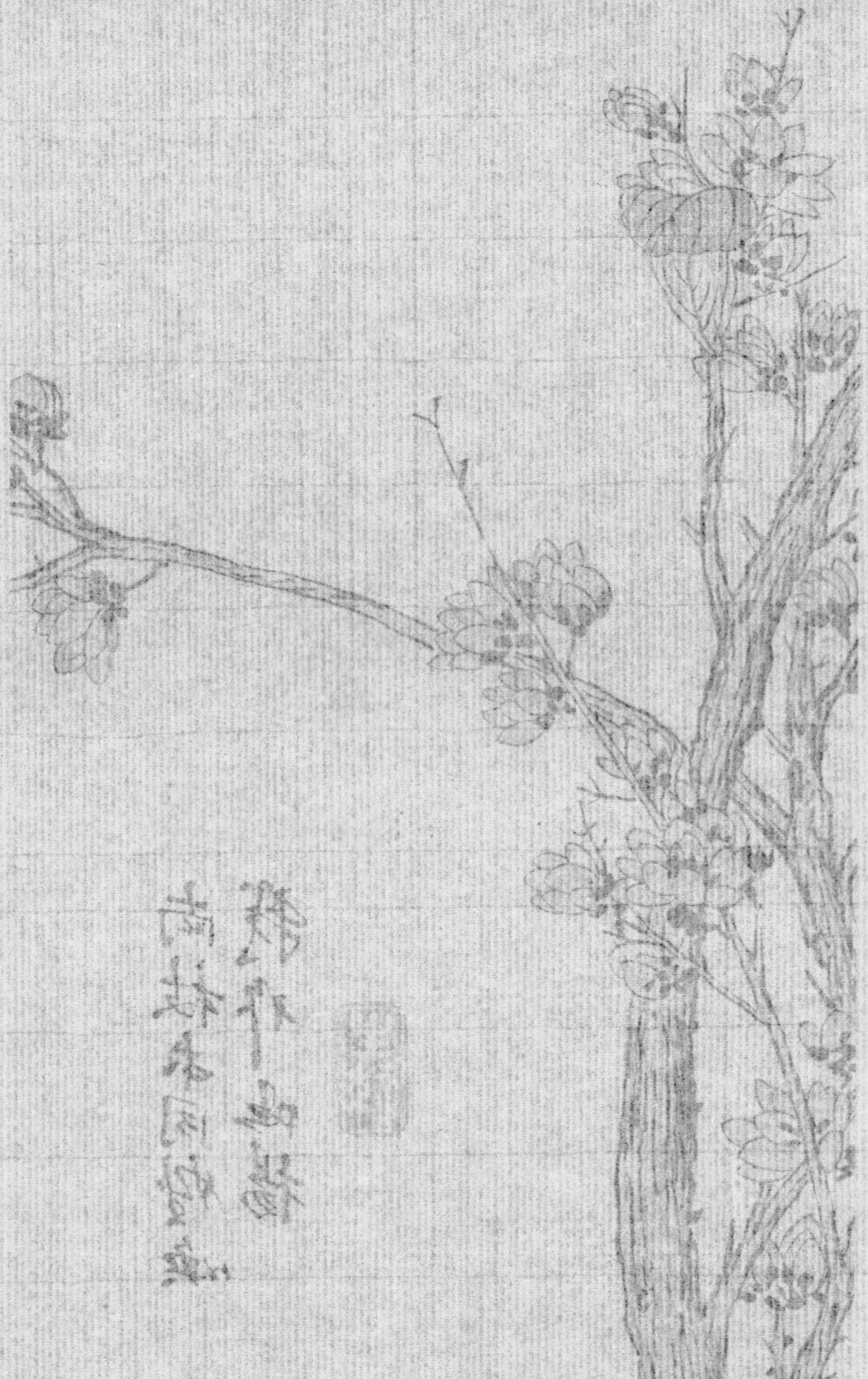

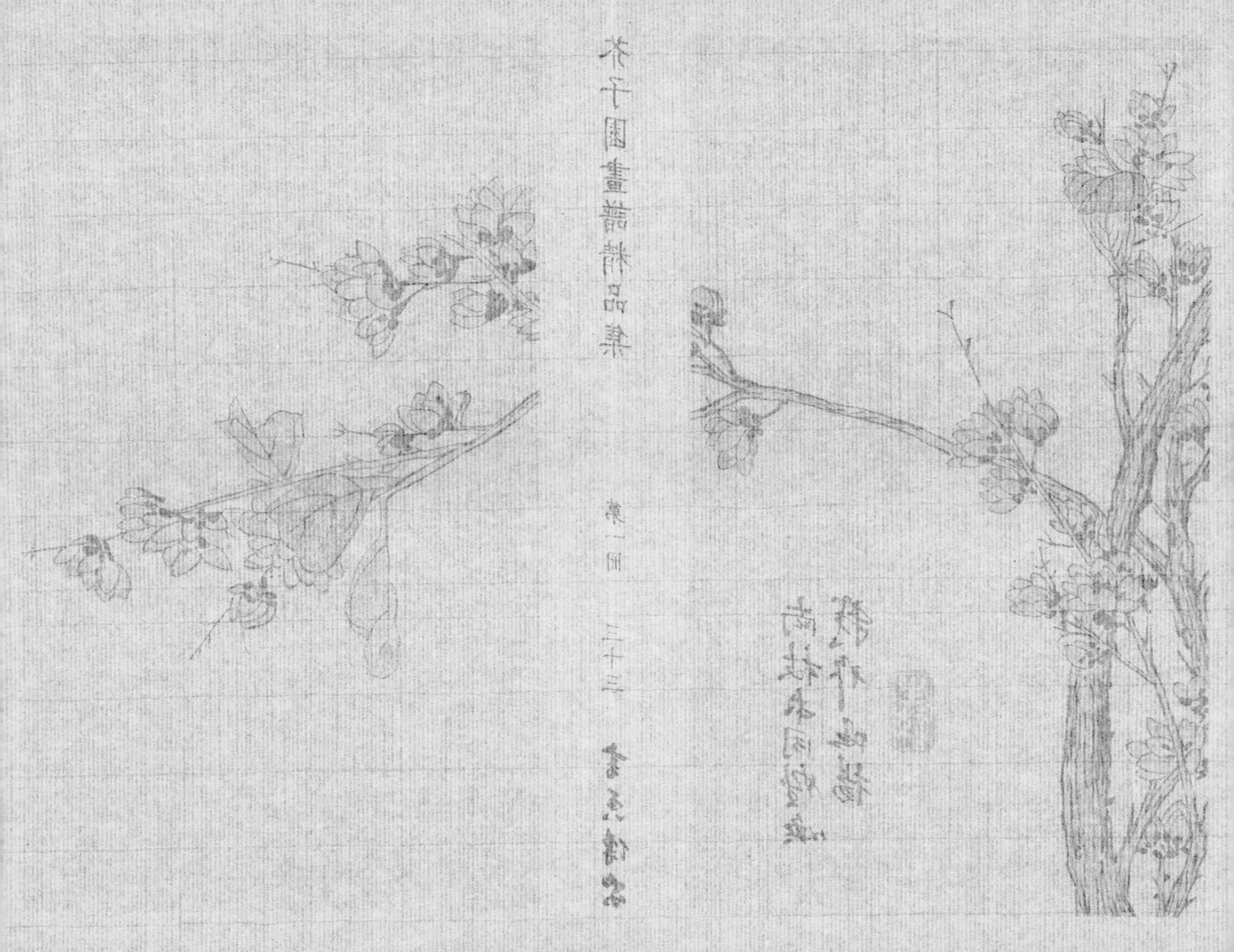

昔和靖好梅淵明好菊夫梅多幽勝菊饒晚香好者衆矣云胡獨以二人傳花以人重也芥子園甥館主人有畫傳之訂予既為畫梅復為畫菊非敢襲高蹈之清華取虛聲而媚俗竊願梅花繞屋菊徧東籬較貴爭妍陸離燦爛盡在尺幅中可以自娛且以公世使和靖淵明見之能不粲然而笑耶

東海王質

書香傳家

青在堂畫蘭淺說

宓草氏曰每種全圖之前考證古人參以己意必先立諸法次歌訣次起手諸式者便於循序求之亦如學字之初必先撇畫省減以及繁多自一筆二筆至十數筆也故起手式花葉與枝由少瓣以及多瓣由小葉以及大葉由单枝以及叢枝各以類從俾初學胸中眼底如得求字八法雖千百字亦不外乎是庶學者由淺說而深求之則進乎技矣

畫法源流

畫墨蘭自鄭所南趙彝齋管仲姬後相繼而起者代不乏人然分爲二派文人寄興則放逸之氣見於筆端閨秀傳神則幽閒之姿浮於紙上各臻其妙趙春谷及仲穆以家法相傳揚補之與湯叔雅則甥舅媲美楊維幹與彝齋同時皆號子固且俱善畫蘭不相上下以及明季張靜之項子京吳秋林周公瑕蔡景明陳古白杜子經蔣冷生陸包山何仲雅輩出眞墨吐衆香硯滋九畹極一時之盛管仲姬之後女流爭爲效顰至明季馬湘蘭薛素素徐翩翩楊宛若皆以烟花麗質繪及幽芳雖令湘畹蒙羞然亦超脫不凡不與衆草爲伍者矣

畫葉層次法

畫蘭全在於葉故以葉爲先葉必由起手一筆有釘頭鼠尾螳肚之法二筆交鳳眼三筆破象眼四筆五筆宜間折葉下包根鐔式若魚頭成叢多葉宜俯仰而能生動交加而不重疊須知蘭葉與蕙異者細柔與粗勁也入手之法略具於此

畫葉左右法

畫葉有左右式不曰畫葉而曰撇葉者亦如寫字之用撇法手由左至右爲順由右至左爲逆初學須先順手便於運筆亦宜漸習逆手以至左右兼長方爲精妙若拘於順手只能一邊偏向則非全法

畫葉稀密法

葉雖數筆其風韻飄然如霞裾月珮翩翩自由無一點塵俗氣叢蘭葉須掩花花後更須插葉雖似從根而發然不可叢雜能意到筆不到方爲老手須細法古人自三五葉至數十葉少不寒悴多不糾紛自能繁簡各得其宜

畫花法

花須得偃仰正反含放諸法莖插葉中花出葉外具有向背高下方不重纍聯比花後再襯以葉則花藏葉中間亦有花出葉外者又不可拘執也蕙花雖同于蘭而風韻不及挺然一幹花分四面開有後先莖直如立花重若垂各得其態蘭蕙之花忌五出如掌指須掩折有屈伸勢瓣宜輕盈回互自相照映習久

法熟得心應手初由法中漸超法外則爲盡美矣

點心法

蘭之點心如美人之有目也湘浦秋波能使全體生動則傳神以點心爲阿睹花之精微全在乎此豈可輕忽哉

用筆墨法

元僧覺隱曰嘗以喜氣寫蘭怒氣寫竹以蘭葉勢飛舉花蕊舒吐得喜之神凡初學必先煉筆筆宜懸肘則自然輕便得宜遒勁而圓活用墨須濃淡合拍葉宜濃花宜淡點心宜濃莖苞宜淡此定法也若繪色寫生更須知正葉宜濃背葉宜淡前葉宜濃後葉宜淡當進而求之

雙鈎法

鈎勒蘭蕙古人已爲之但屬雙鈎白描是亦畫蘭之一法若取肖形色加之青綠則反失天眞而無丰韻然于衆體中亦不可少此因附其法于後

畫蘭訣 四言

寫蘭之妙氣韻爲先墨須精品水必新泉硯滌宿垢

筆純忌堅。先分四葉、長短爲玄。一葉交搭、取媚取妍。各交葉畔。一葉仍添、三中四簇、兩葉增全。墨須二色、老、嫩、盤旋。瓣須墨淡、焦墨蕚鮮。手如掣電、忌用遲延。全憑寫勢。正、背、欹、偏、欲其合宜、分布自然。含三開五、總歸一焉。迎風映日、花蕚娟娟。凝霜傲雪。葉半垂眠。枝葉運用、如鳳翩翩。葩蕚飄逸、似蝶飛遷。殼皮裝束、碎葉亂攢。石須飛白、一二傍盤。車前等草、地坡可安。或增翠竹、一竿兩竿。荊棘旁生、能助其觀。師宗松雪。方得正傳。

畫蘭訣 五言

畫蘭先撇葉、運腕筆宜輕。兩筆分長短、叢生要縱橫。
折垂當取勢、偃仰自生情。欲别形前後、須分墨淺深。
添花仍補葉、攢簇更包根。淡墨花先出、柔枝莖再承。
瓣宜分向背、勢更取輕盈。莖裹纖包葉、花分濃墨心。
全開方上仰、初放必斜傾。喜霽皆爭向、臨風似笑迎。
垂枝如帶露、抱蕊似含馨。五瓣休如掌、須同指曲伸。
蕙莖宜挺立。蕙葉要强生。四面宜攢放、梢頭漸綴英。
幽姿生腕下、筆墨爲傳神。

撇葉式

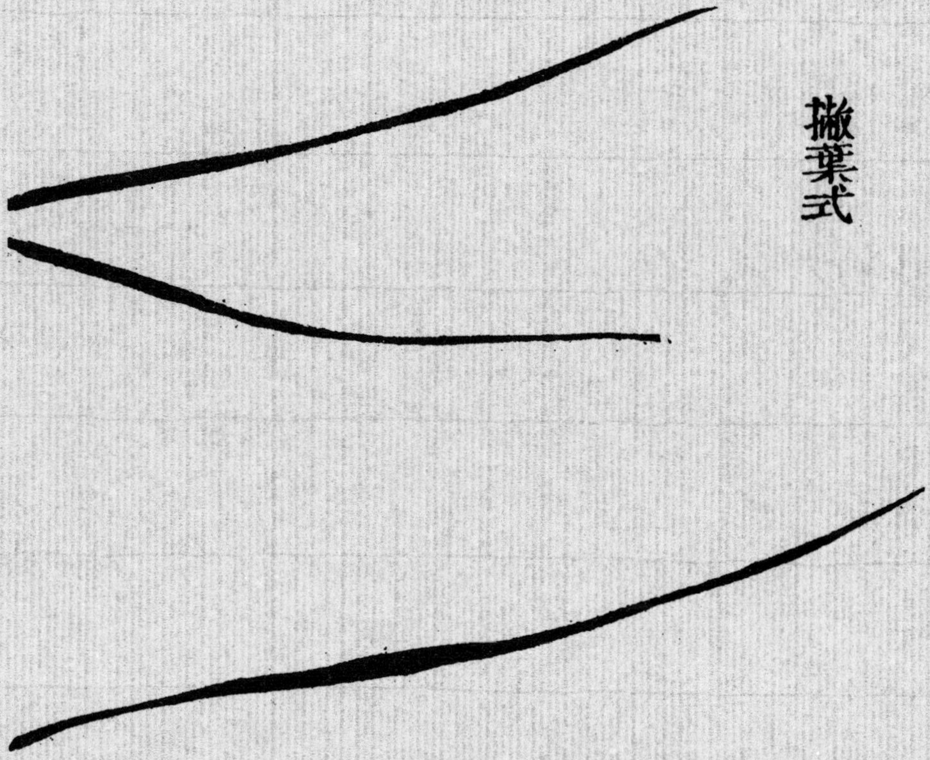

起手第一筆

書香傳家

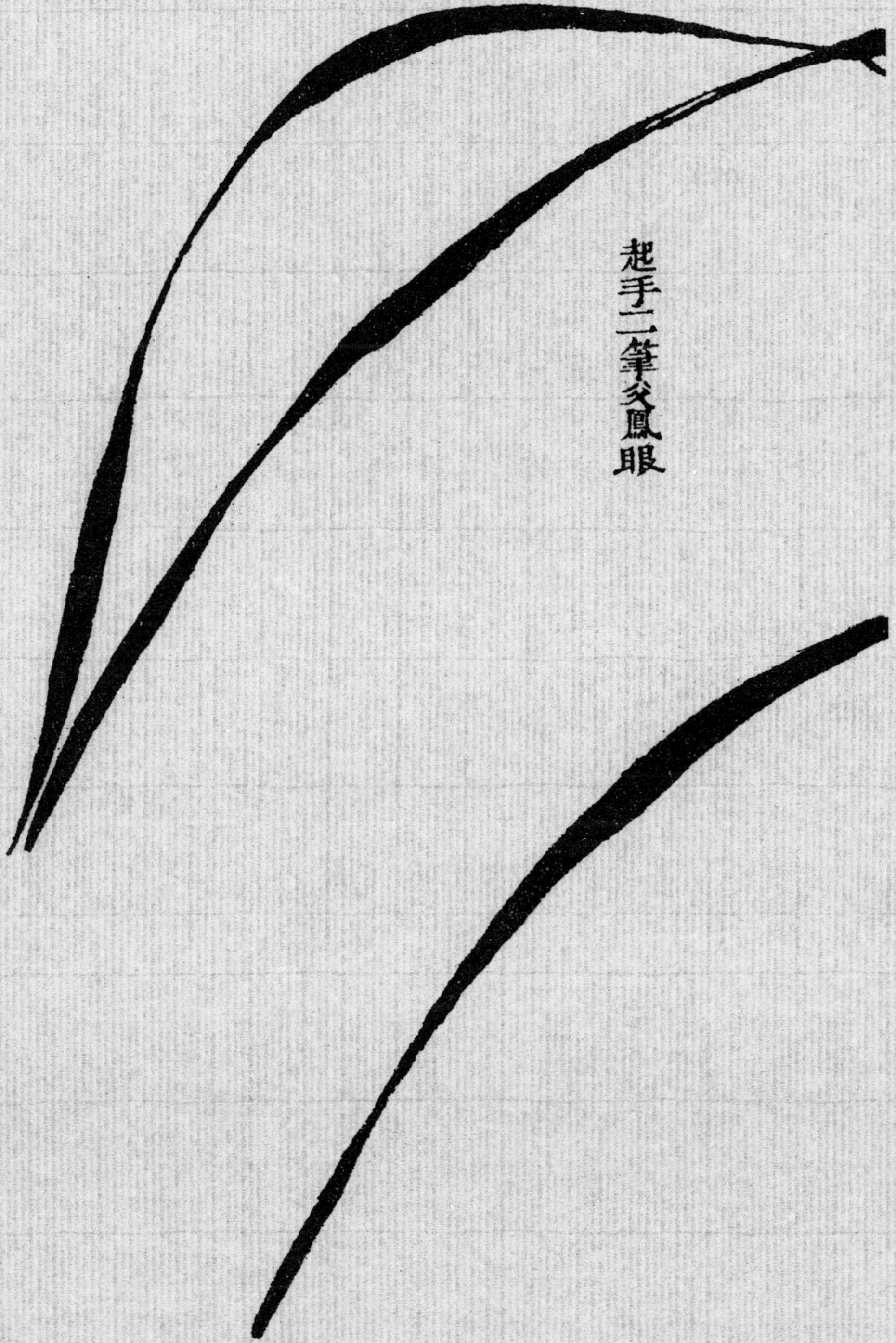

起手二筆交鳳眼

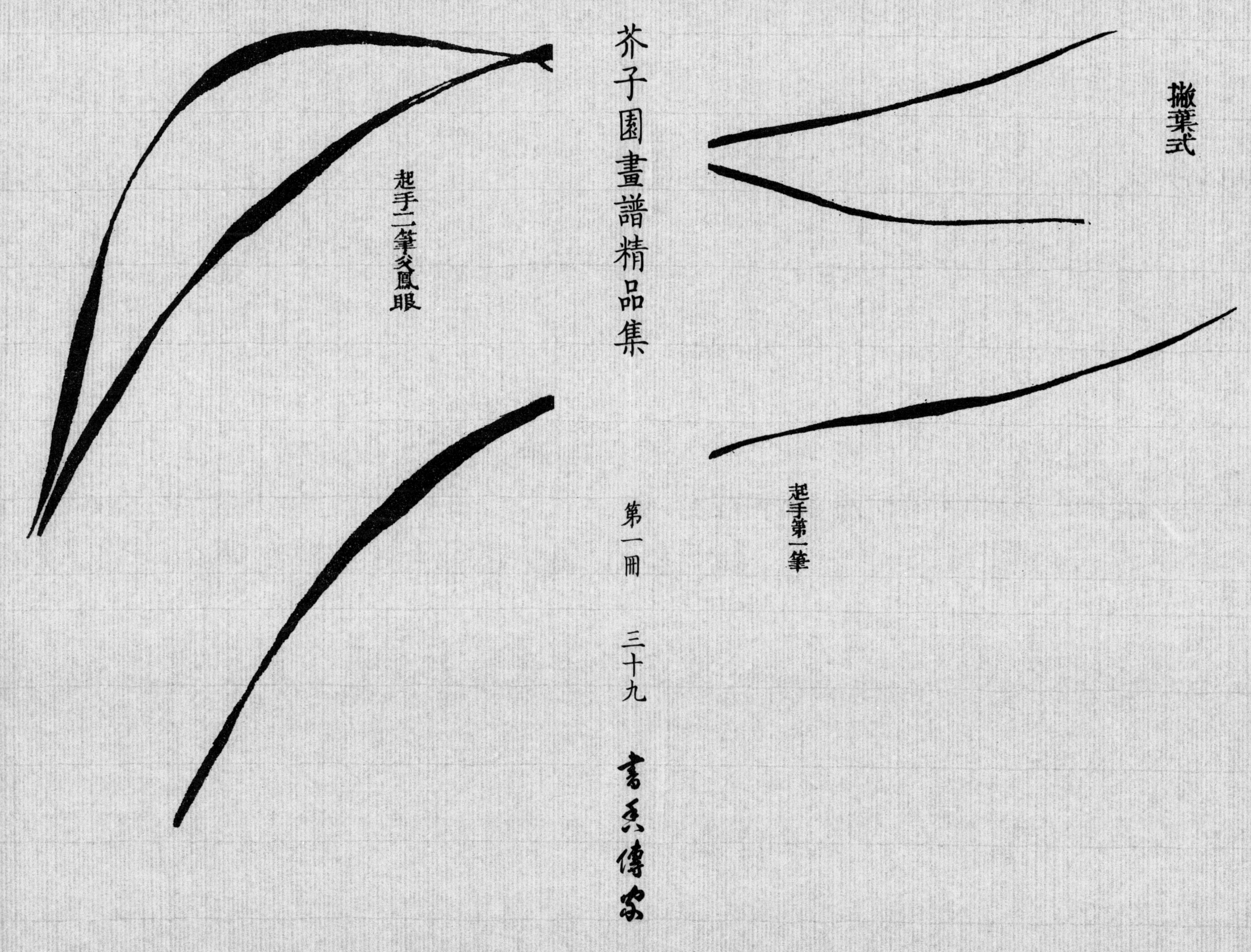

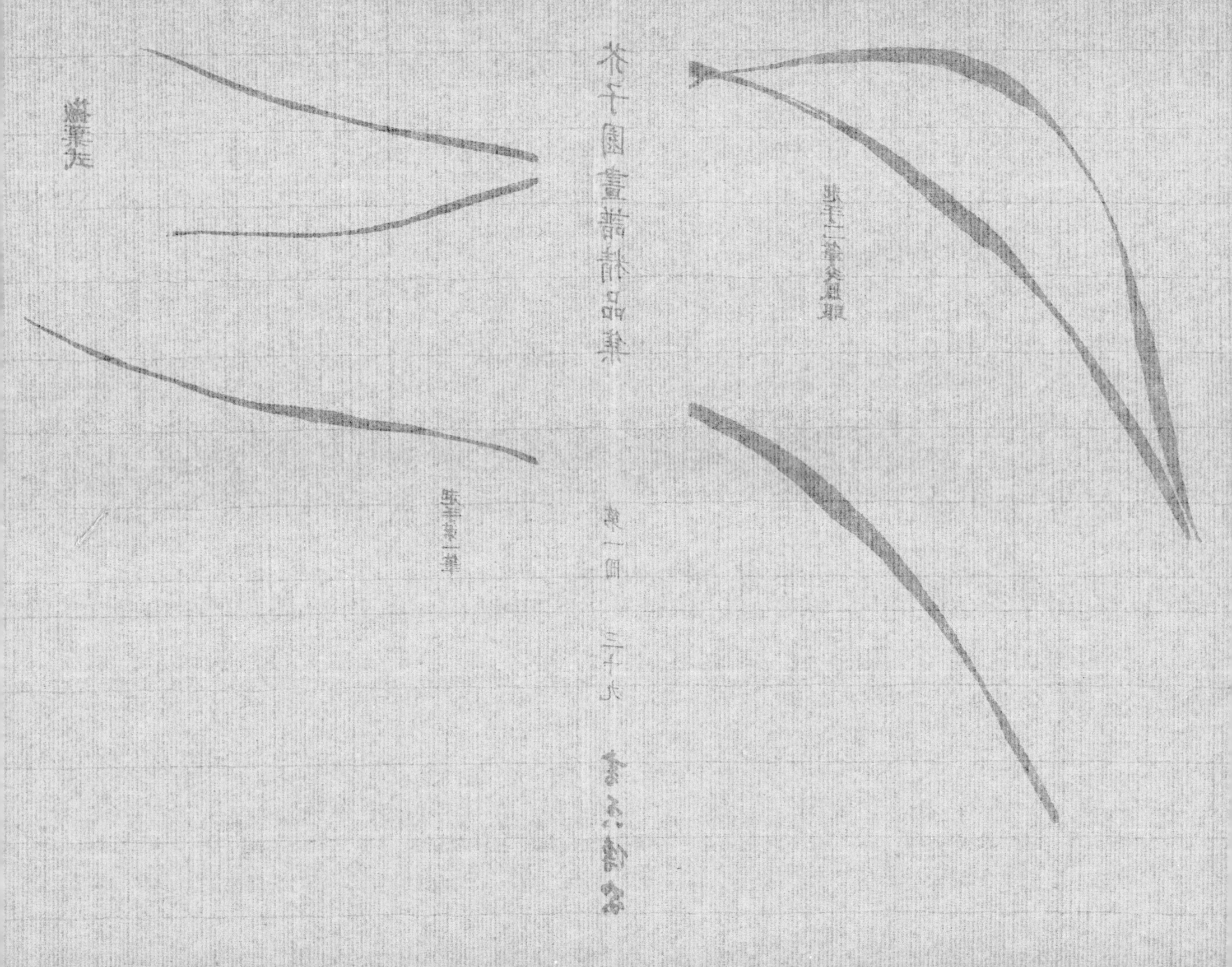
畫二三筆交鳳眼

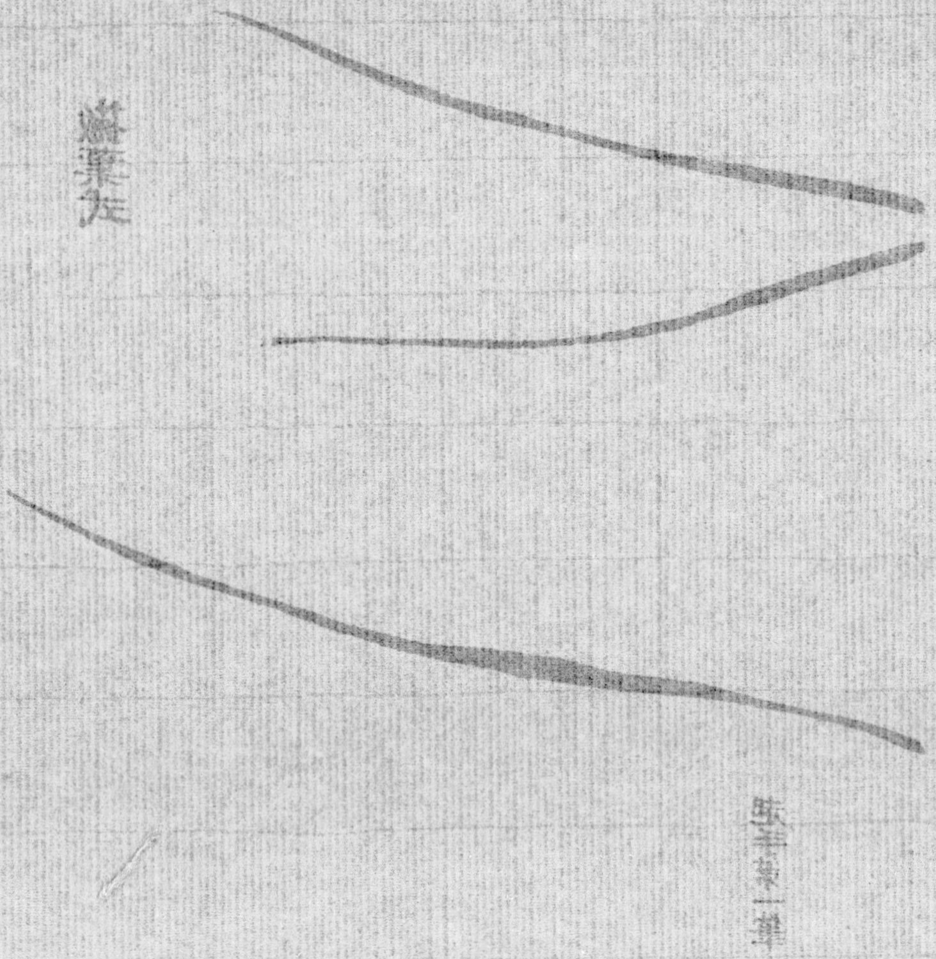
撇葉左
畫葉第一筆

九畫蘭不可棄筆相勾隨筆撇去不妨若斷若續意到筆不到或麤如螳螂肚或細如鼠尾輕重適宜得心應手名盡其妙

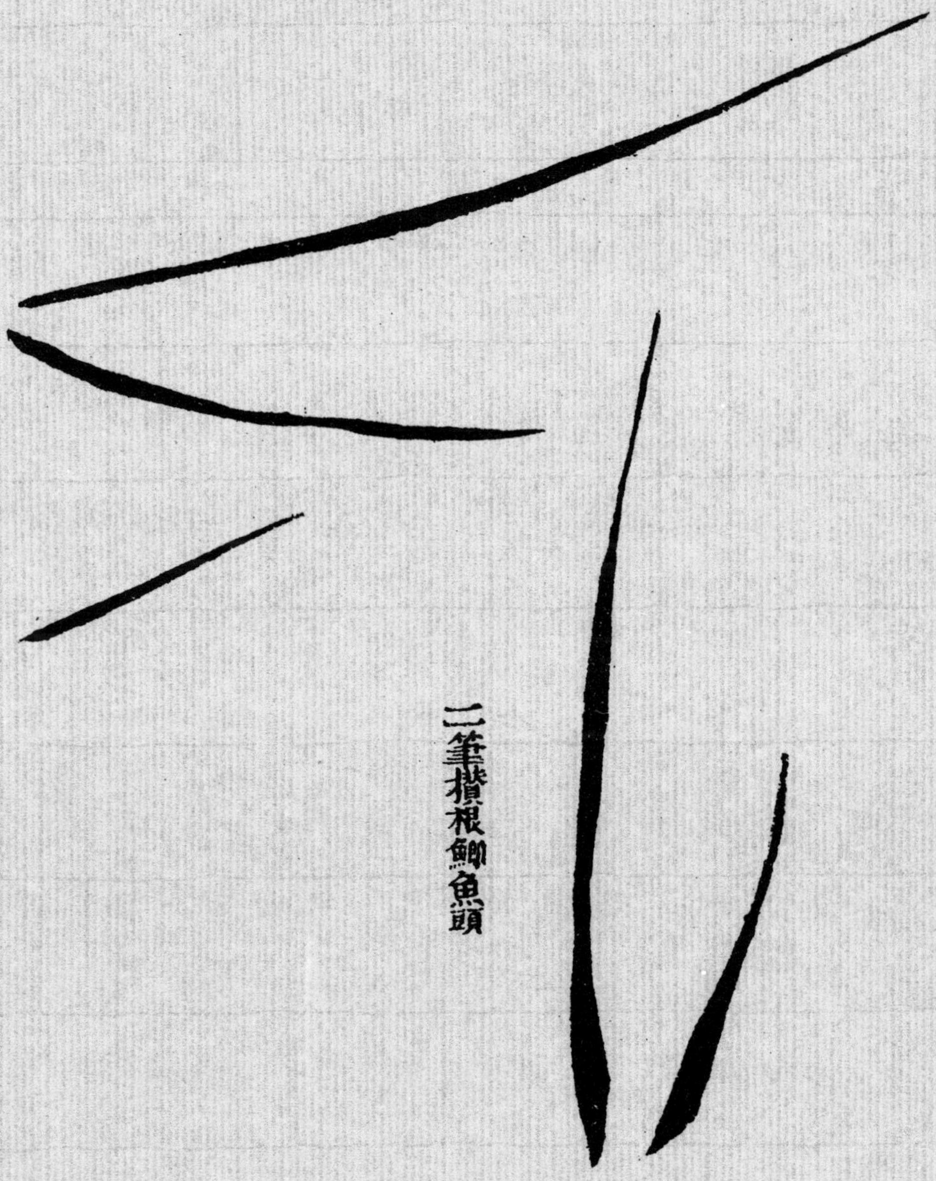

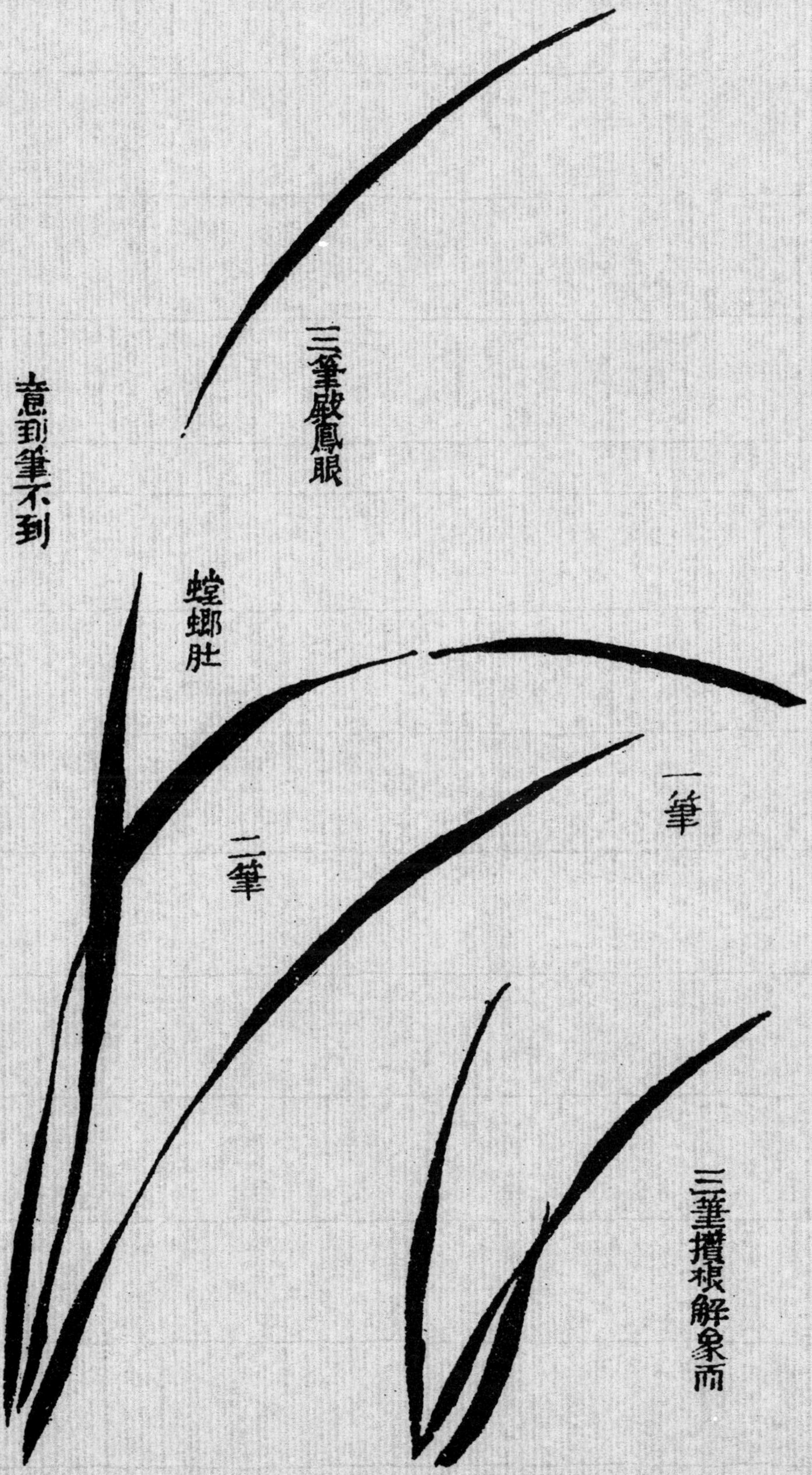

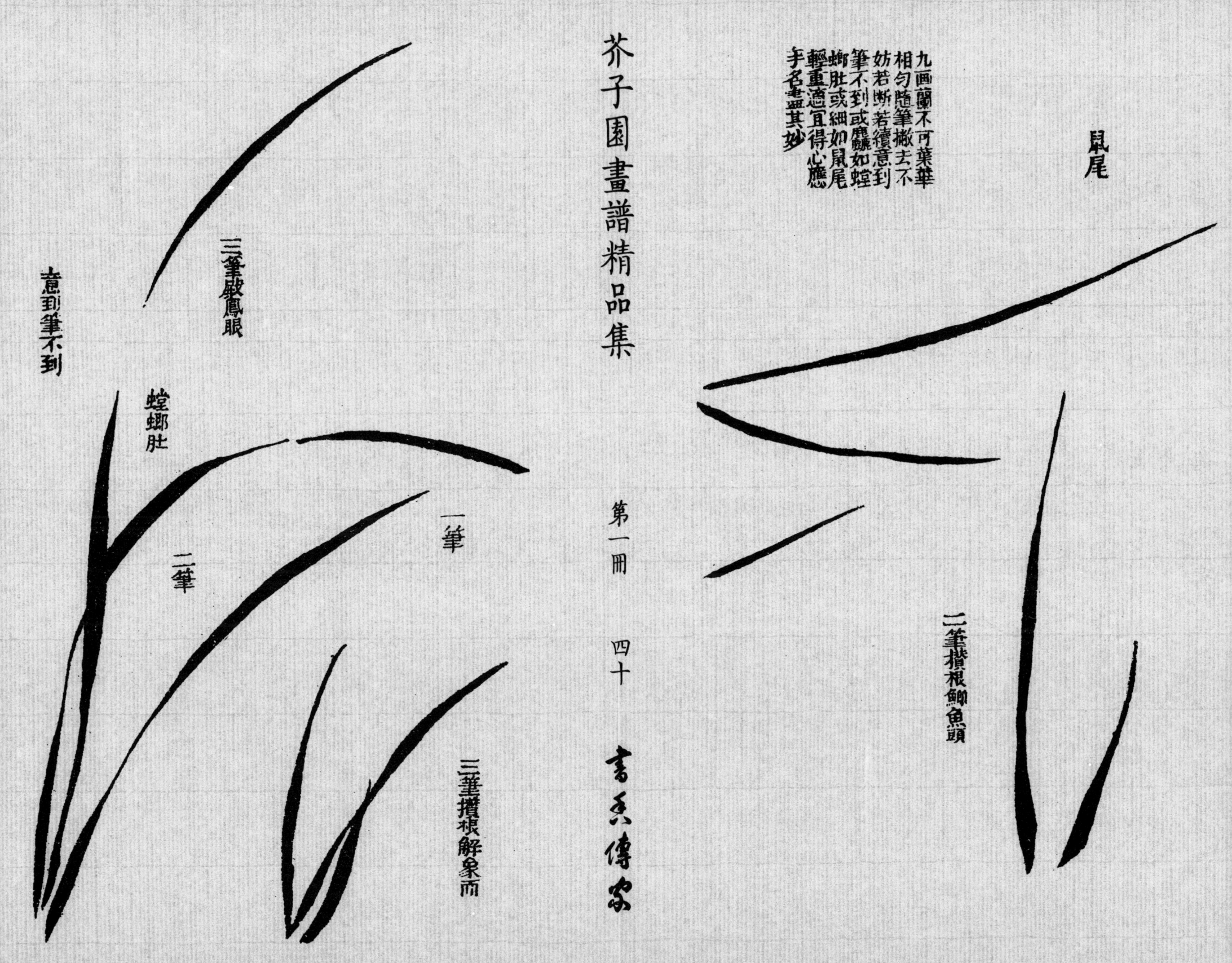

凡畫蘭不可苟簡
個分筆鋒然去不
法若撇若濃意到
筆不到而氣如鋒
撇其交破鳳眼鼠尾
腕畫宜得心應
手法畫葉莫逸

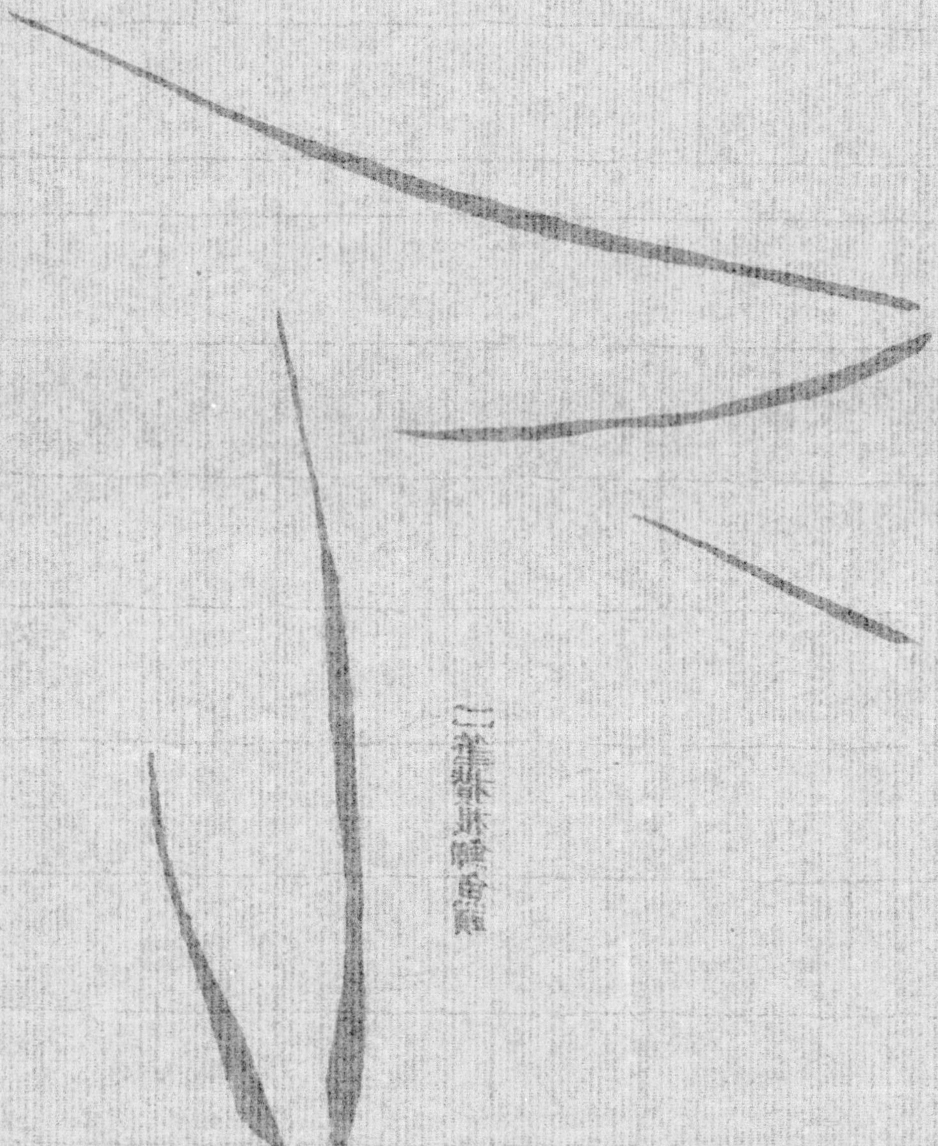

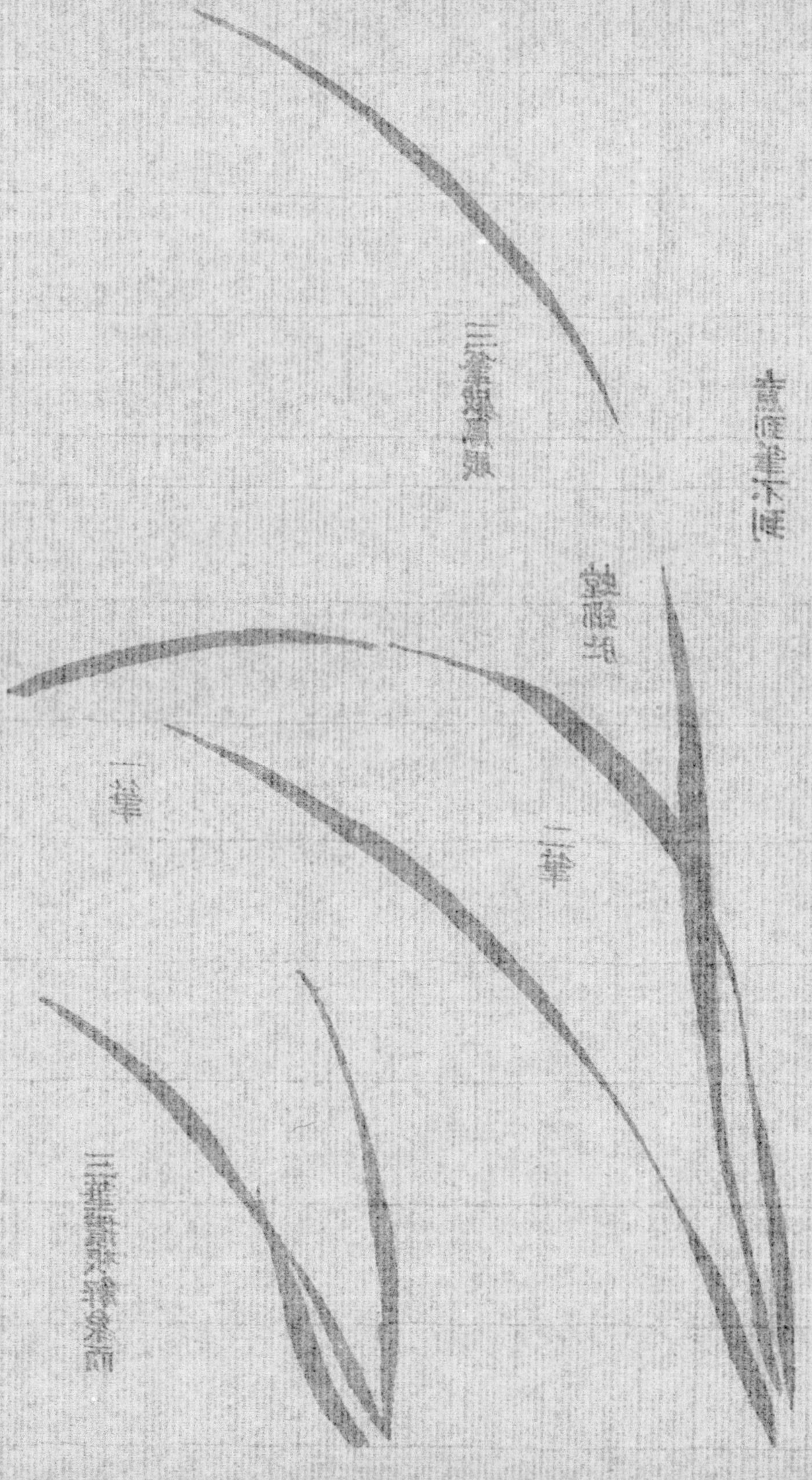

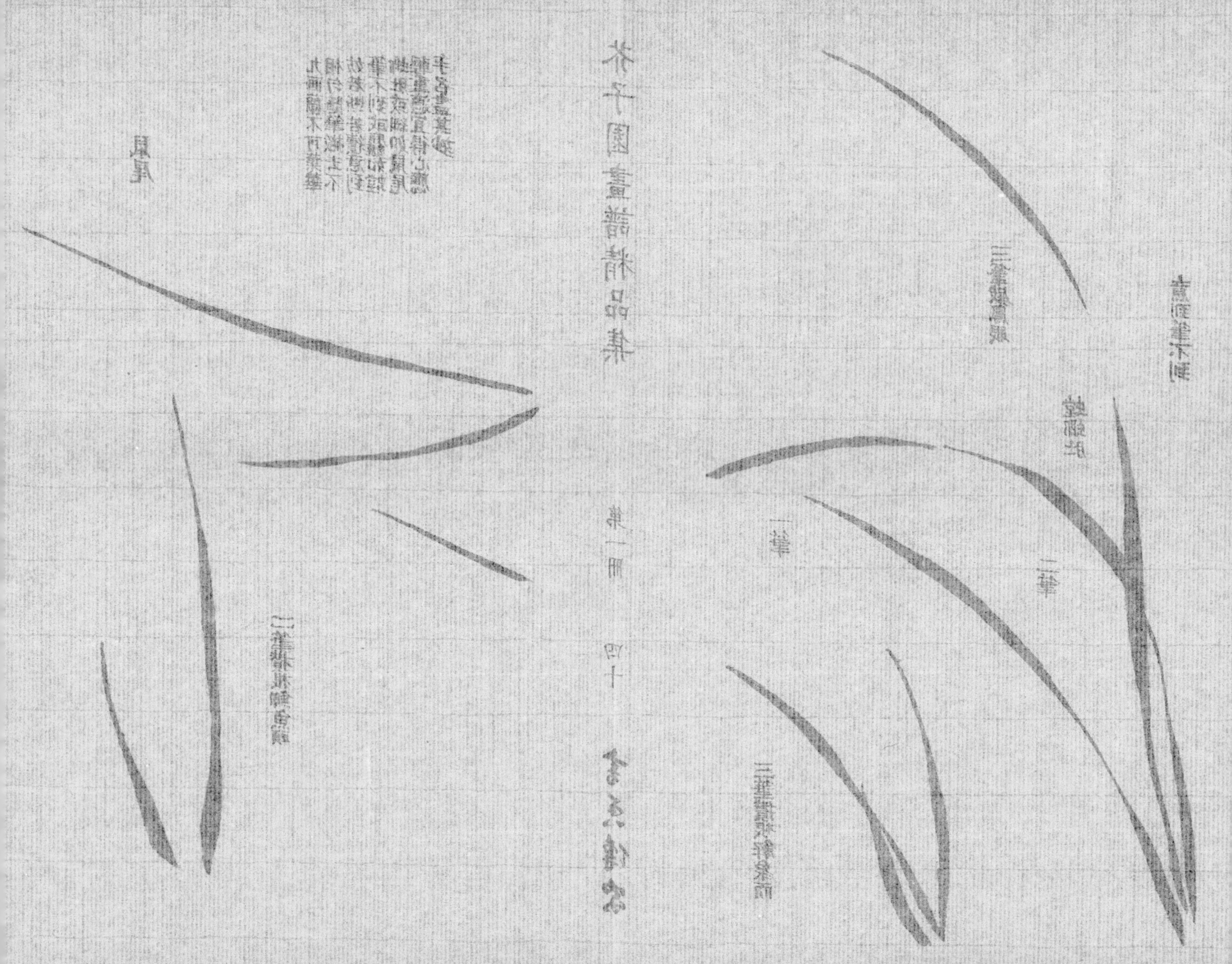

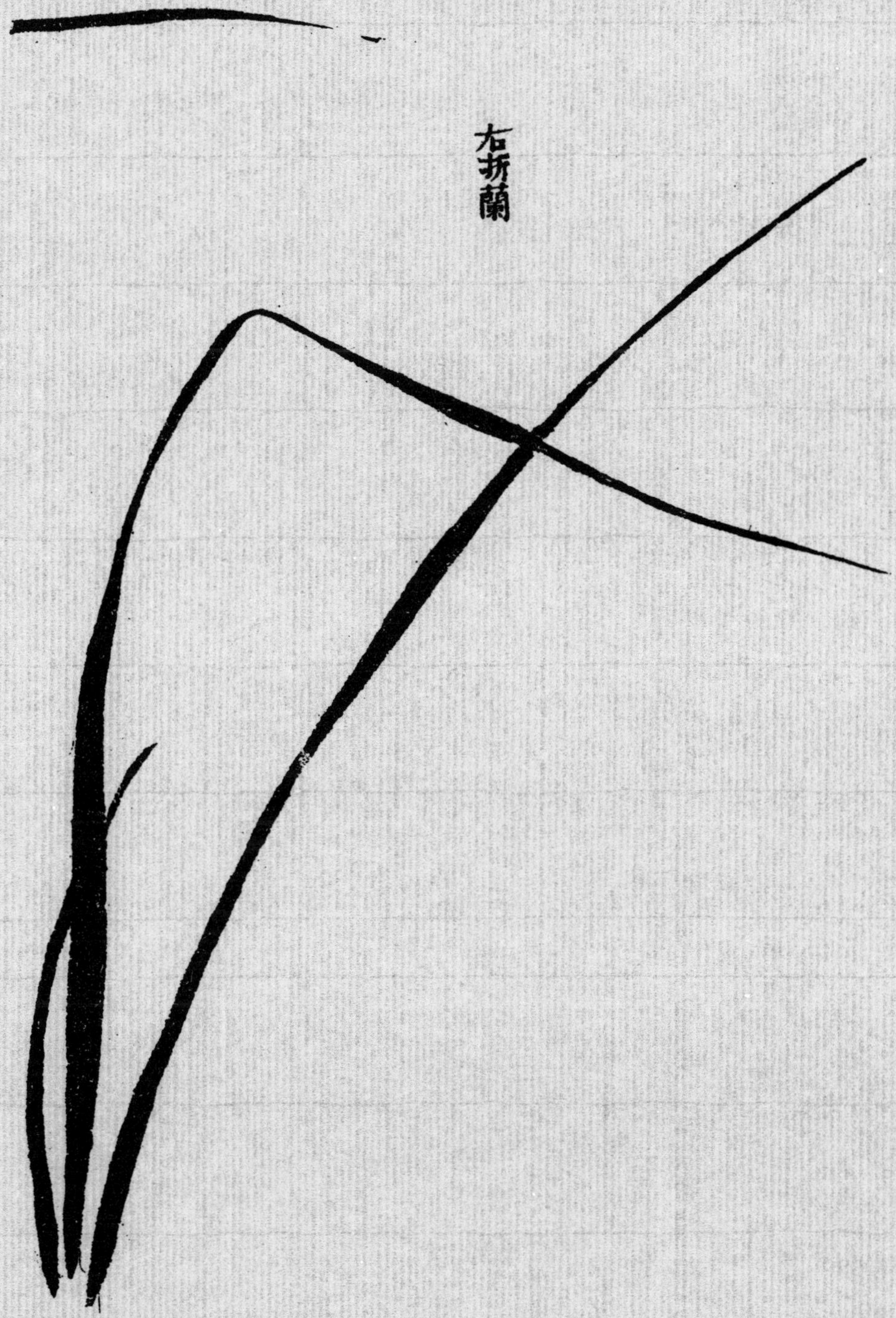

芥子園畫譜精品集

第一冊

四十一

書香傳家

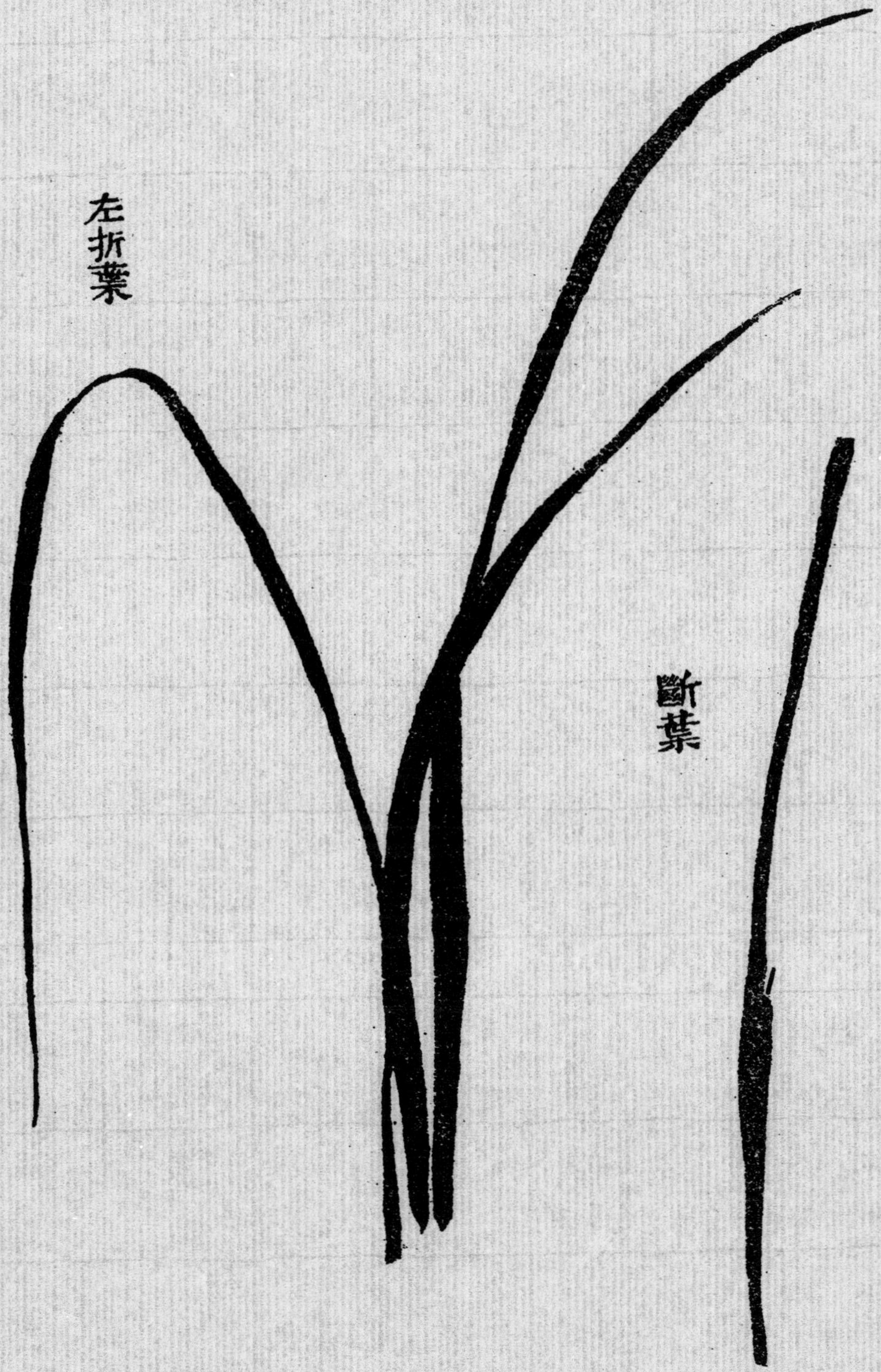

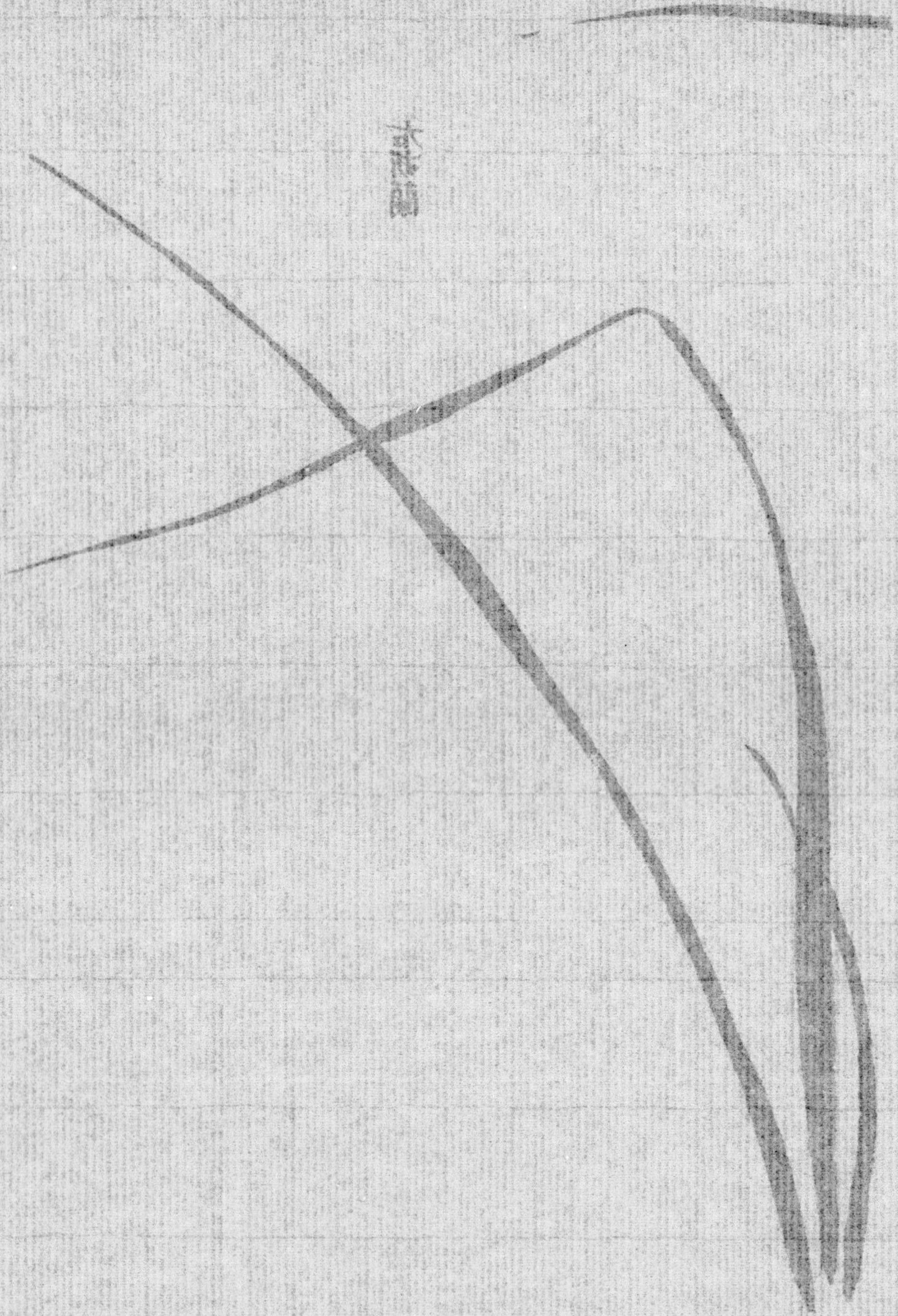
交鳳眼

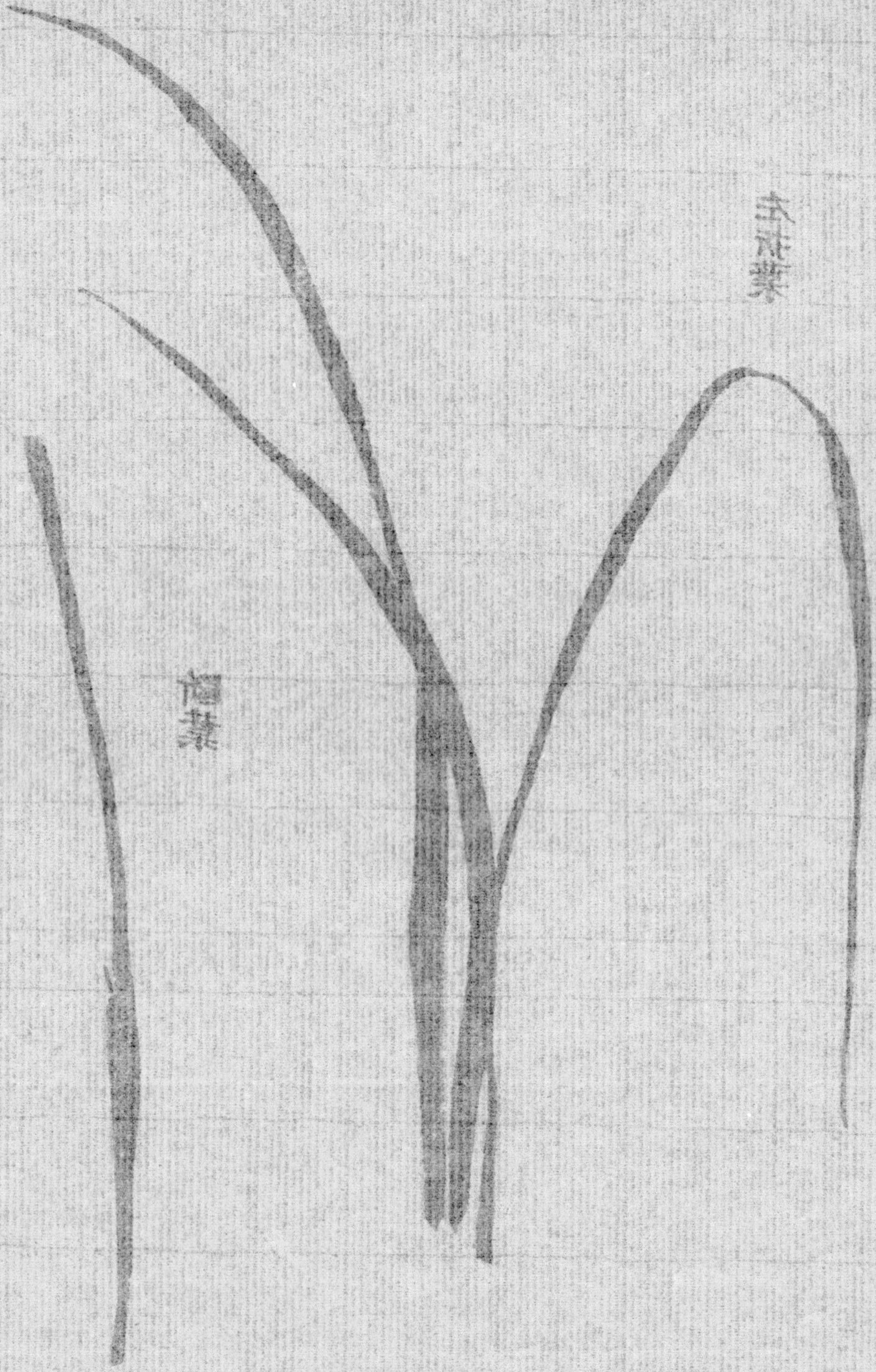
三筆葉
個葉

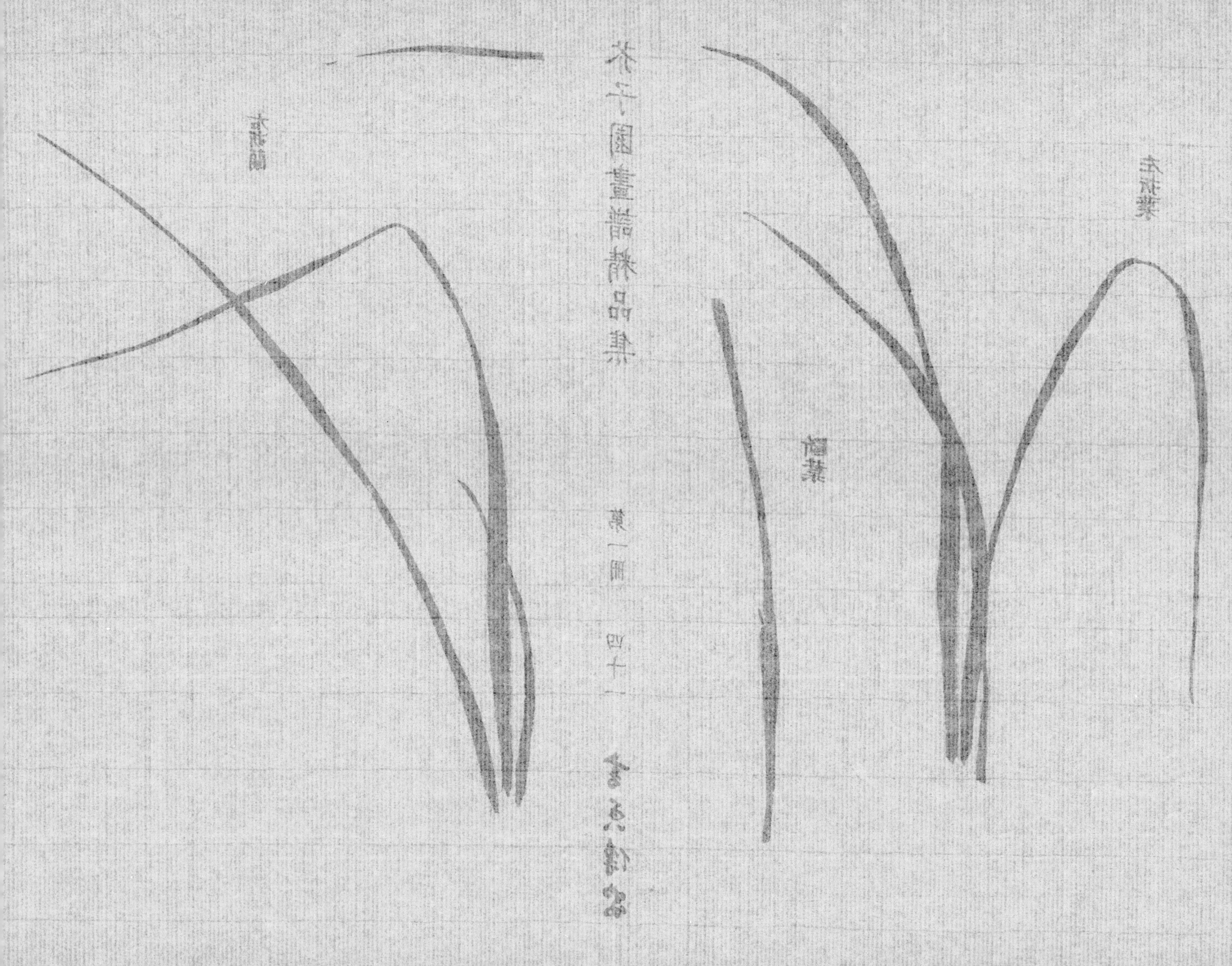

雙勾葉式

正發密葉

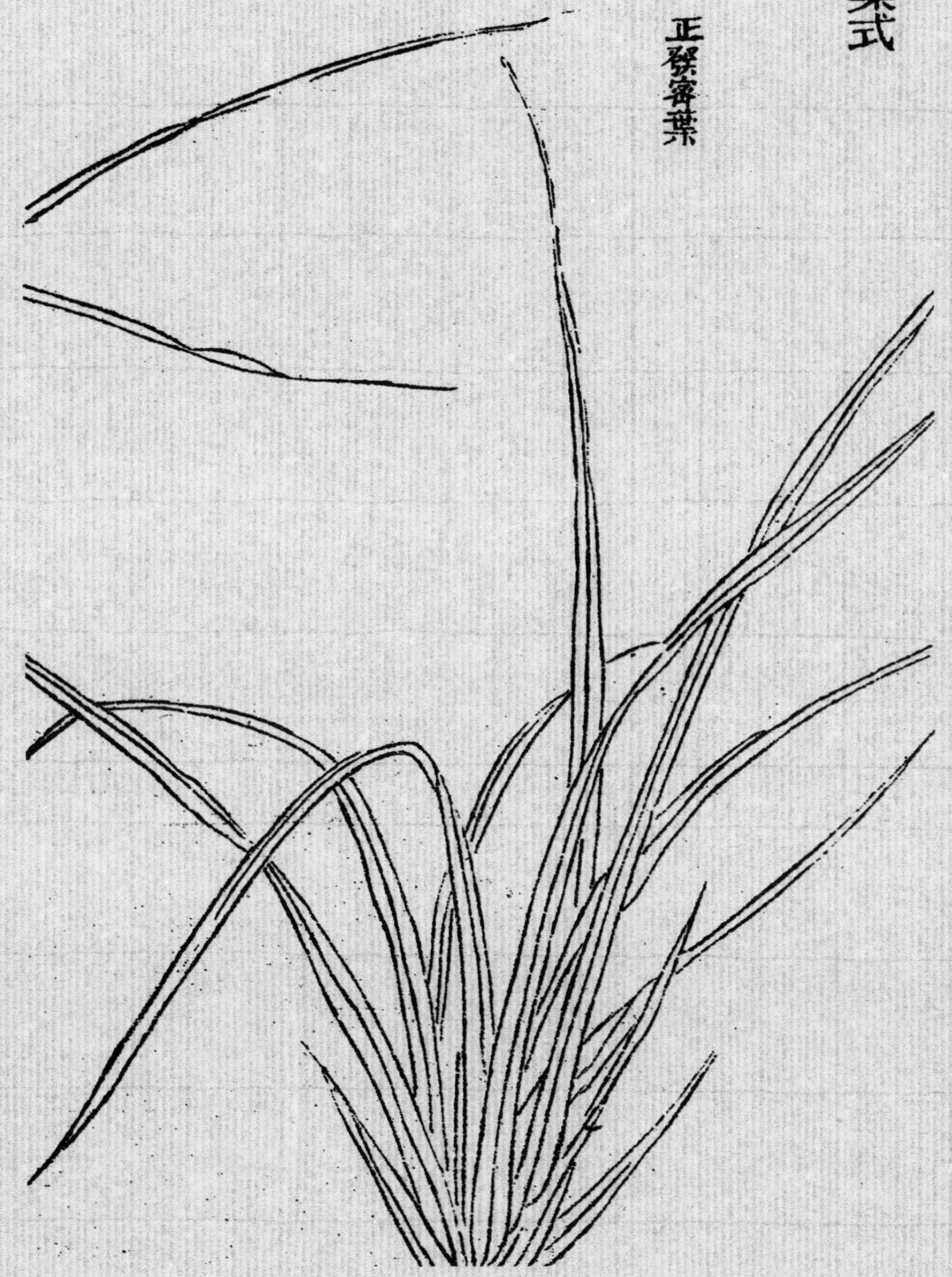

凡畫蘭不出稀密二則密之所忌者結稀之所忌者拙

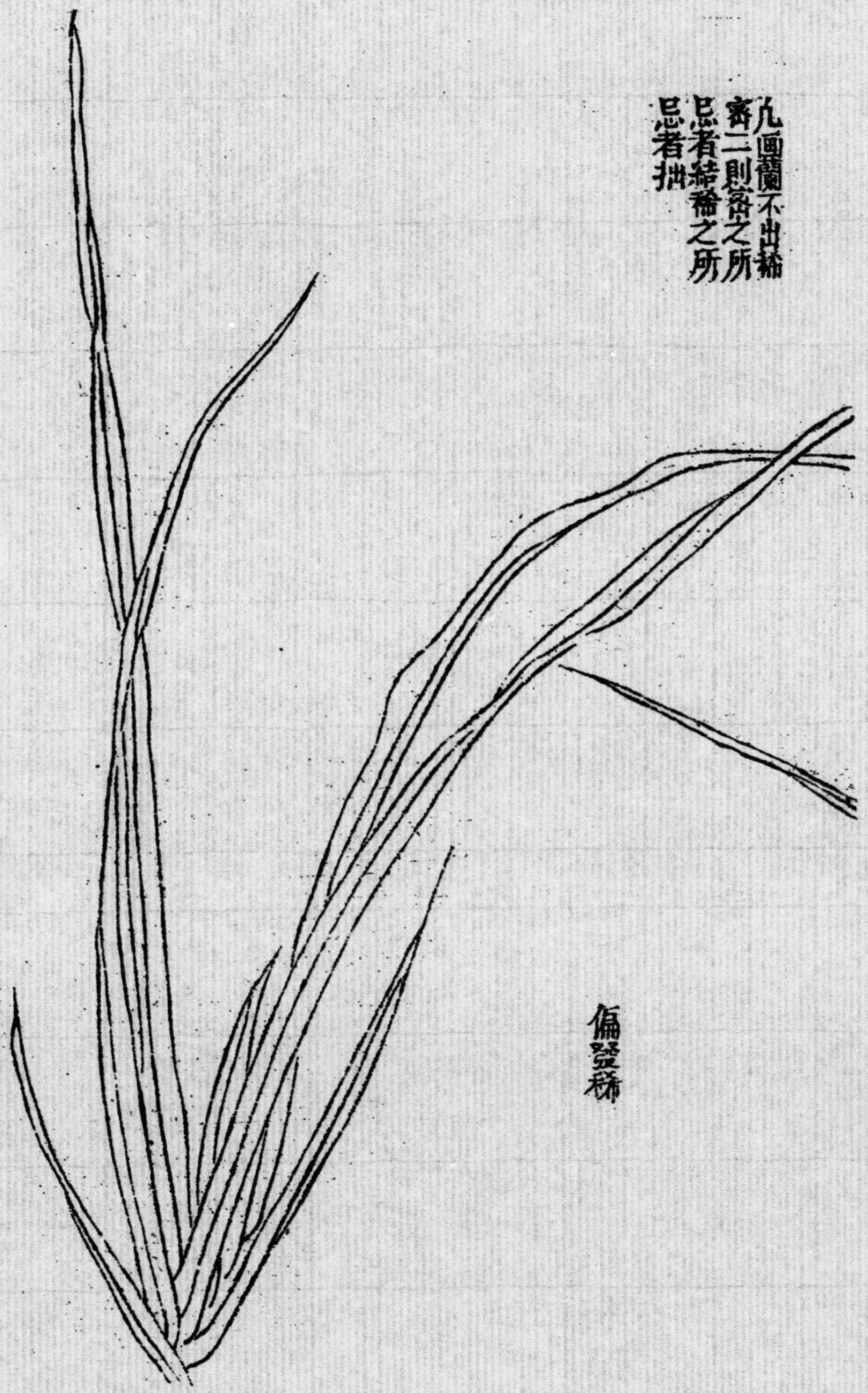

偏發稀

芥子園畫譜蘭品集

第一冊 四十二

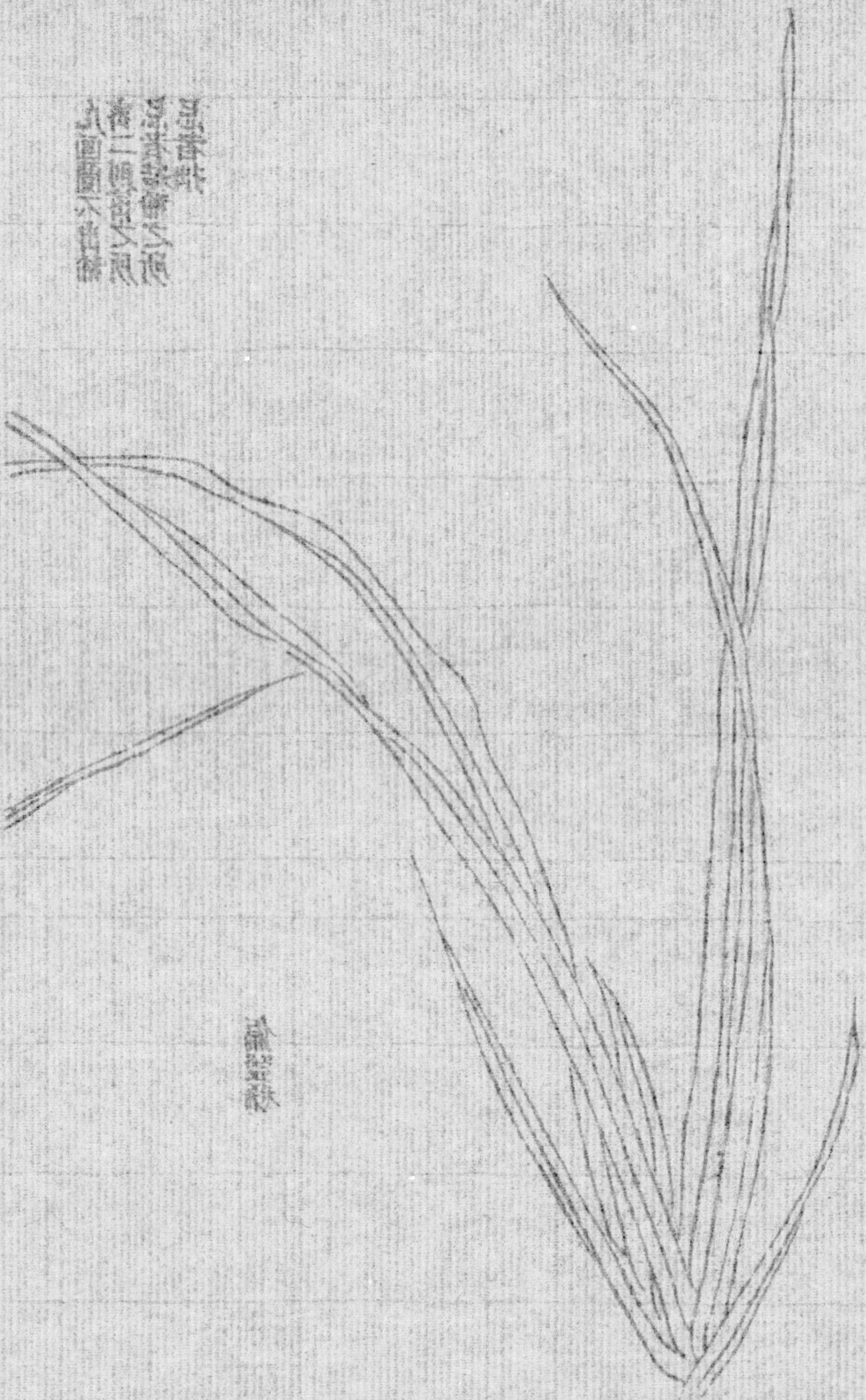

撇葉倒垂式

鄭所南畫蘭多作懸若下垂此蕙葉也凡畫南須分草南蕙南閩南三種蕙葉多長草南葉長短不等閩南葉濶而勁草蕙春芳閩蘭夏秀緣春蘭葉多嫵媚之致故文人多畫之

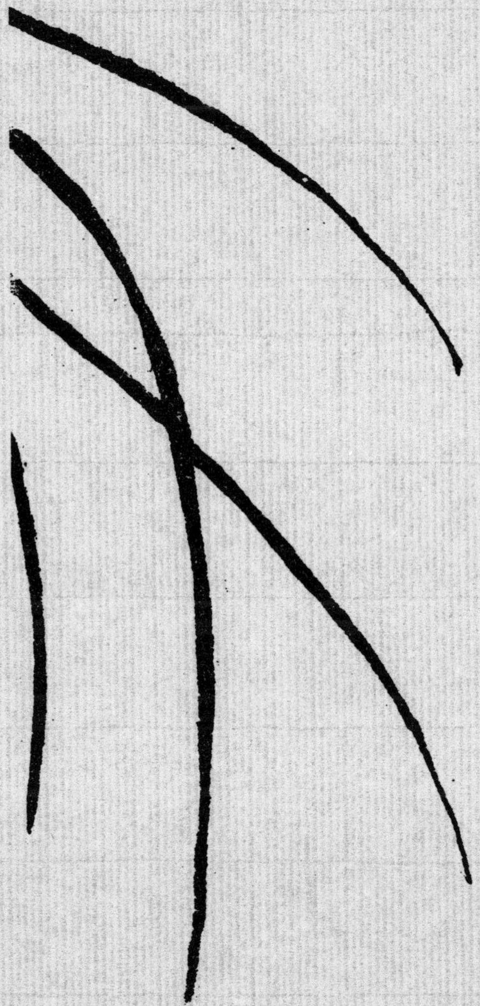

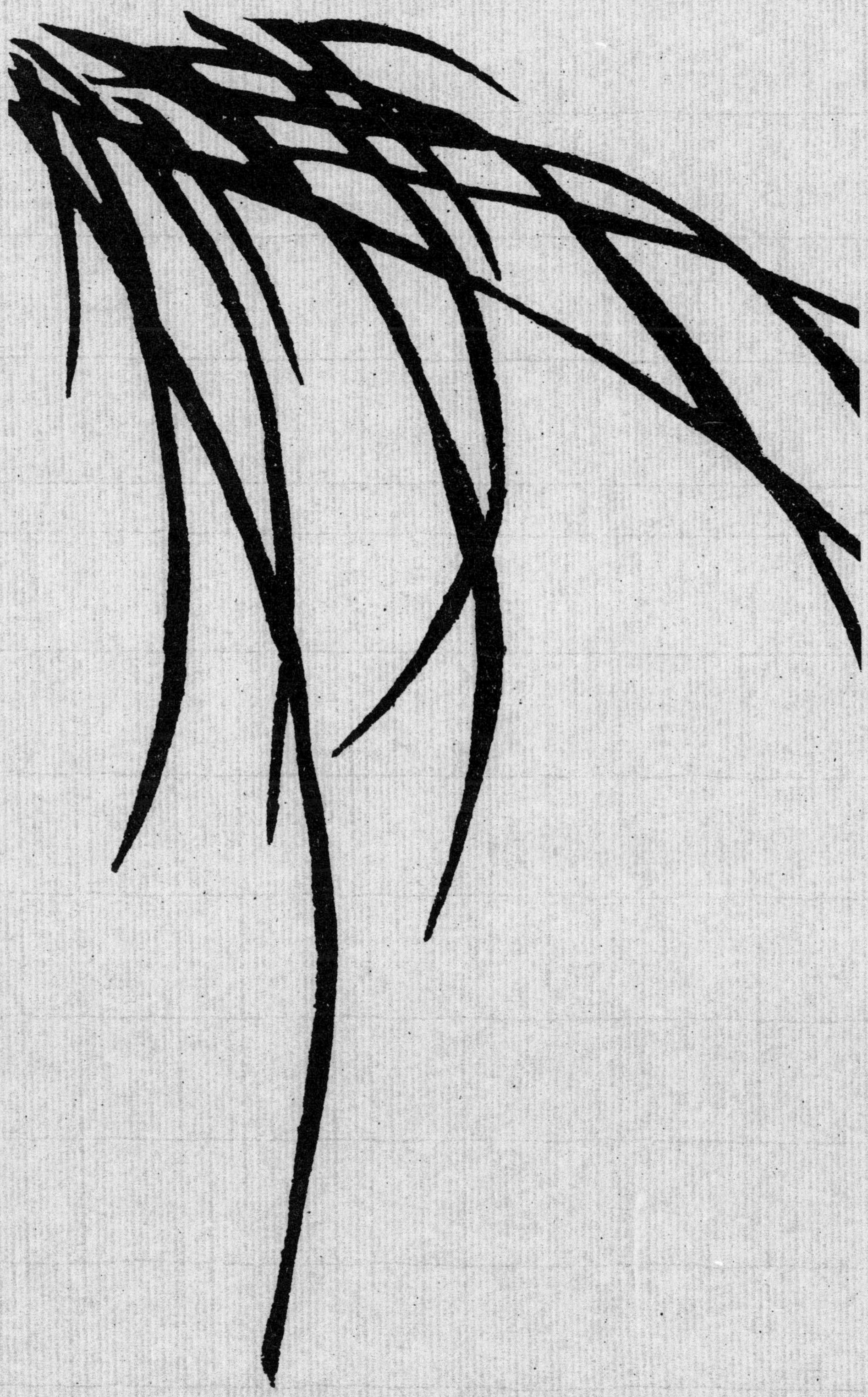

寫花式

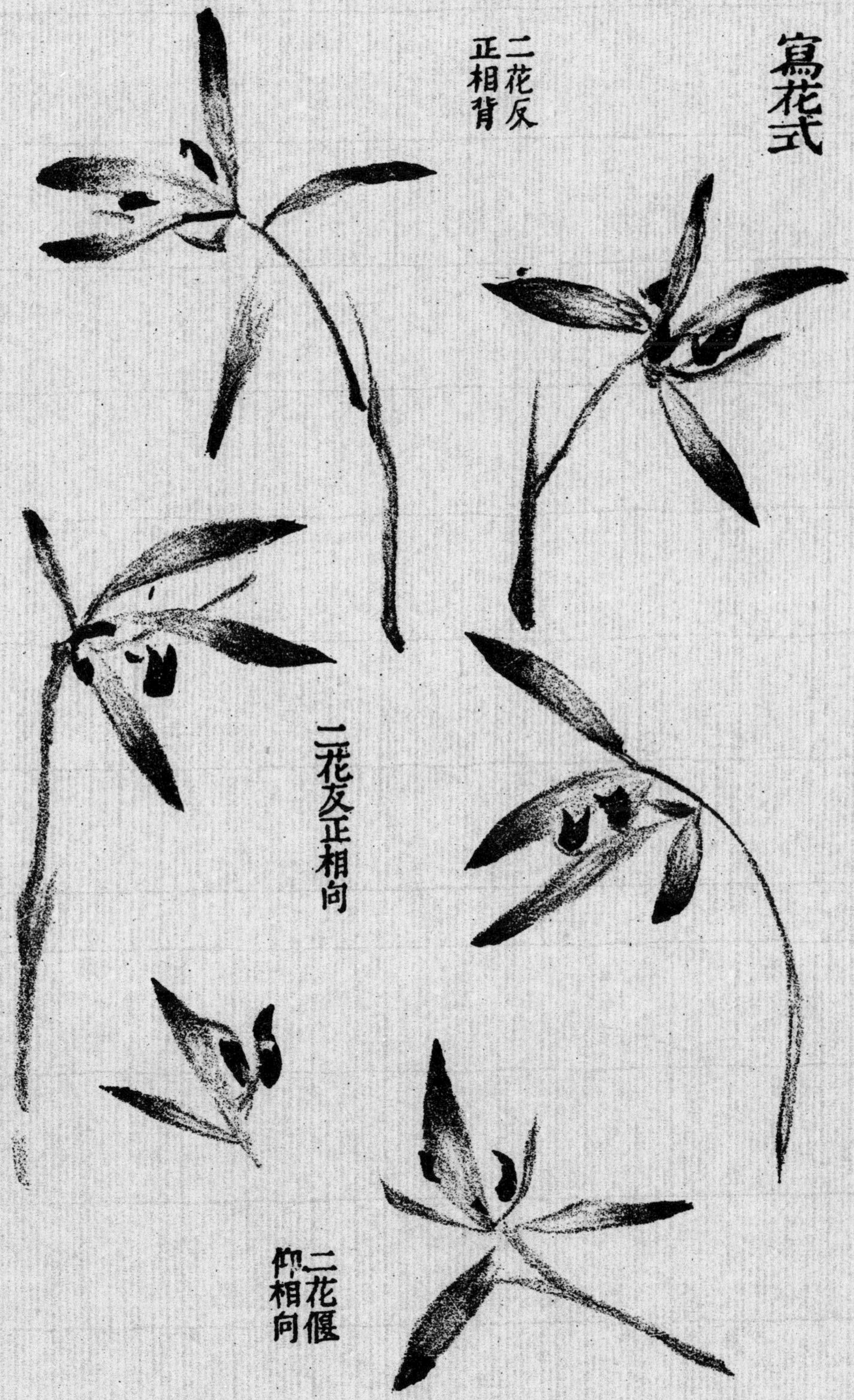

二花反正相背

二花反正相向

二花偃仰相向

寫花必須五瓣爲則瓣之濶者正向瓣之狹者側向點心以濃墨正中是正面兩旁露出中瓣是背而點側處是側面

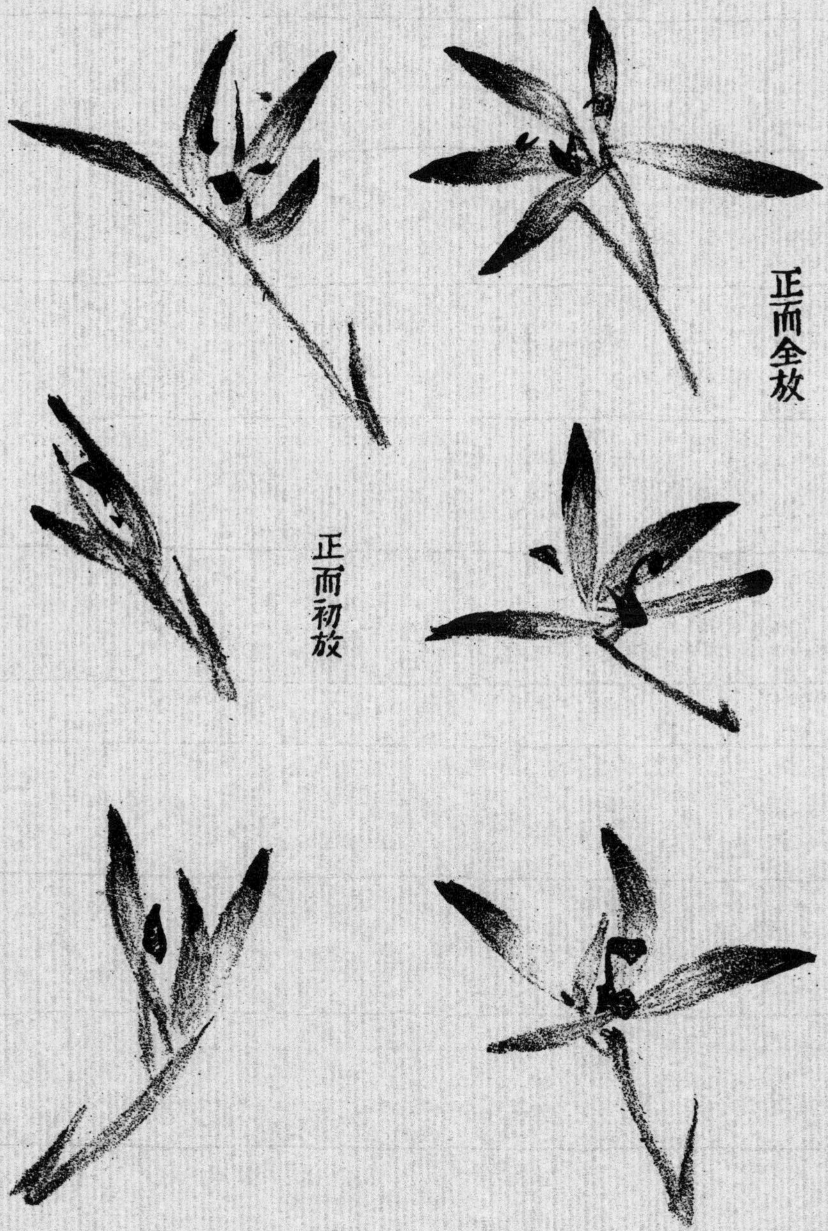

正而全放

正而初放

蕙花式

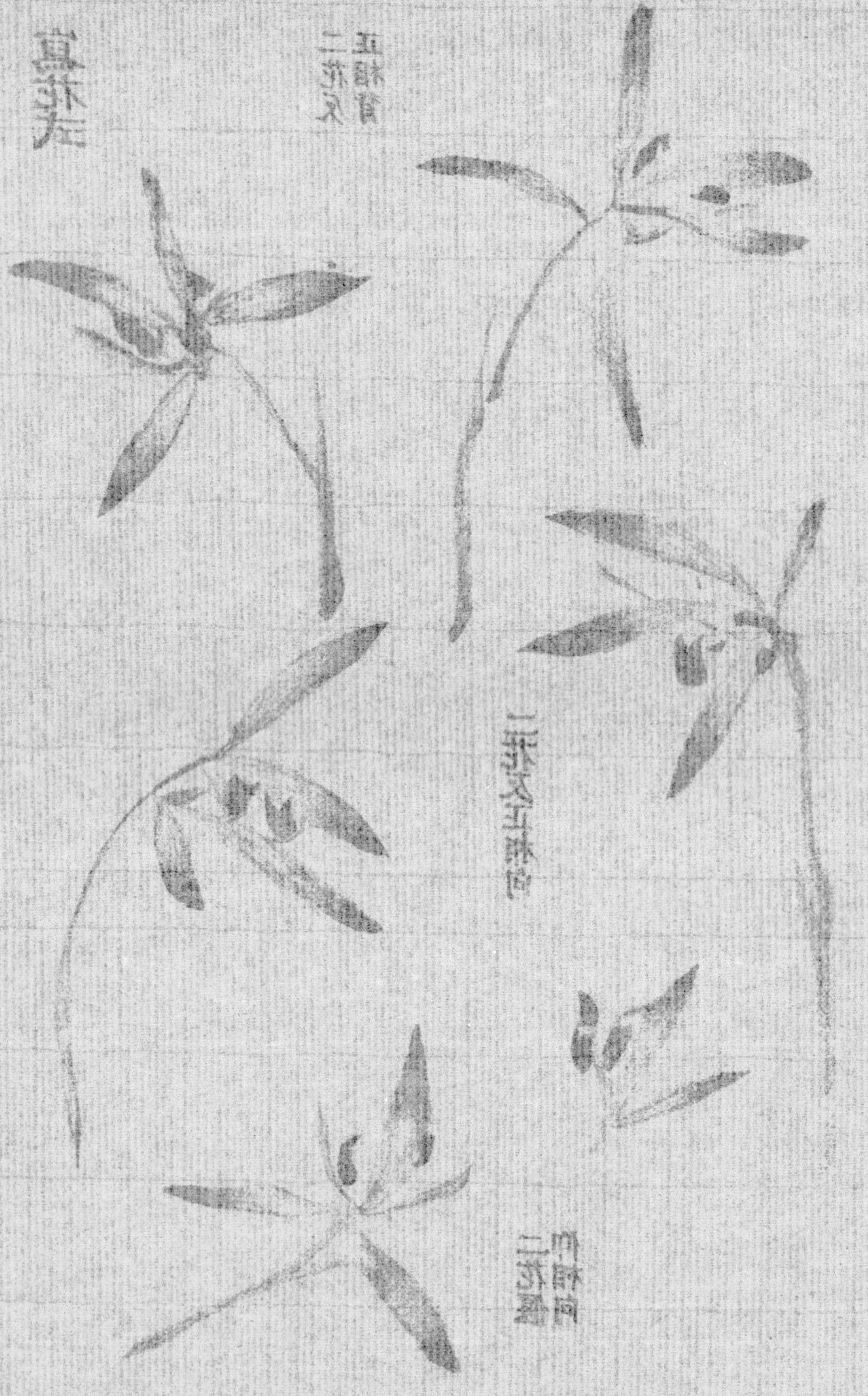

芥子園畫譜精品集

第一冊　四十四

蕙亦必須五
瓣爲用瓣之
間看正向排
之抹者側向
點心以濃墨
正中是正面
兩旁背出中
瓣是背而點
側偃要側面

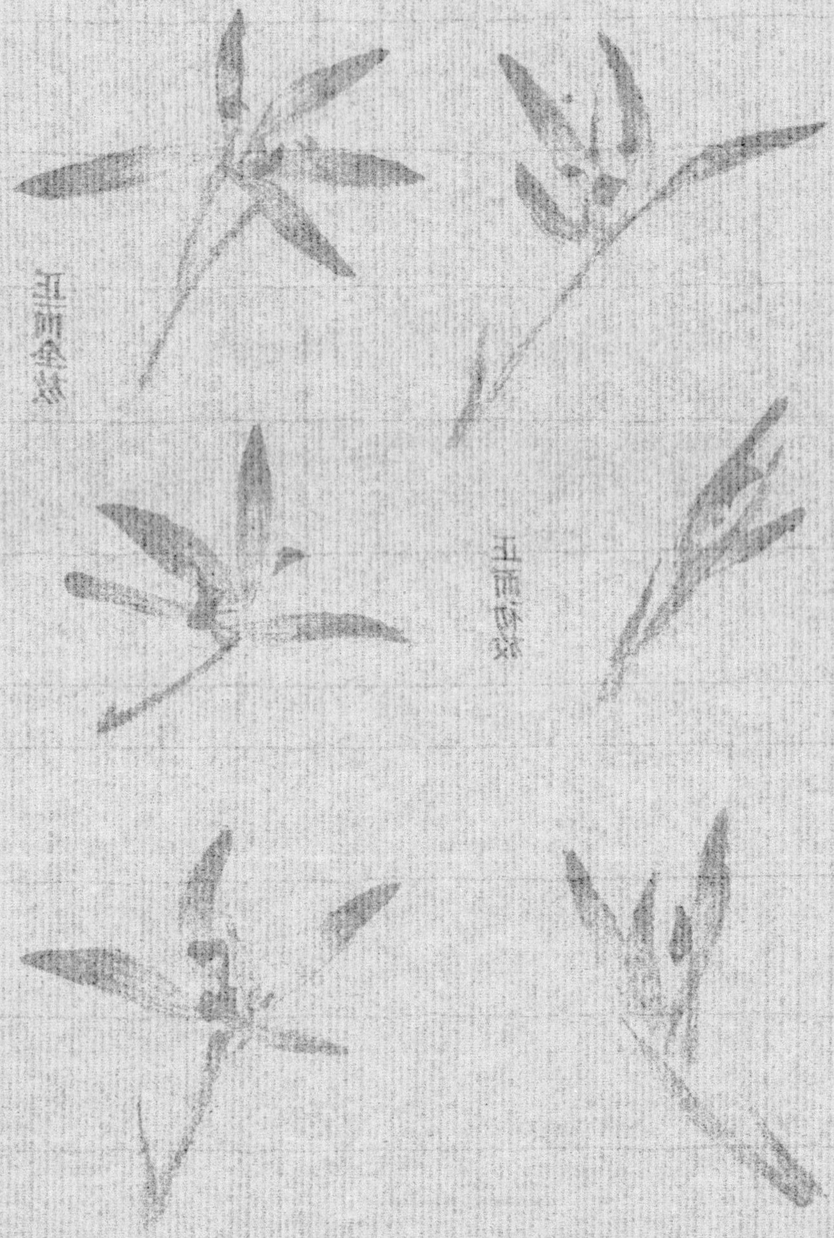

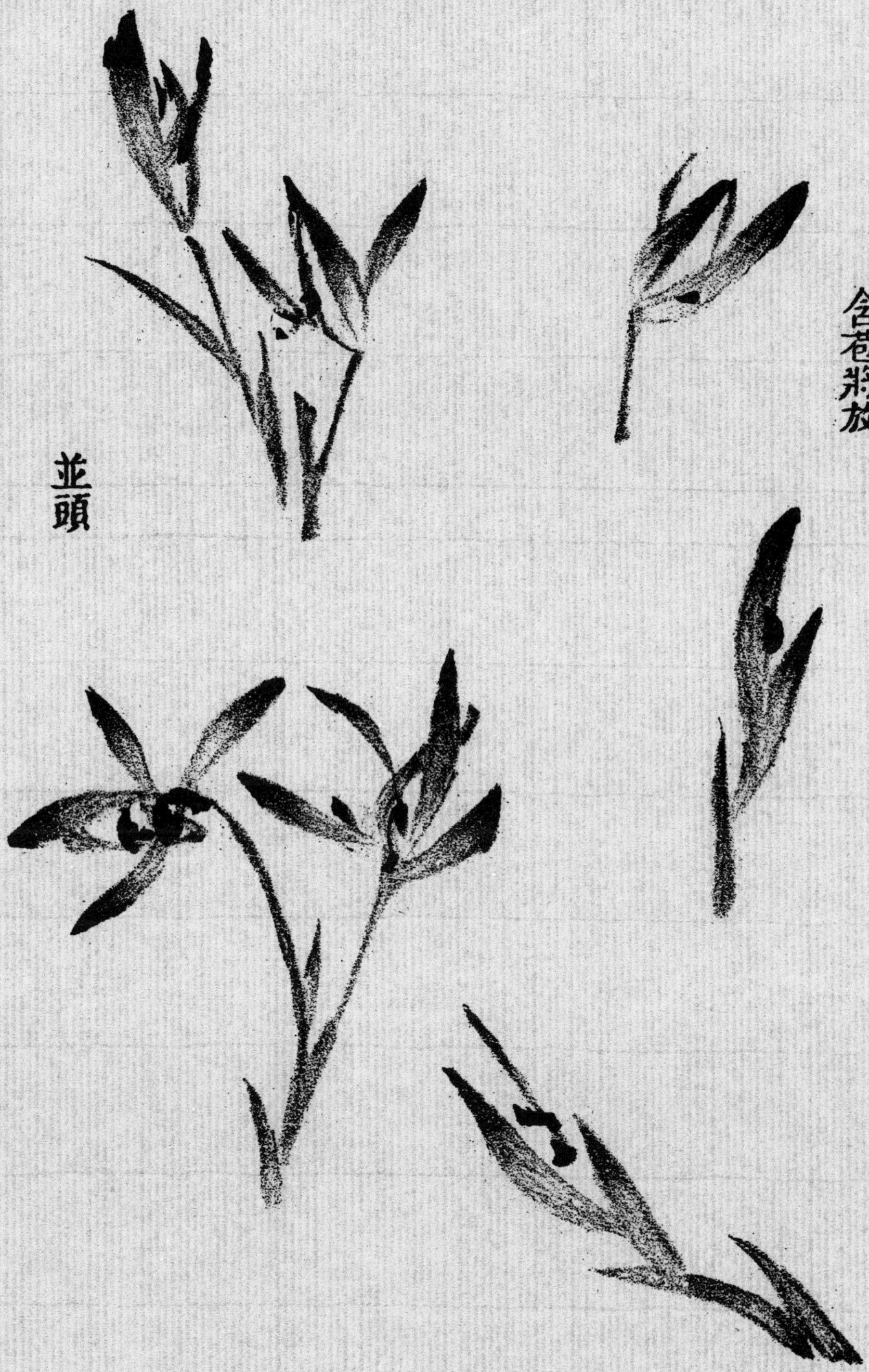

芥子園畫譜精品集

第一冊　四十五

書香傳家

點心式

蘭心三點如心字或正或反或仰或側惟相蘭瓣所宜用之此定格也至三點有帶為四點者遇隔瓣及衆花中恐嫌雷同不妨破格蕙花點心同此

二點正格

三點兼四點

四點變格

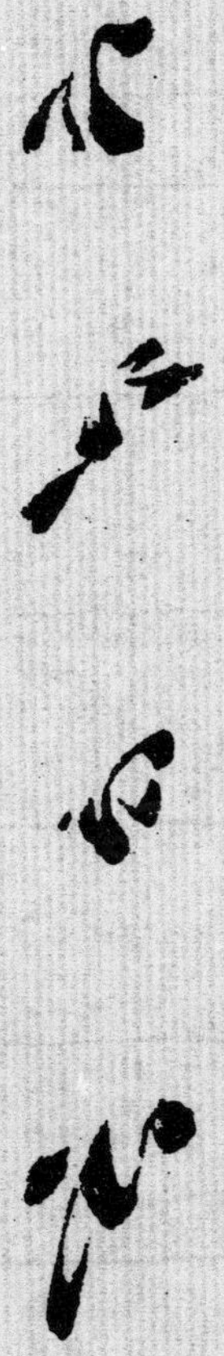

點心

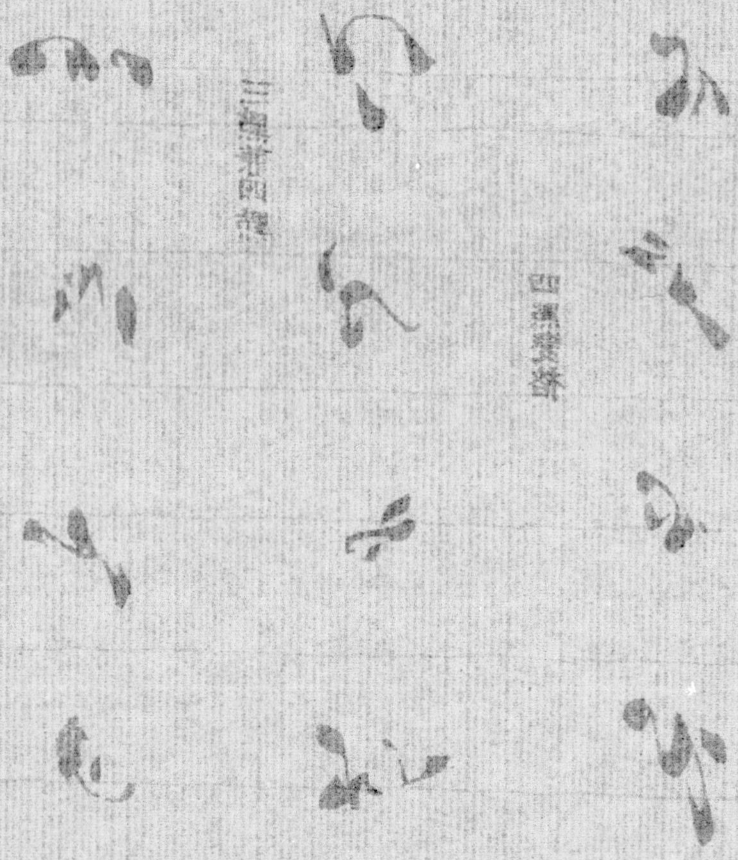

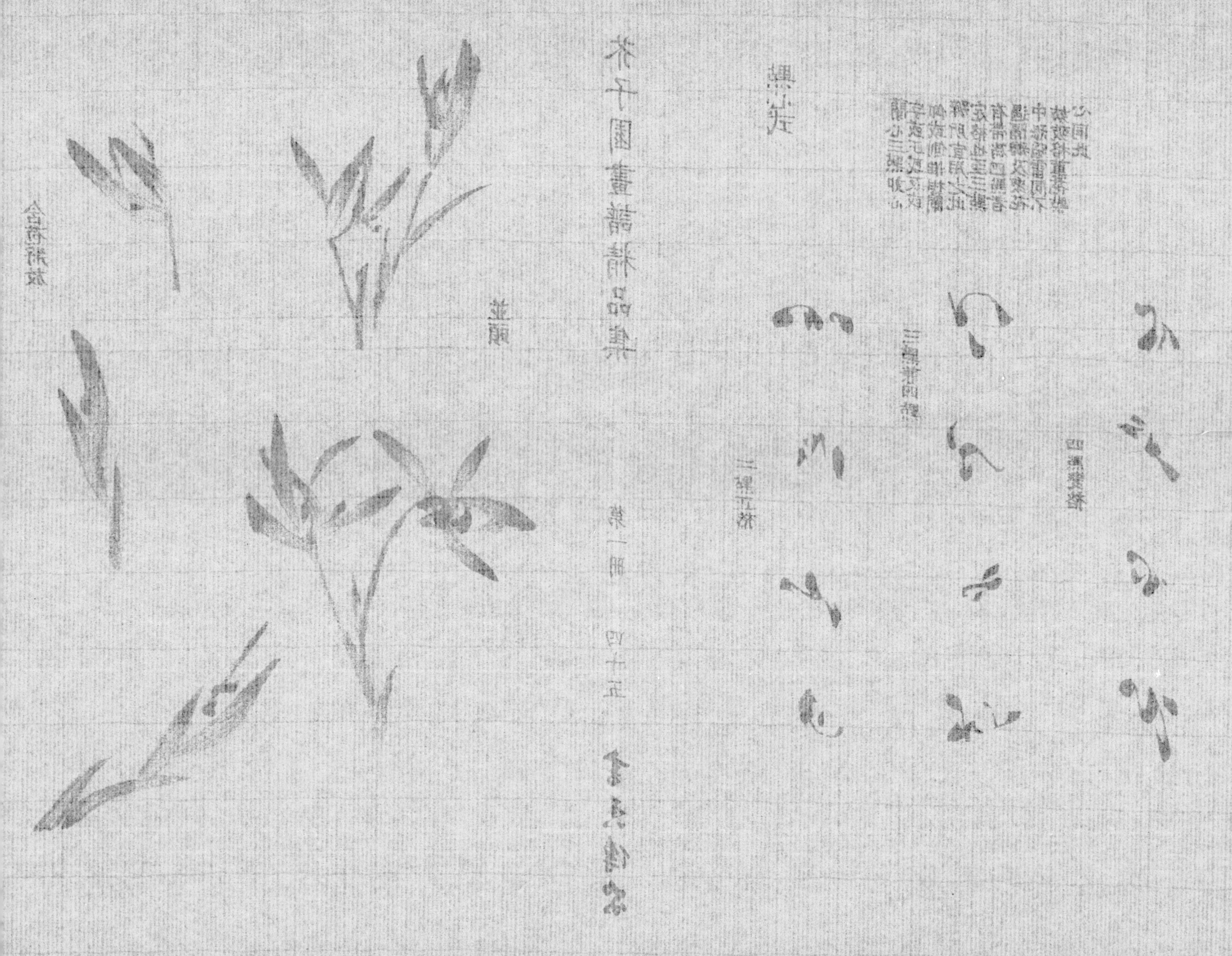

雙勾花式

全放反正

仰花反正

偃花反正

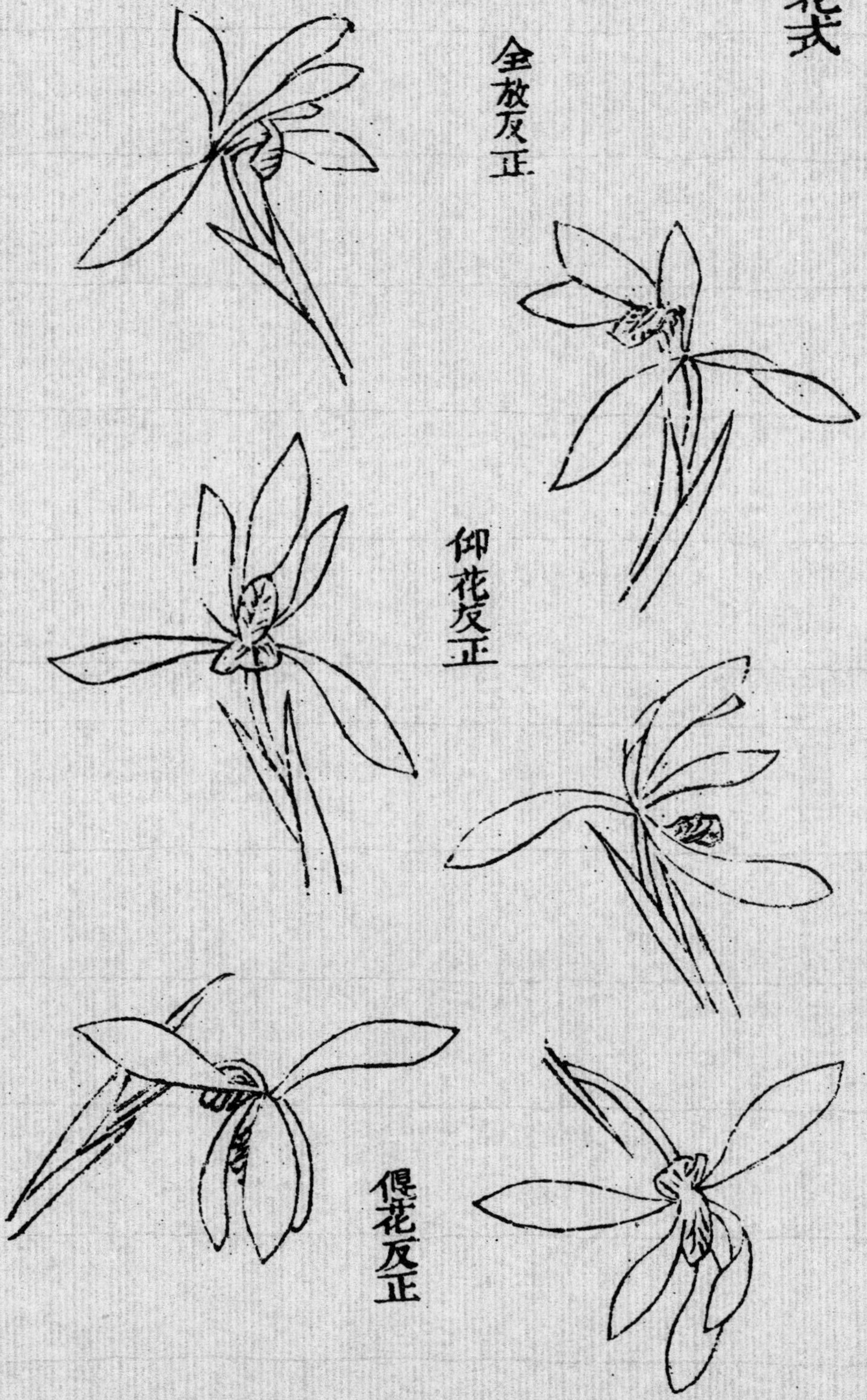

二花左垂

二花右垂

二花並發

二花分向

折瓣

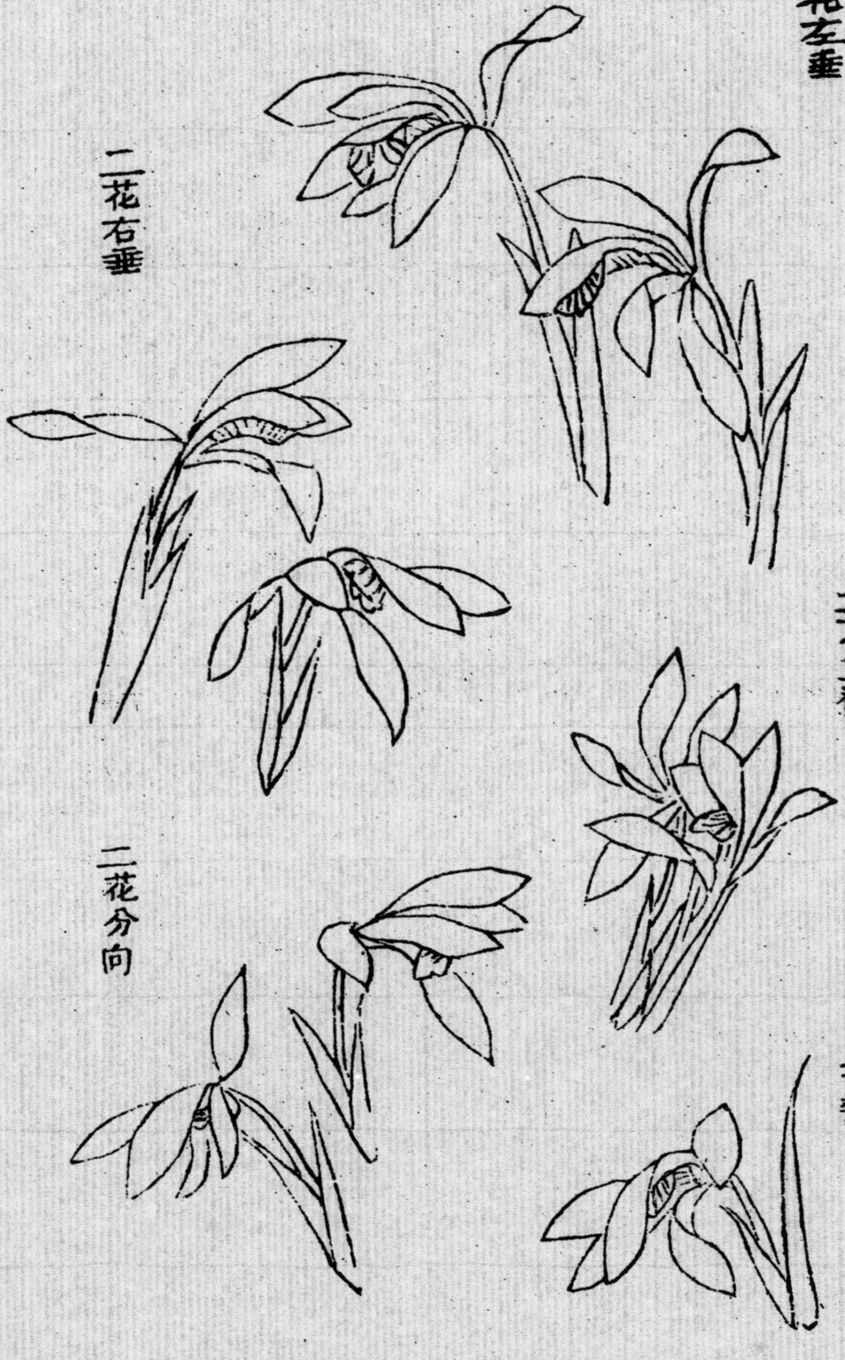

書香傳家

芥子園畫譜精品集 第一冊 四十六

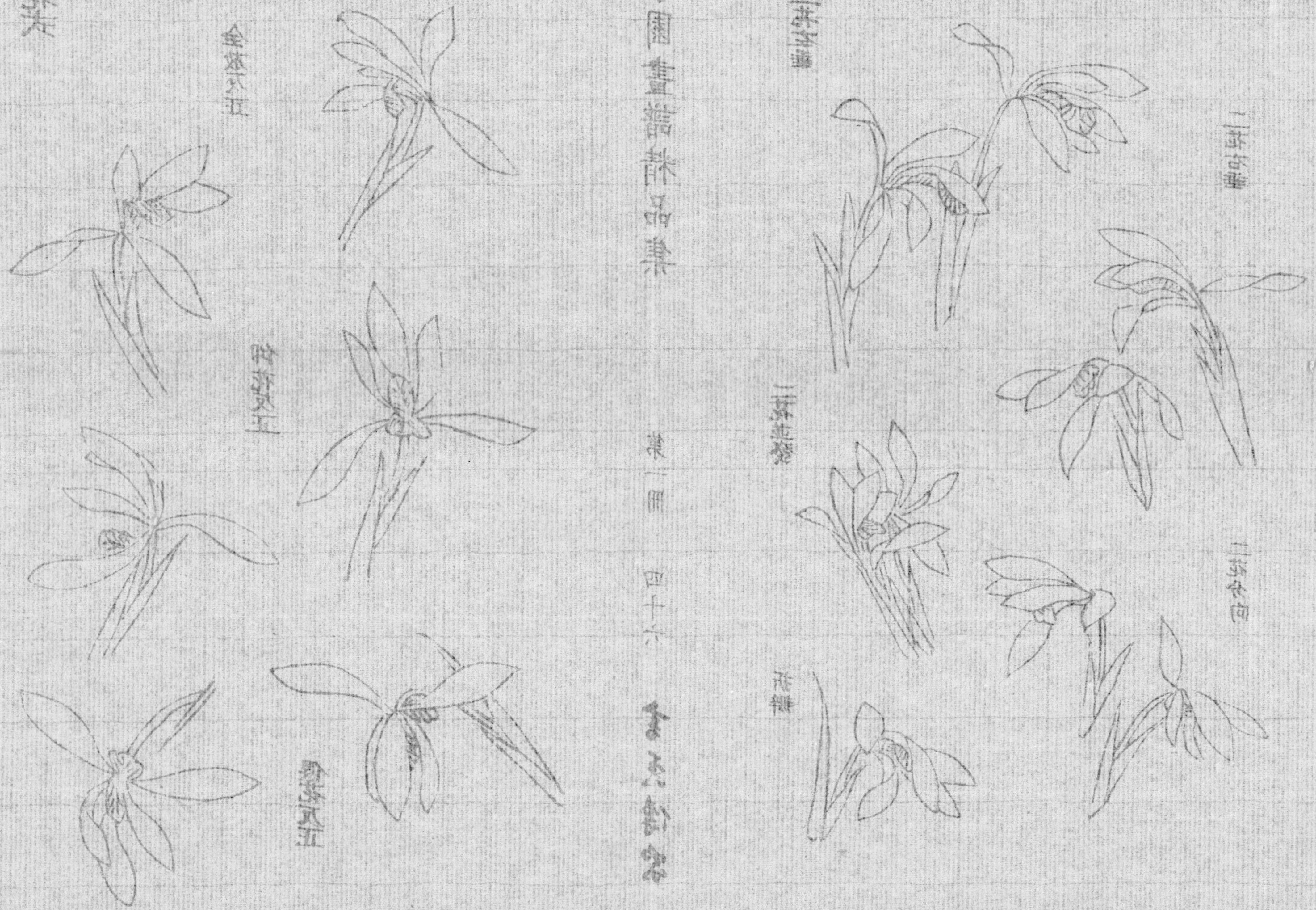

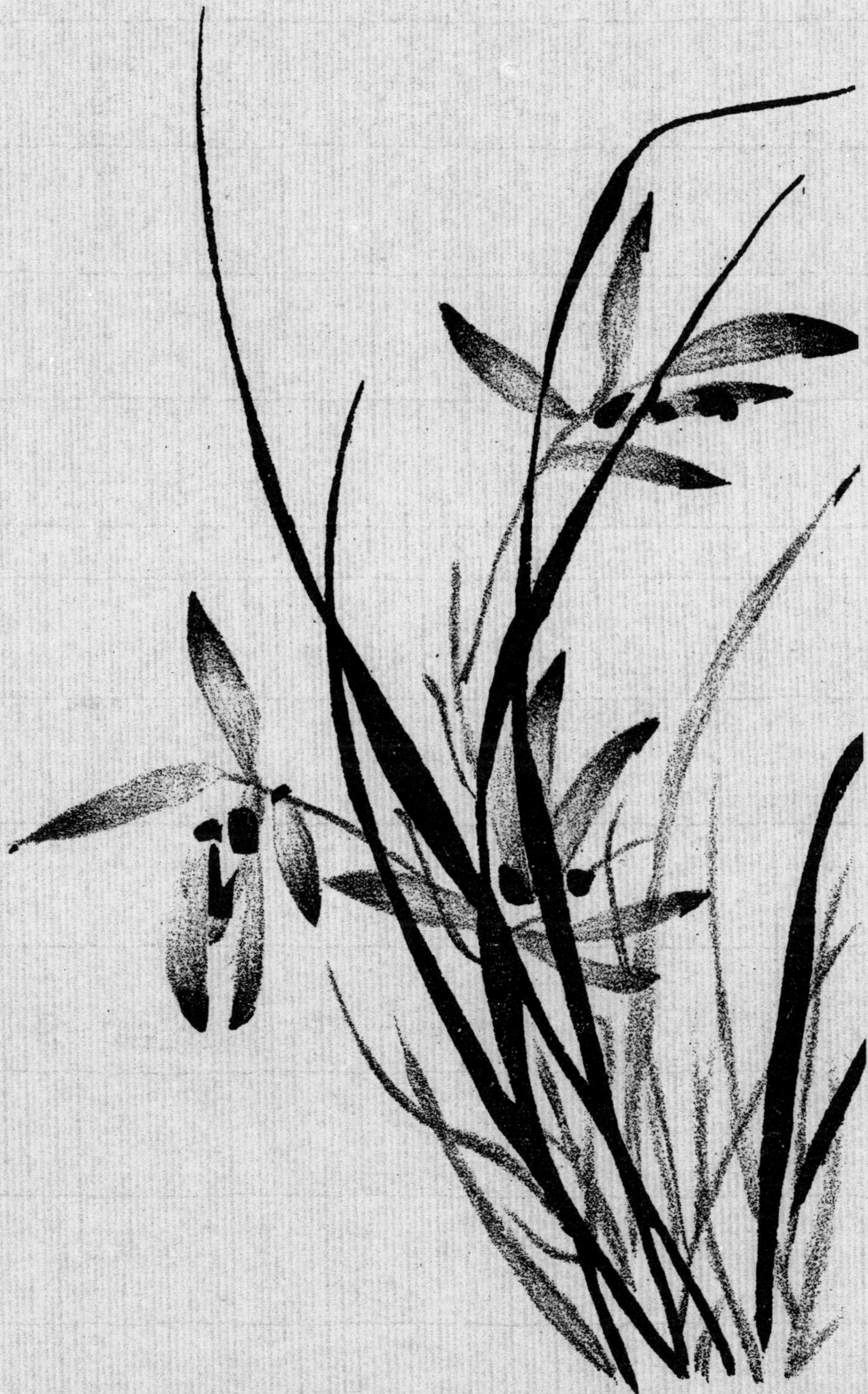

芥子園畫譜精品集

第一冊

四十七

書香傳家

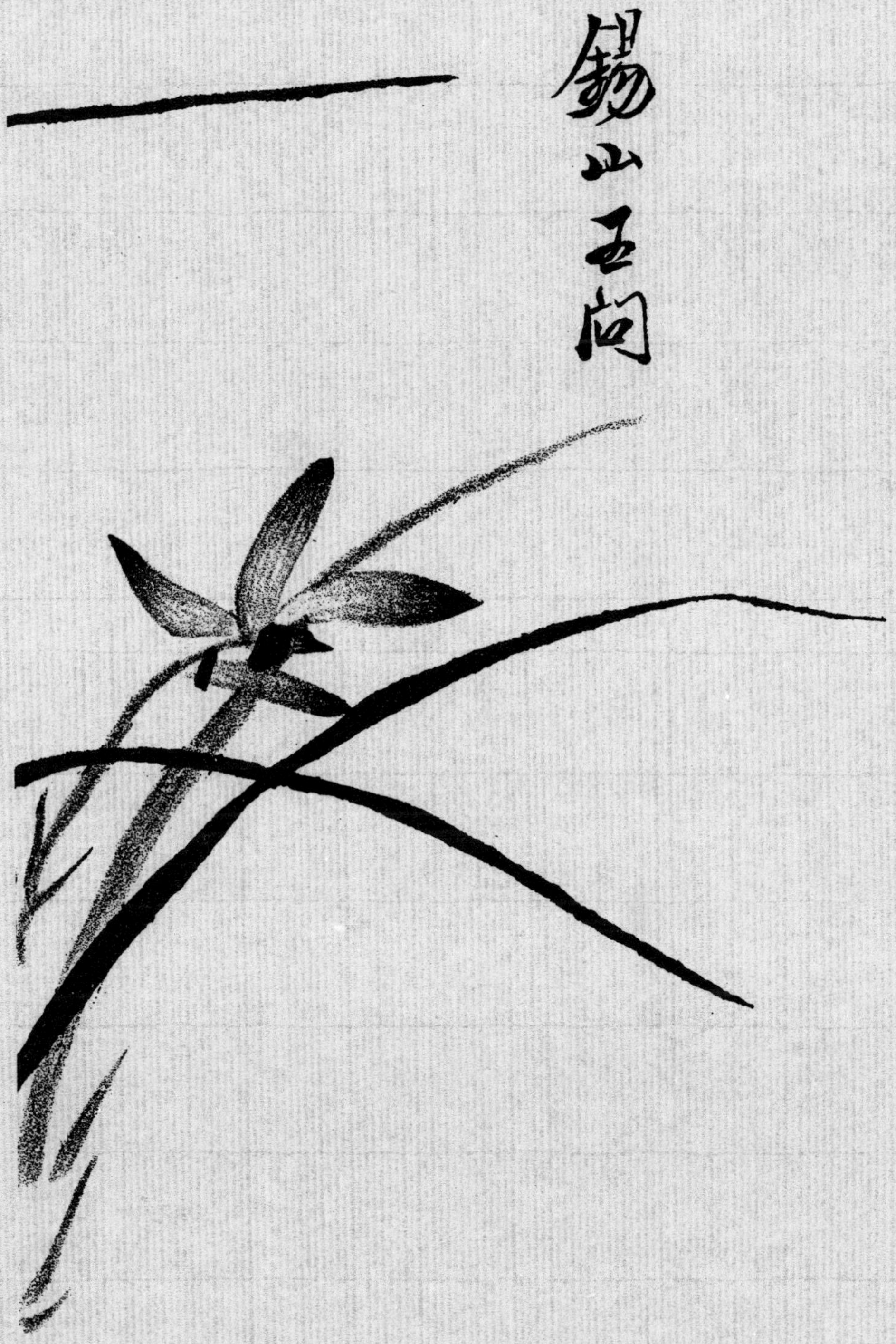

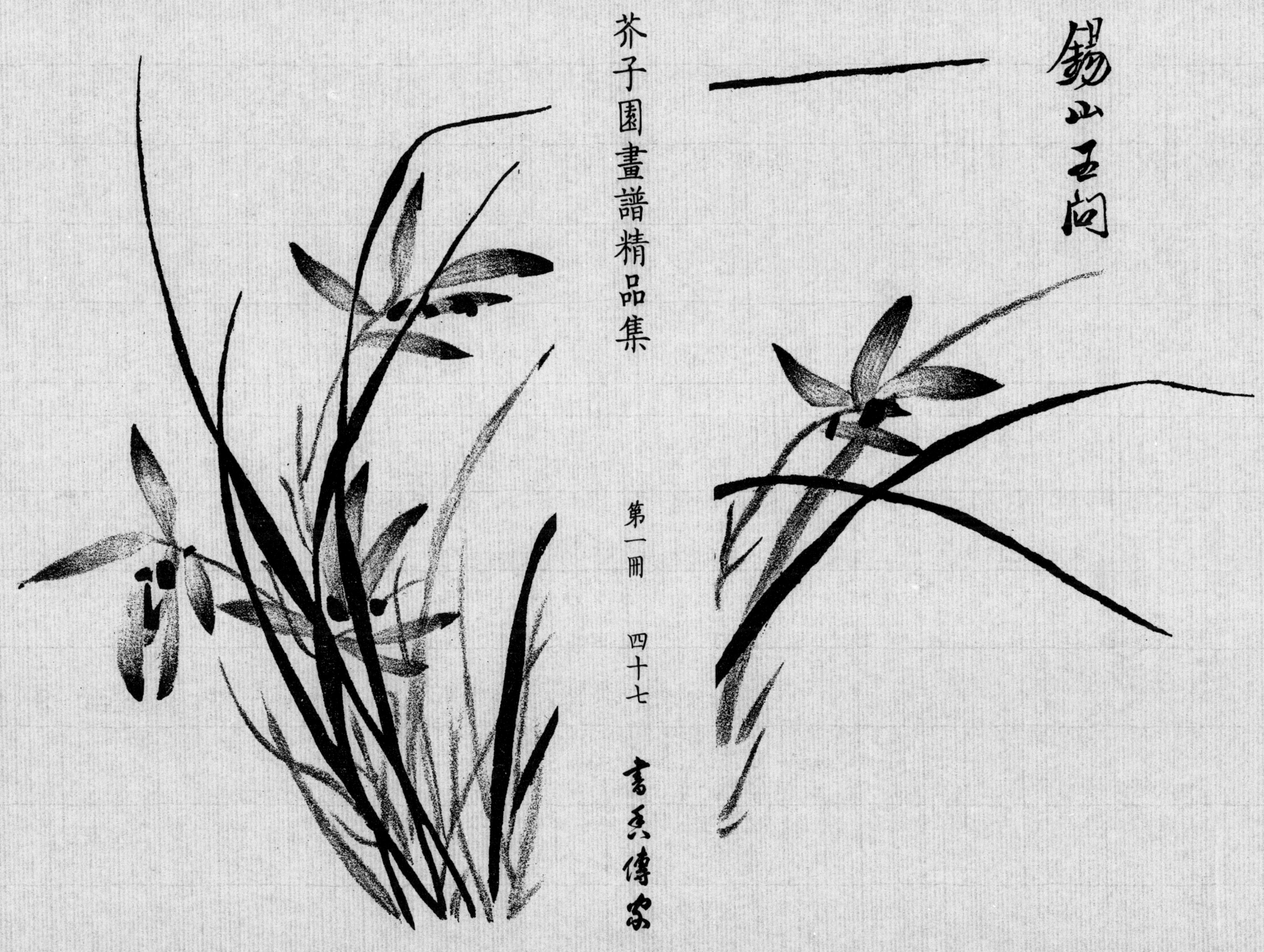

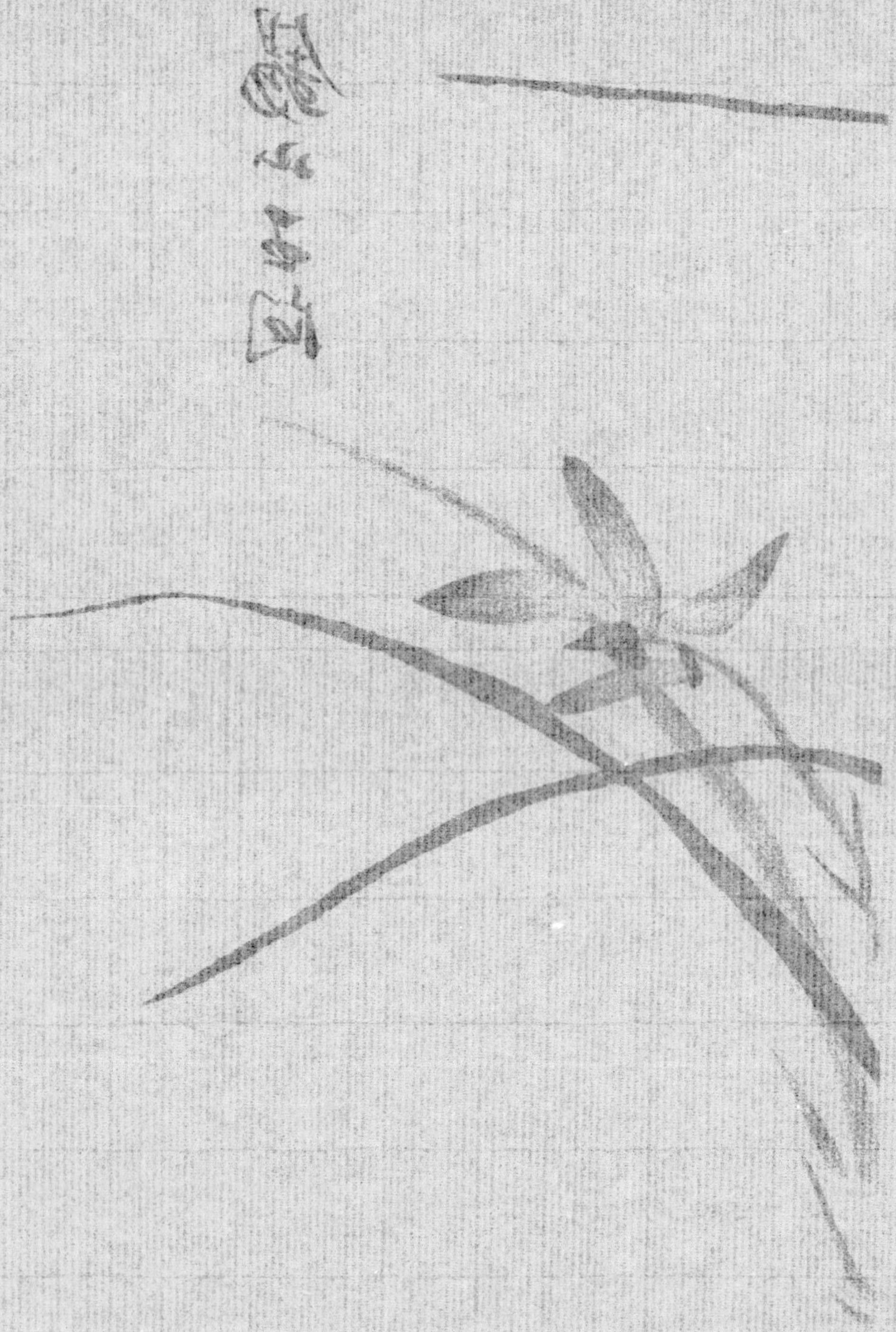

芥子園畫譜精品集 第一冊 四十七

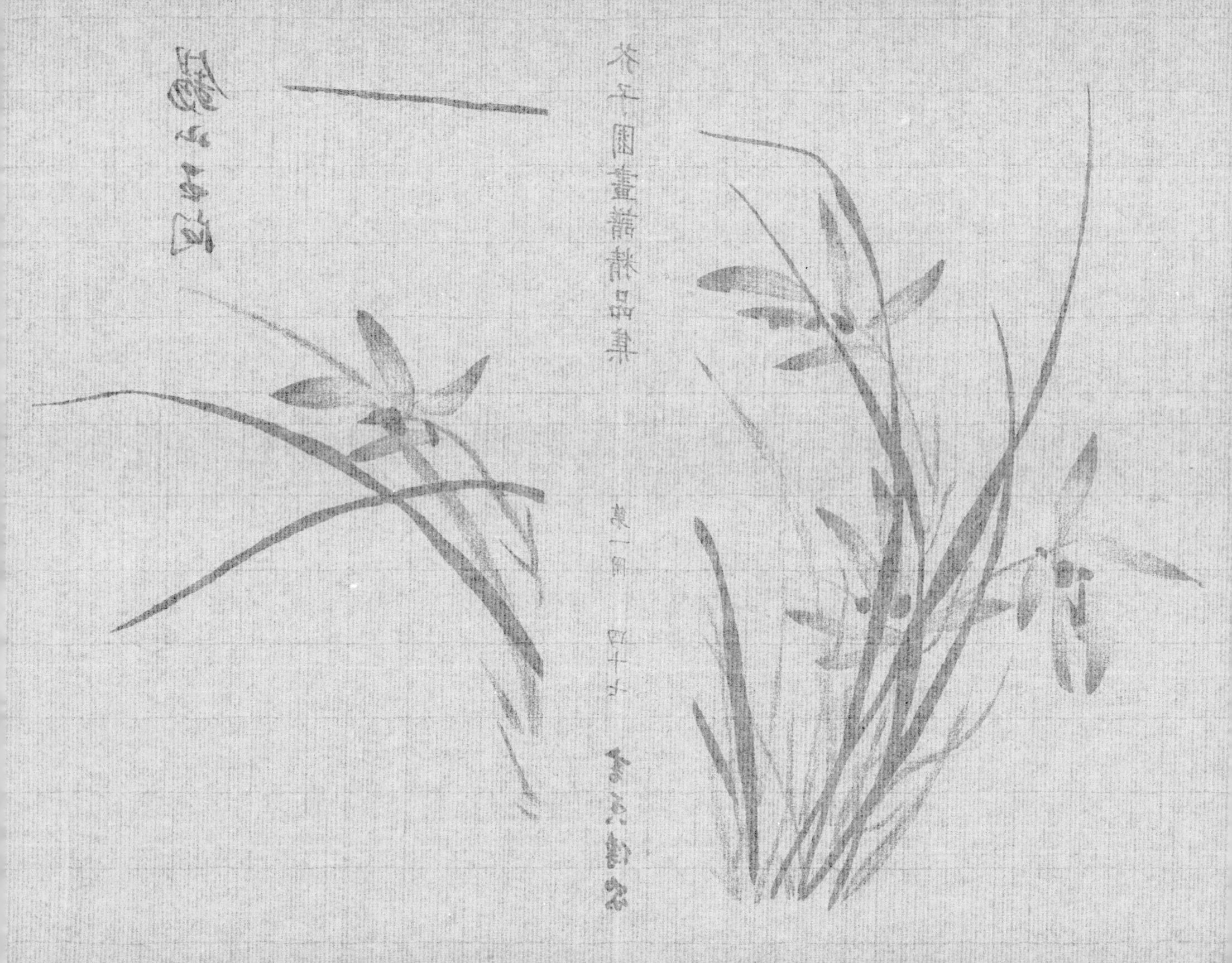

倣馬麟畫法

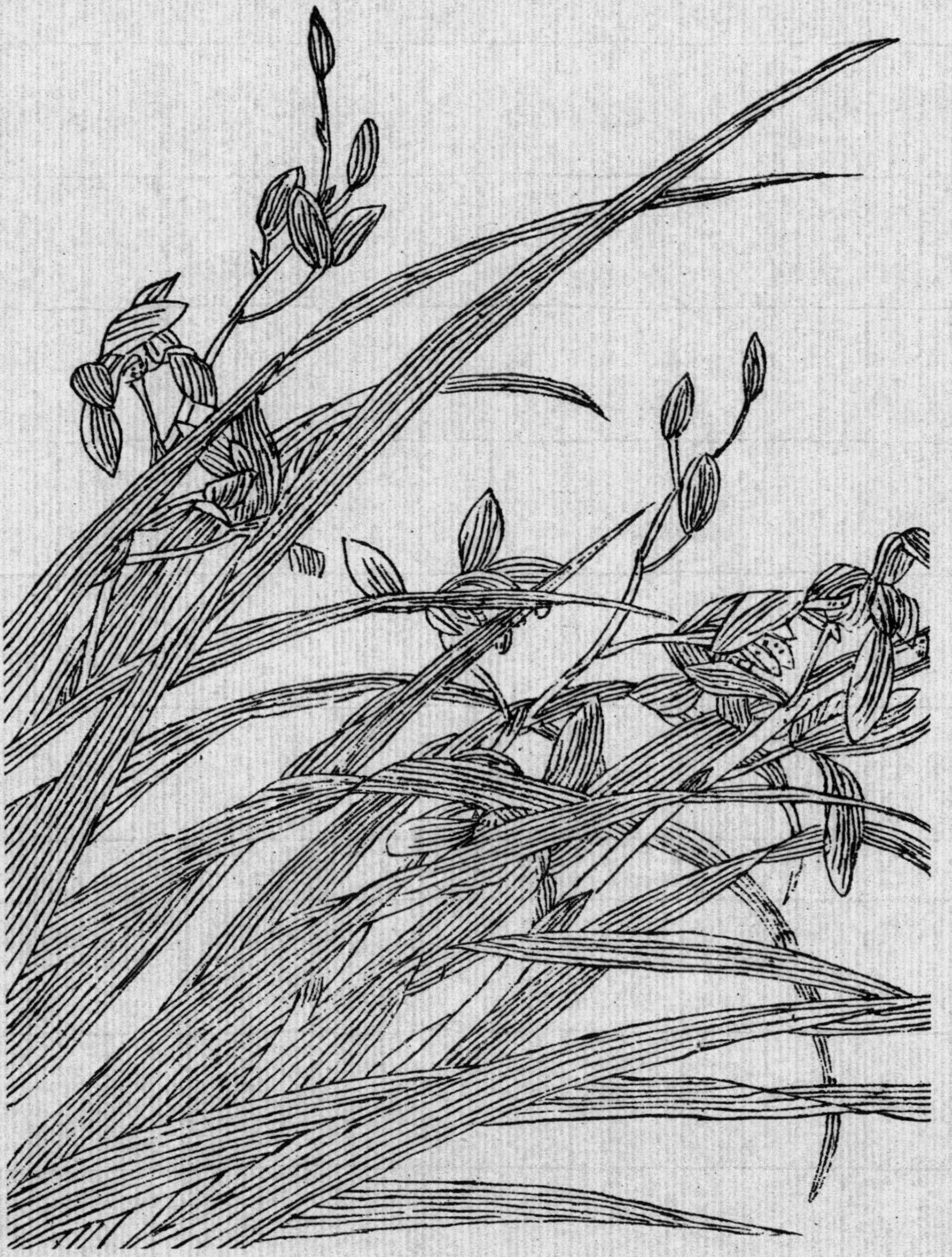

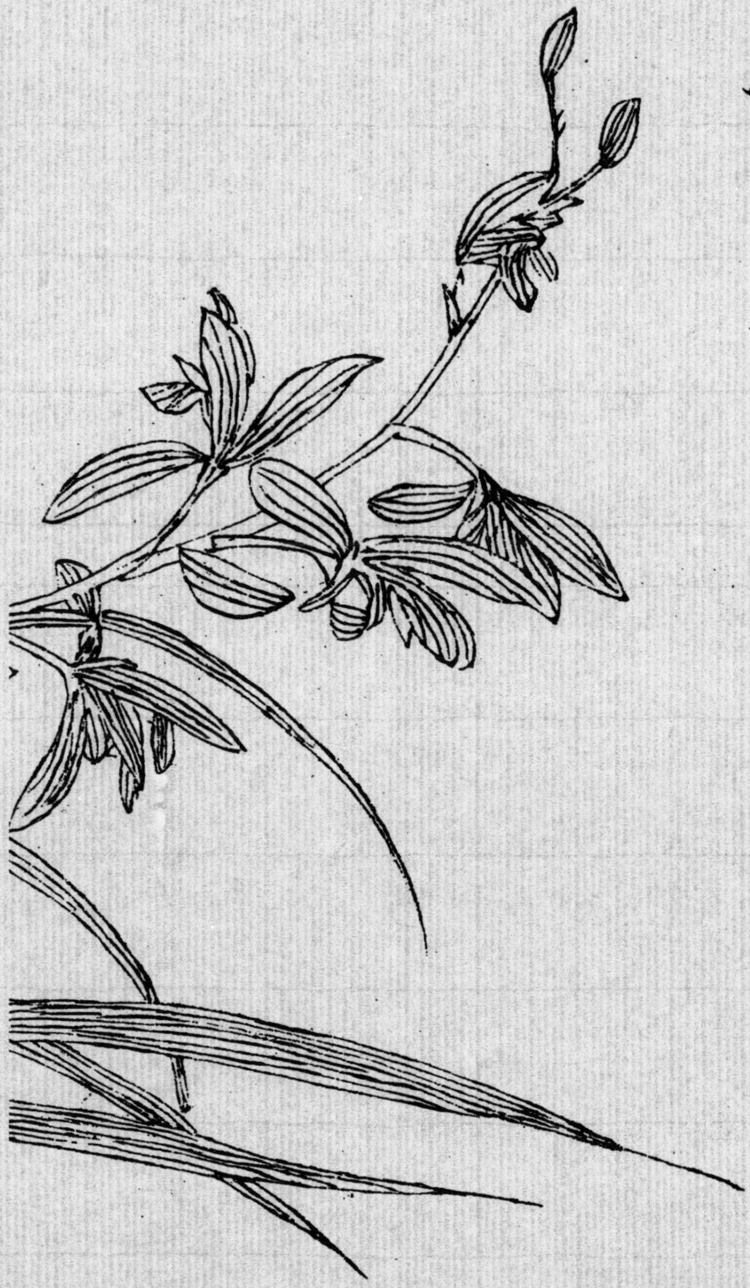

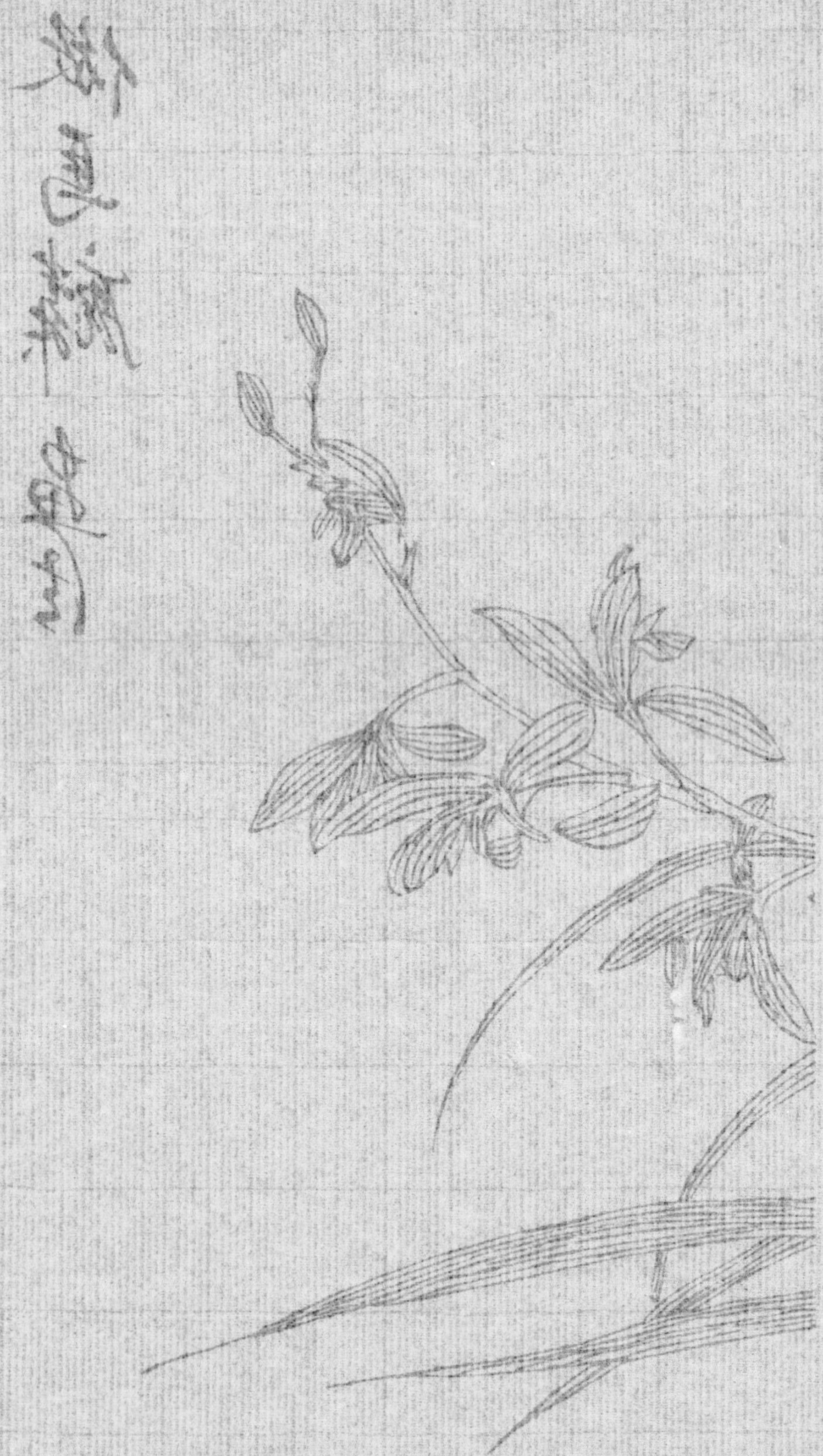

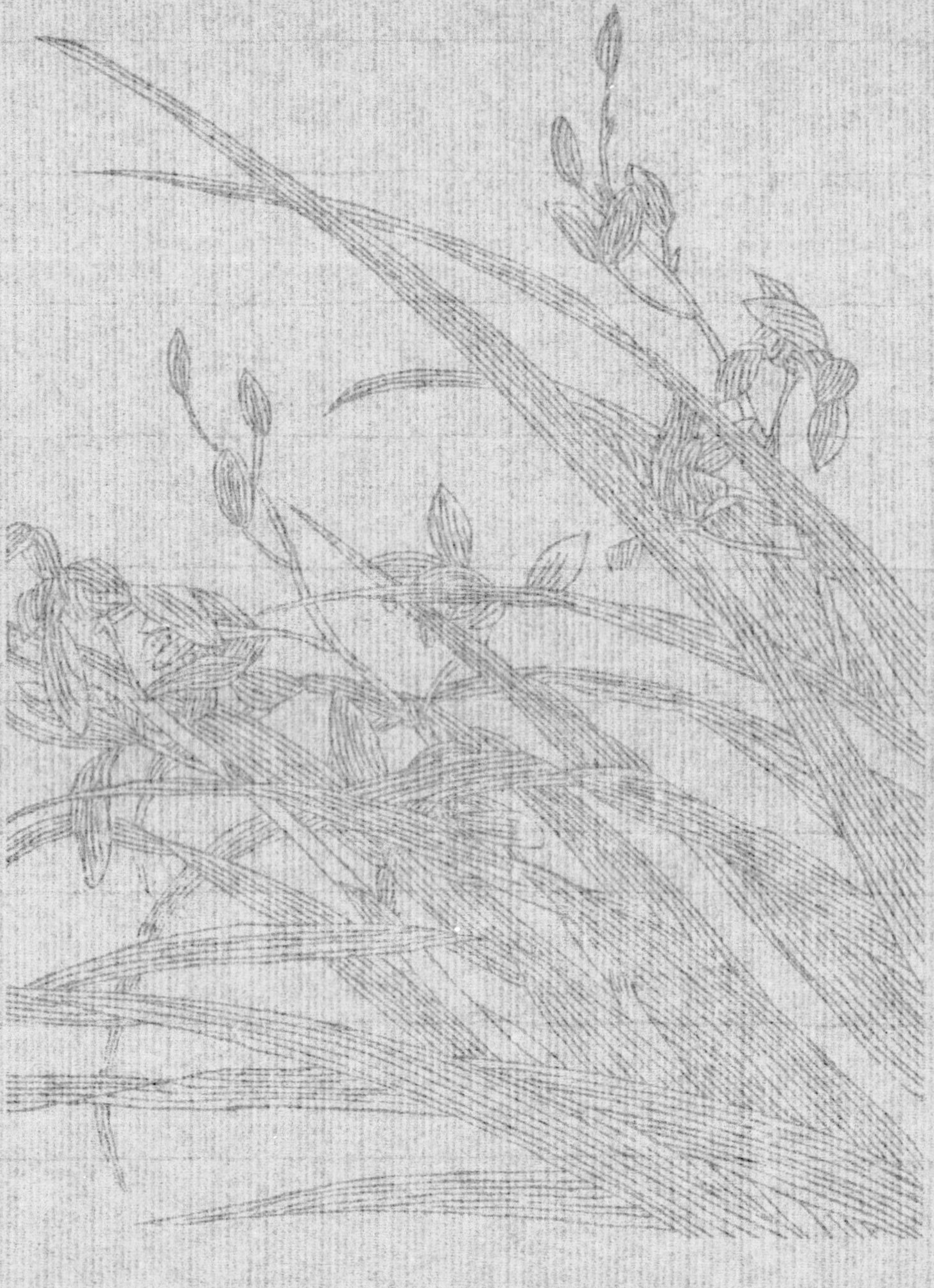

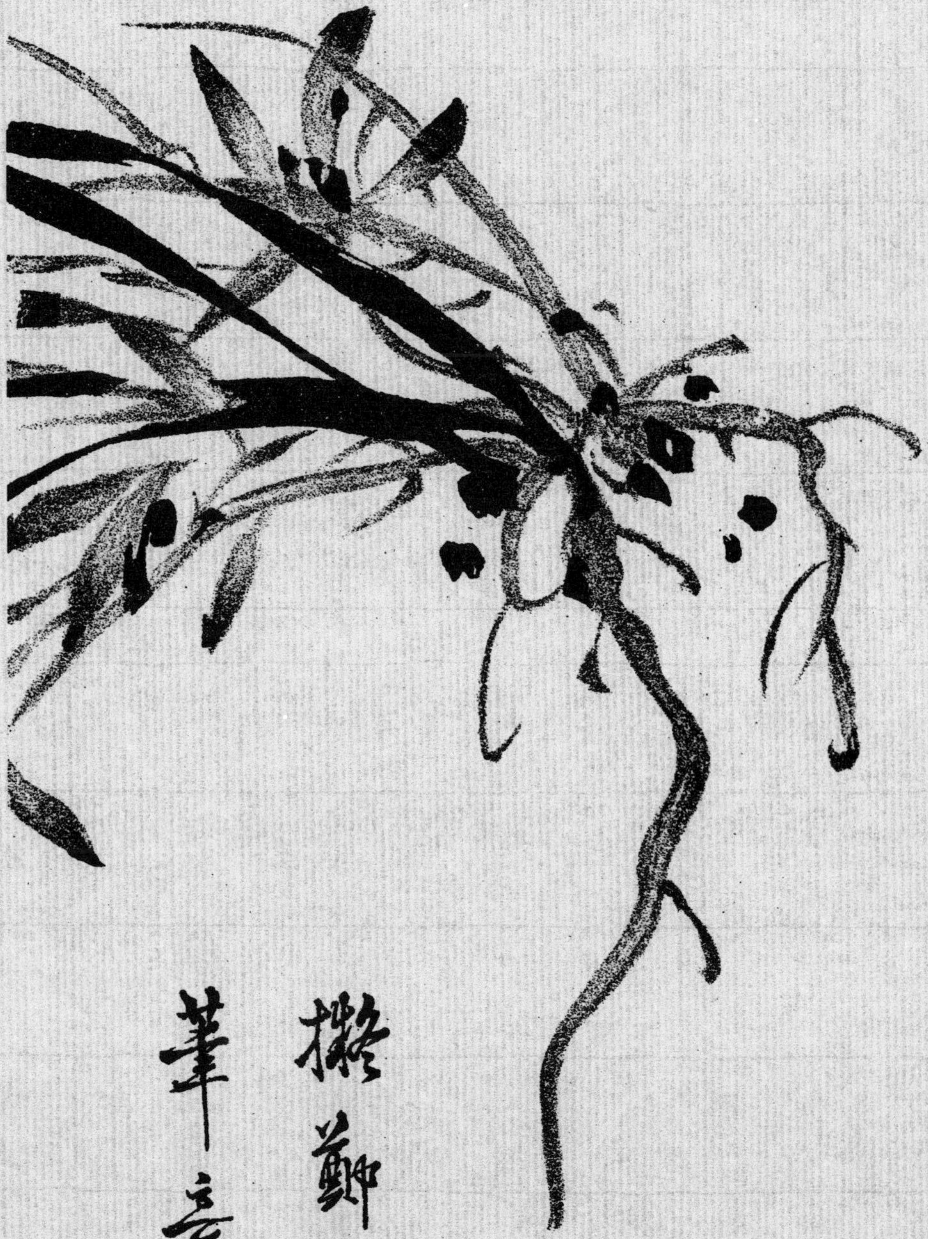

擬鄭所南
筆意

芥子園畫譜精品集

第一冊

四十九

書香傳家

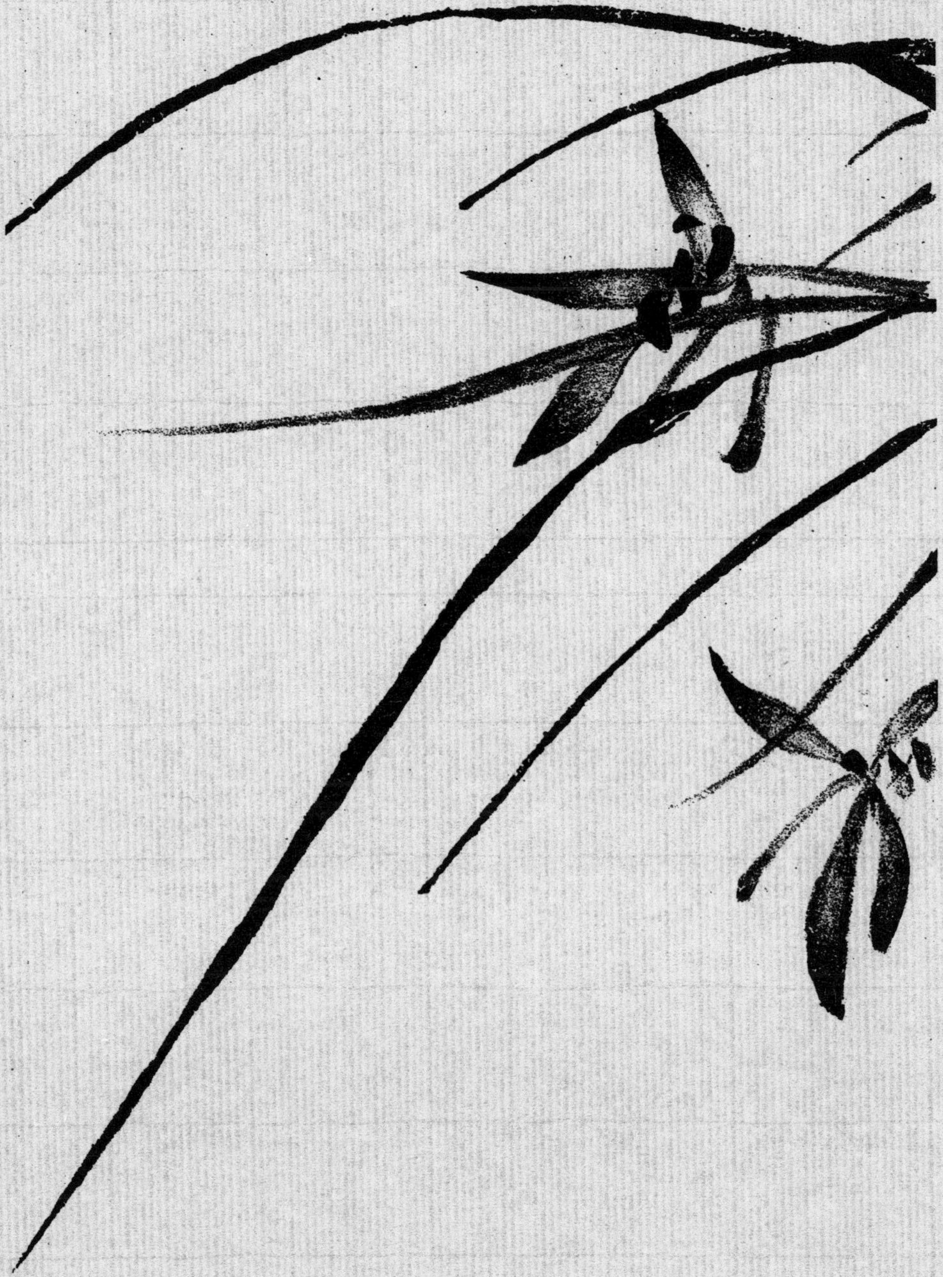

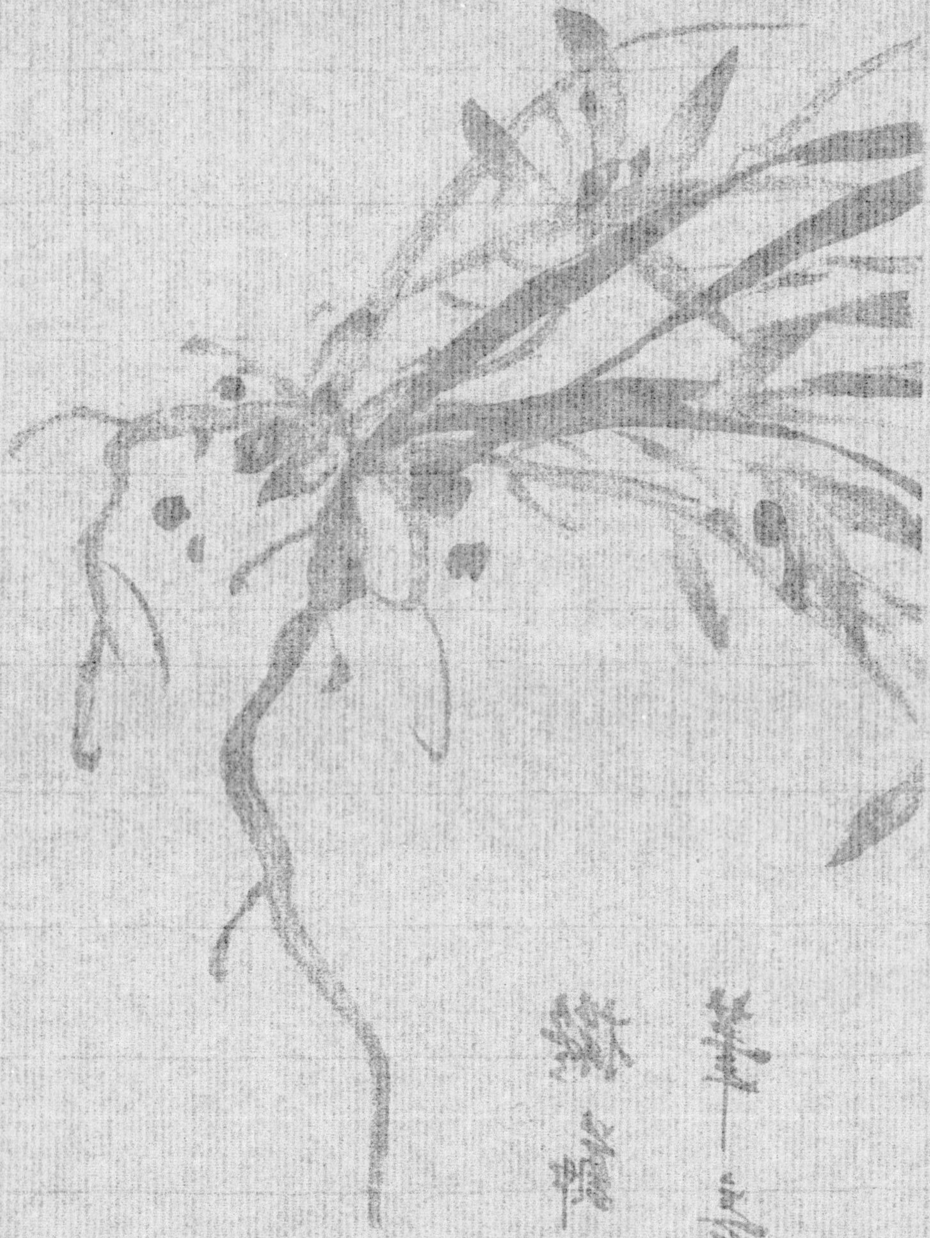

芥子園畫譜精品集

第一冊 四十元

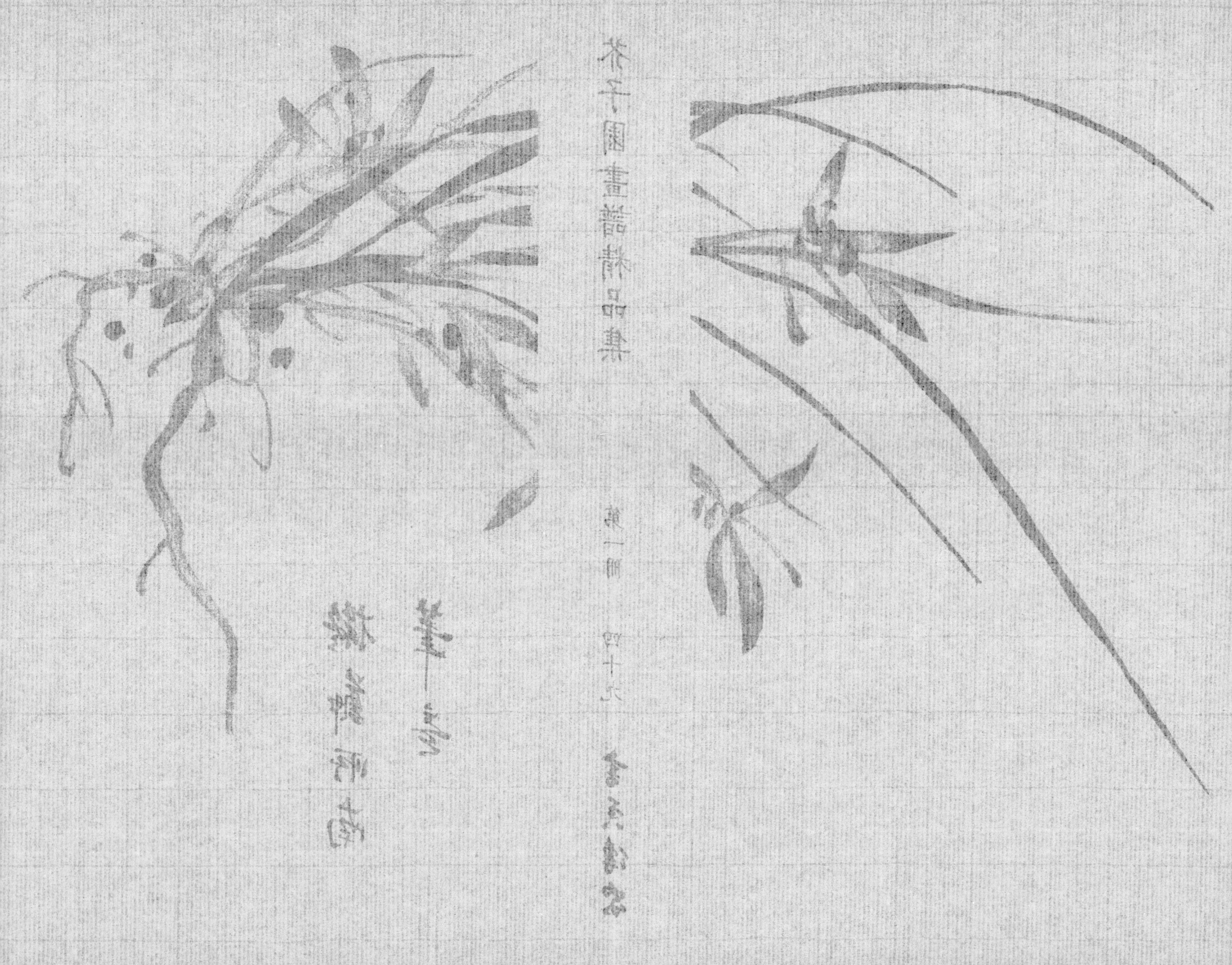

蘊菴質

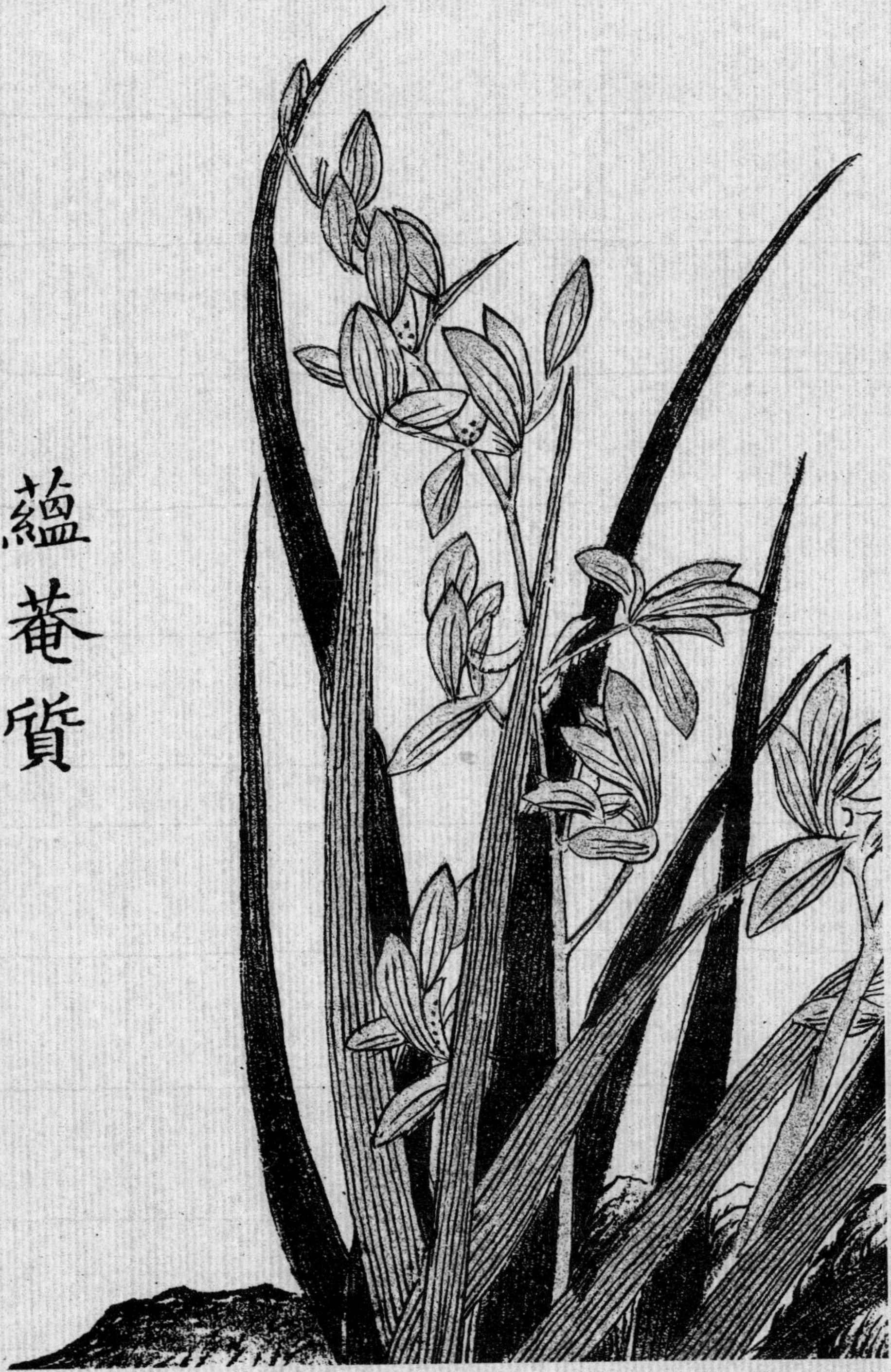

芥子園畫譜精品集

第一冊

五十

書香傳家

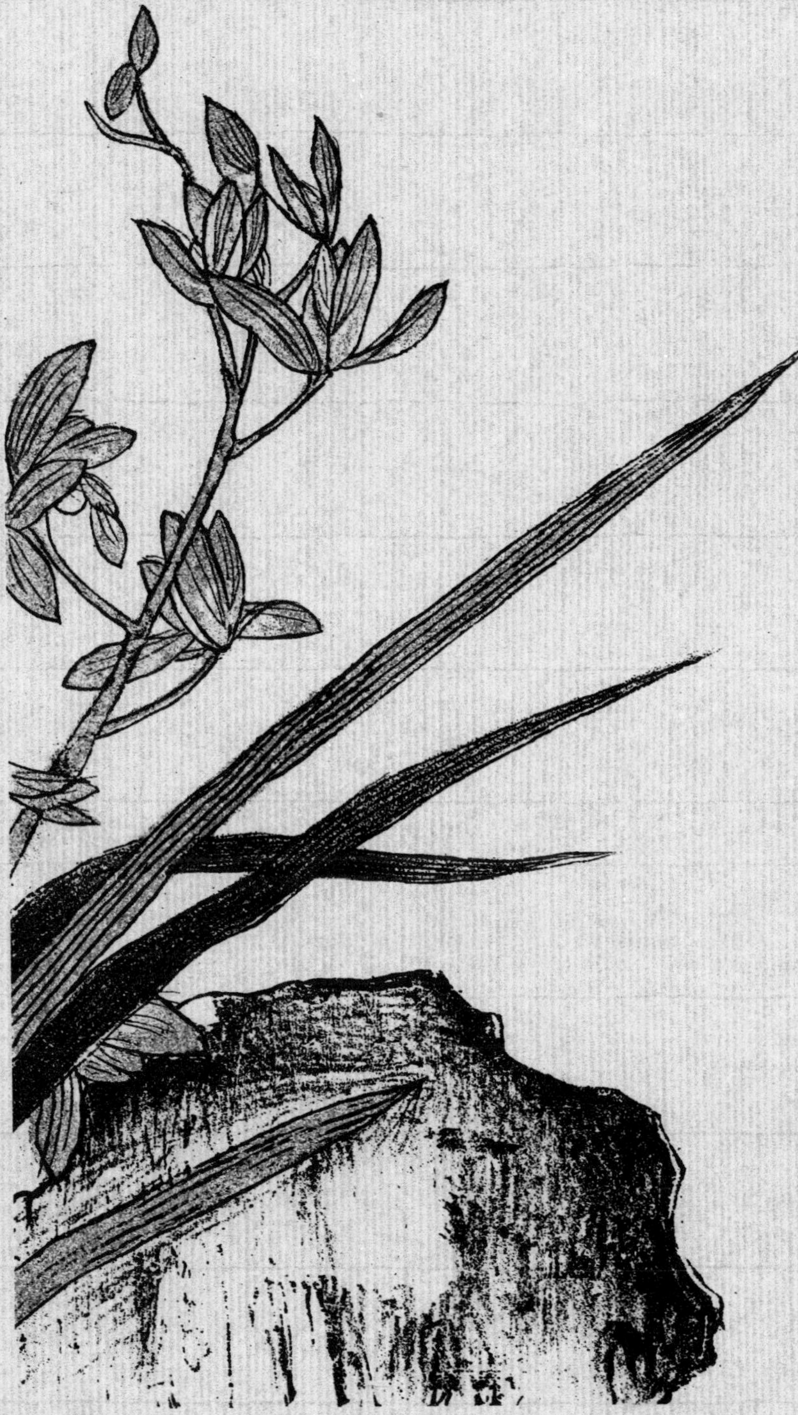

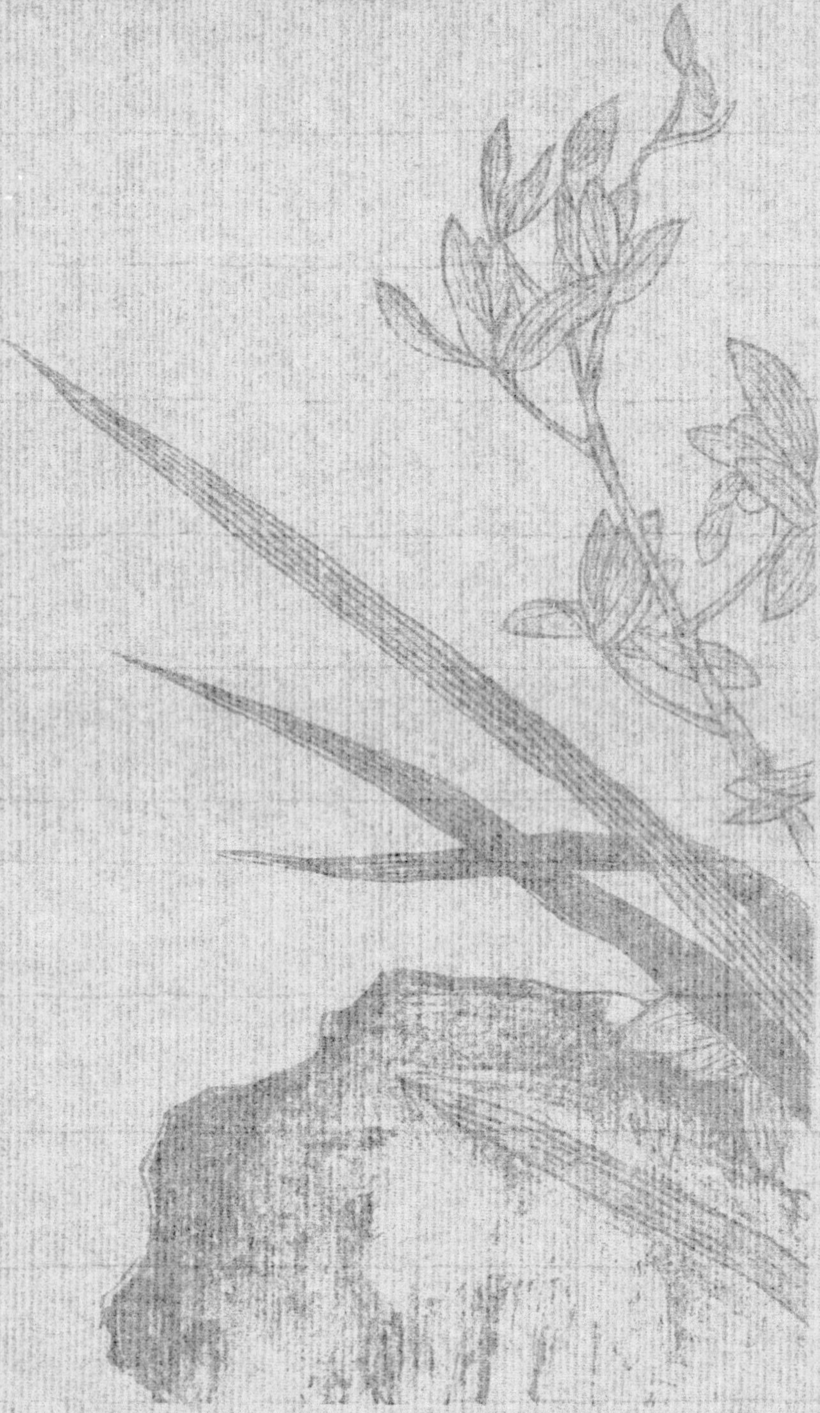

芥子園畫譜精品集　第一冊　五十

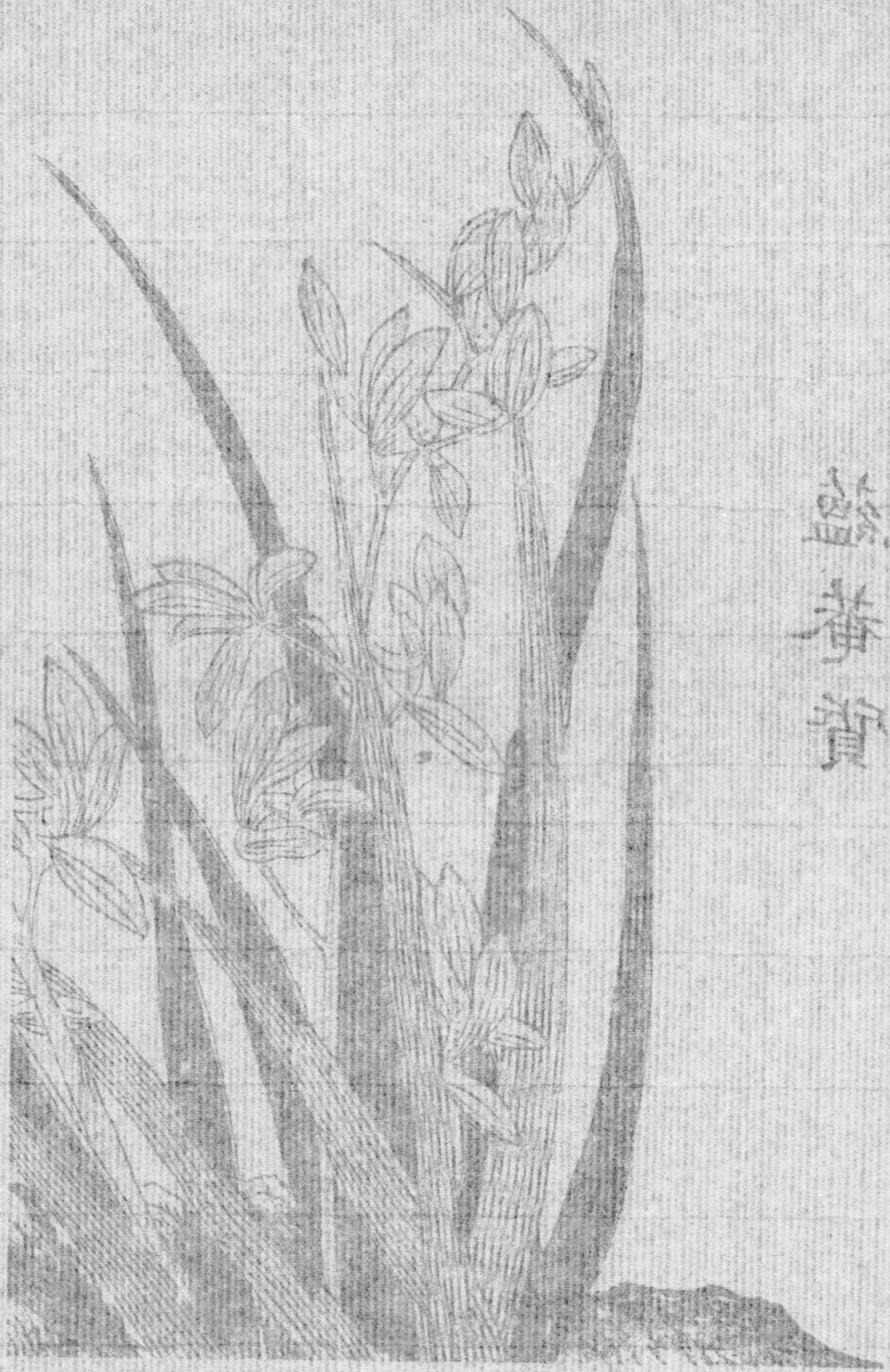

溢黄質

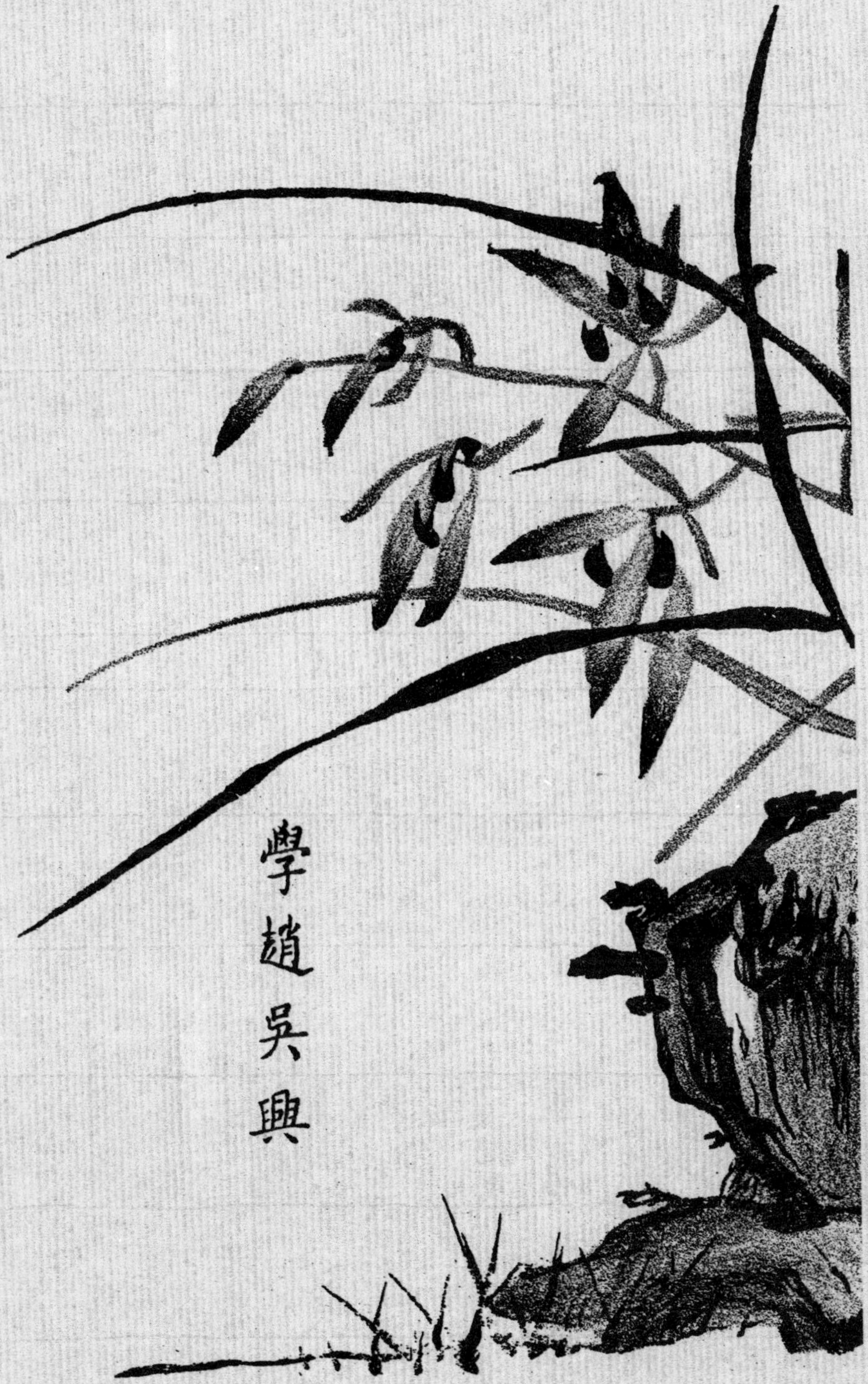

芥子園畫譜精品集

第一冊

五十一

書香傳家

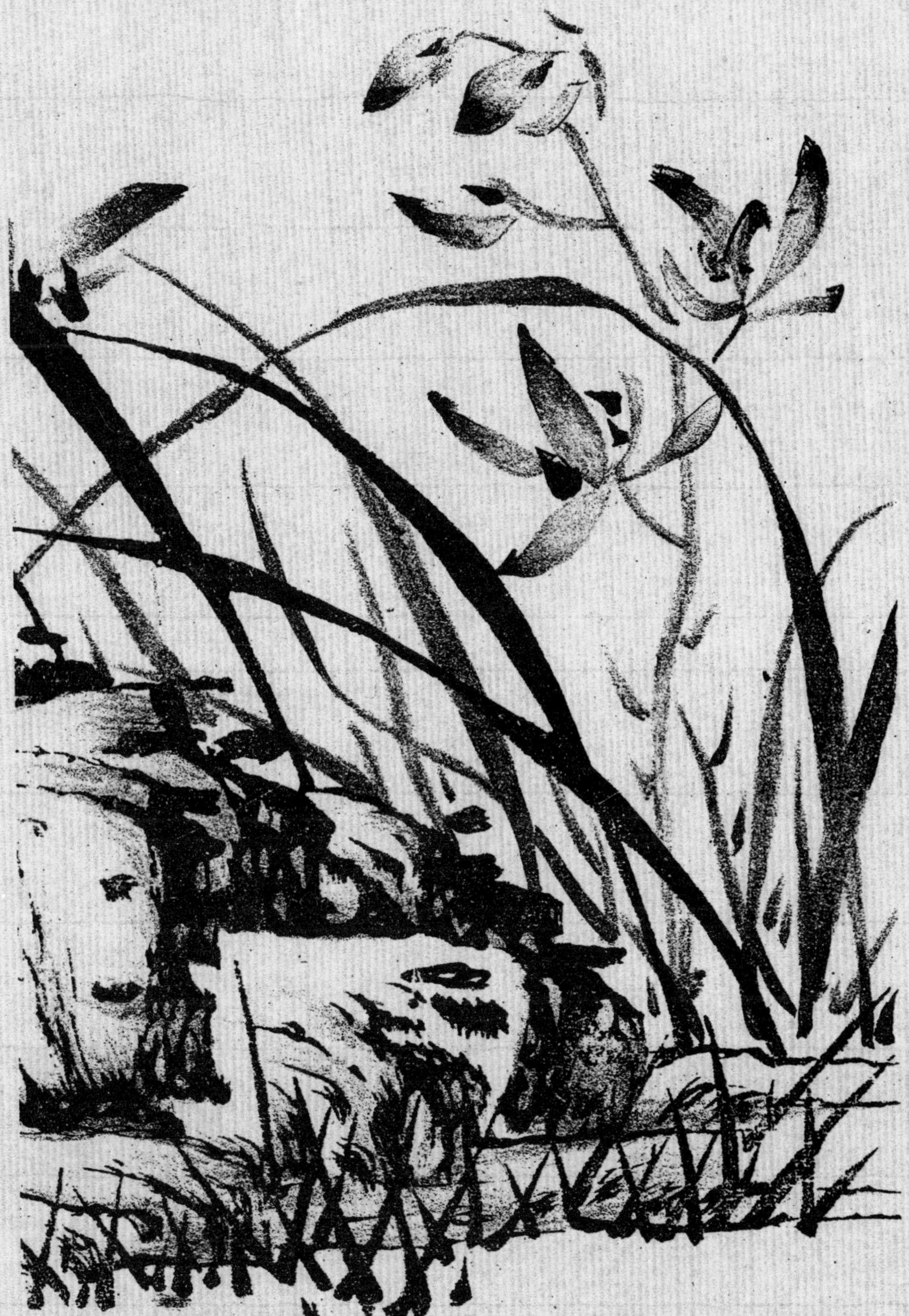

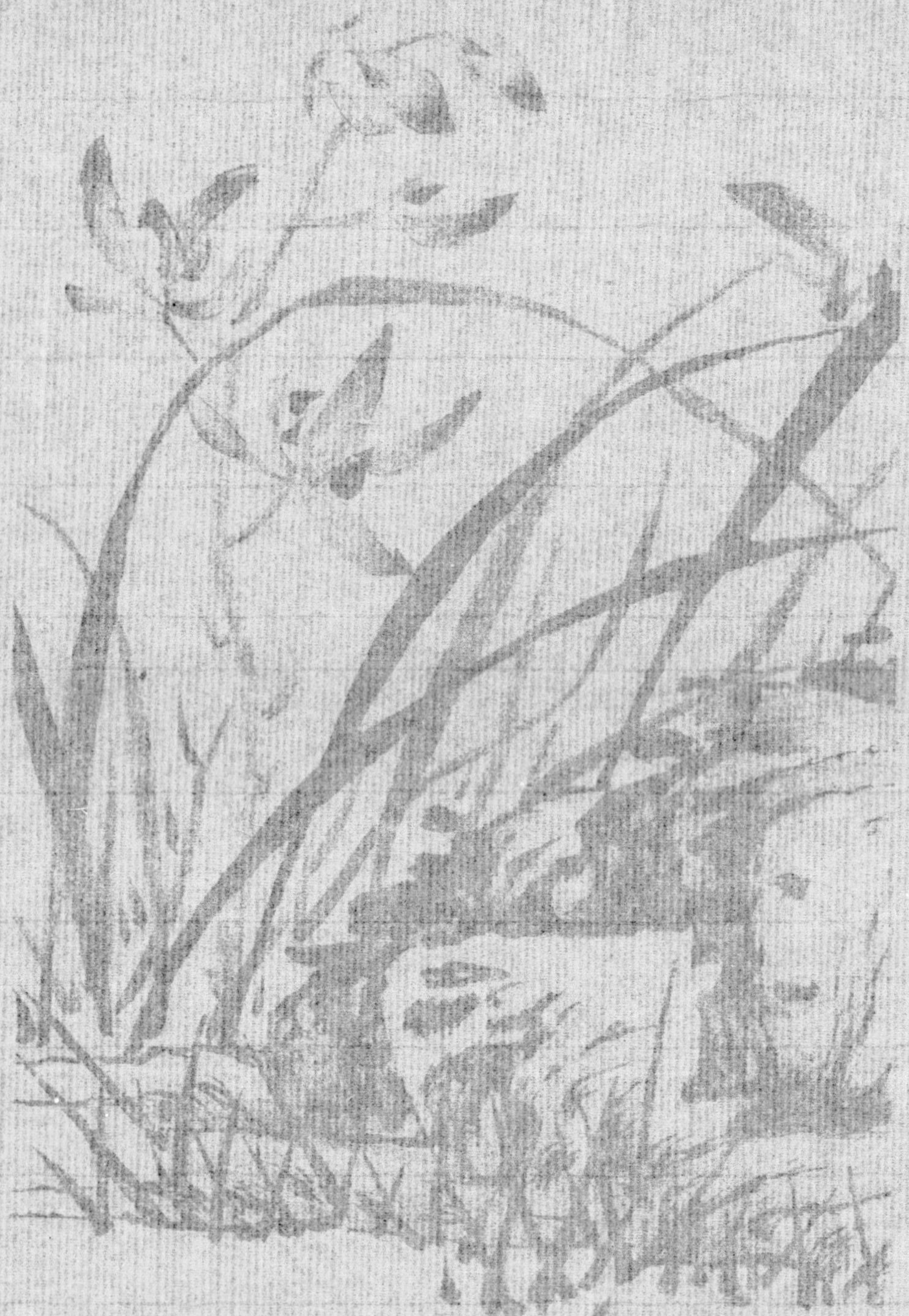

[illegible]

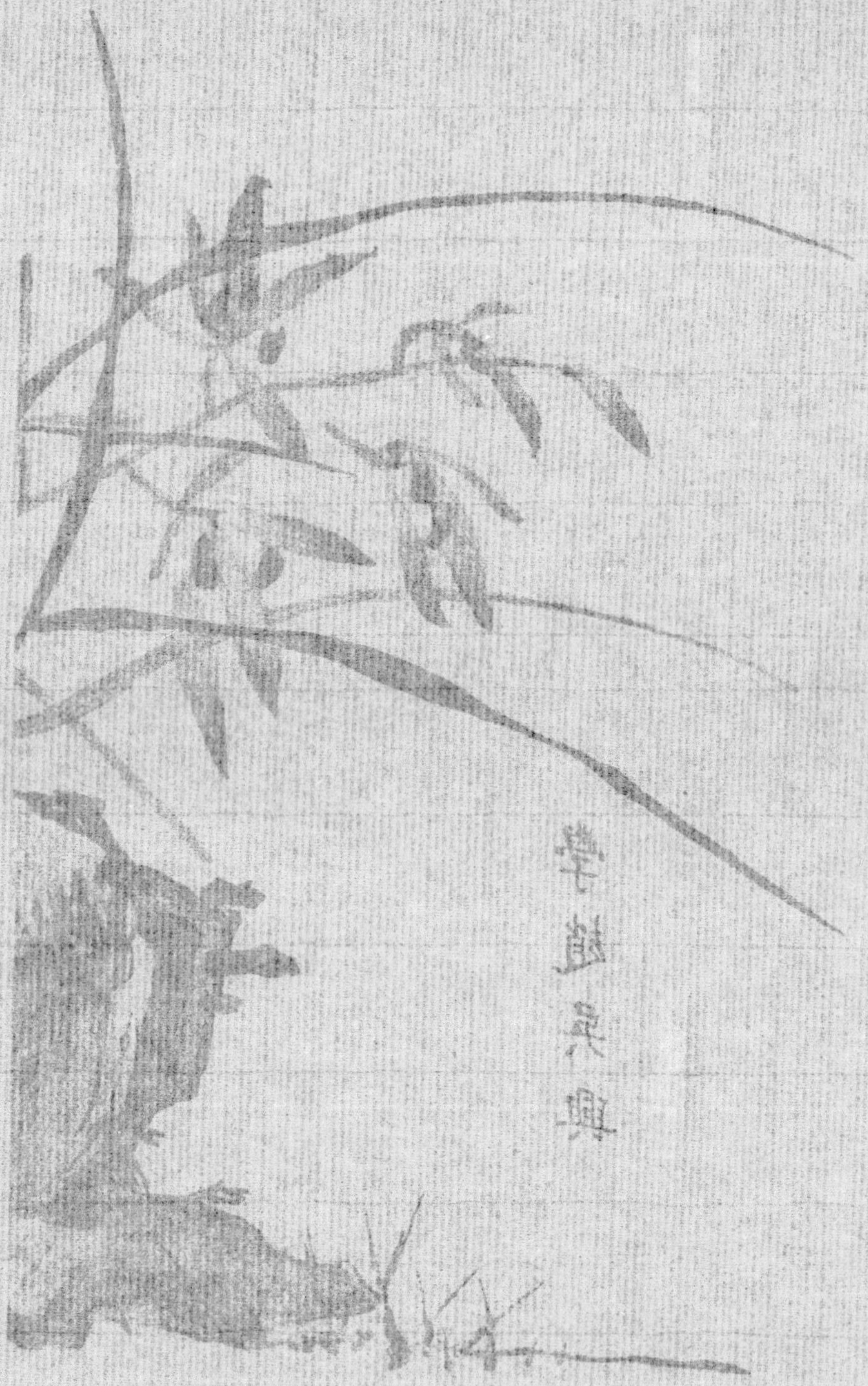
學趙吳興

芥子園畫譜精品集

第一册　五十二

書香傳家

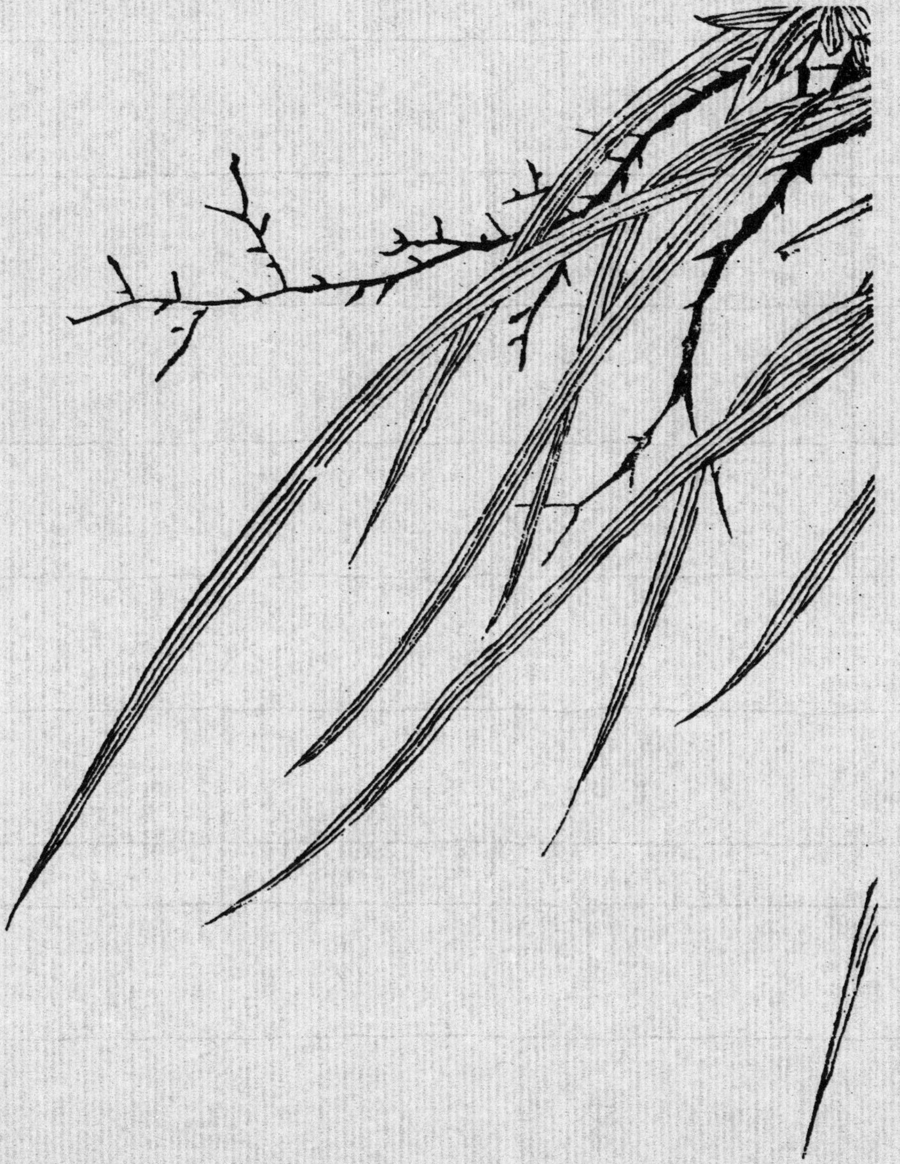

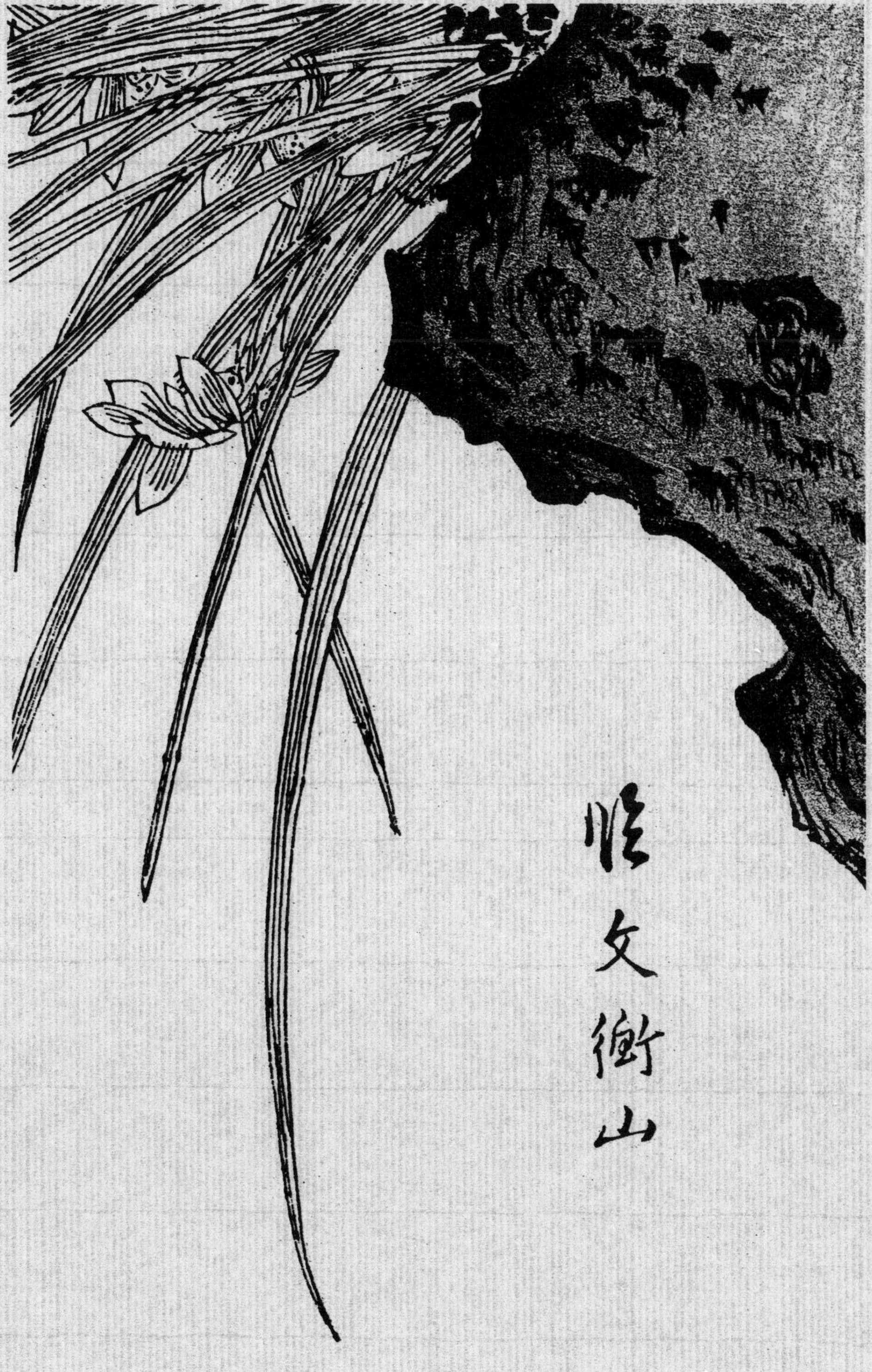

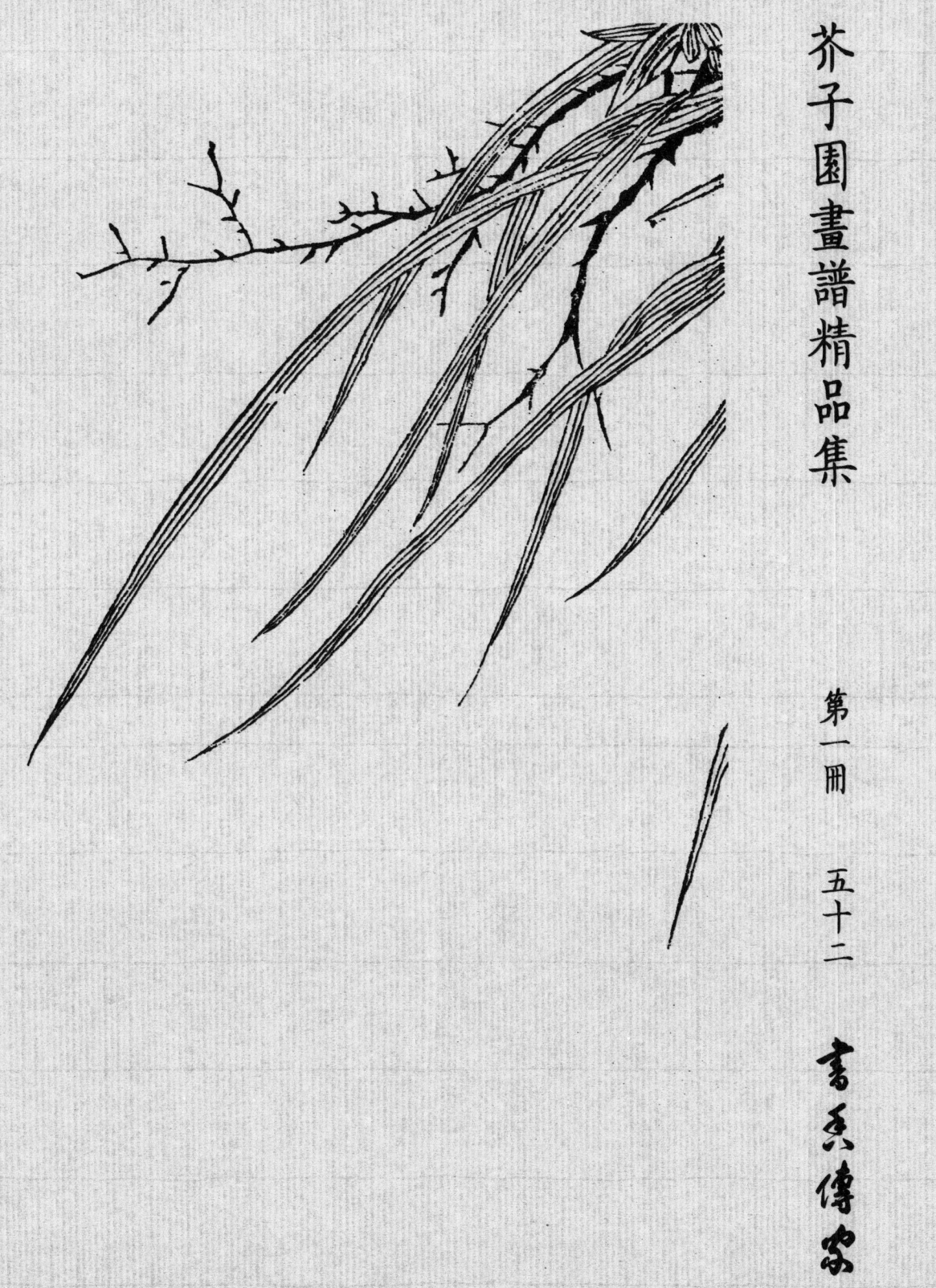

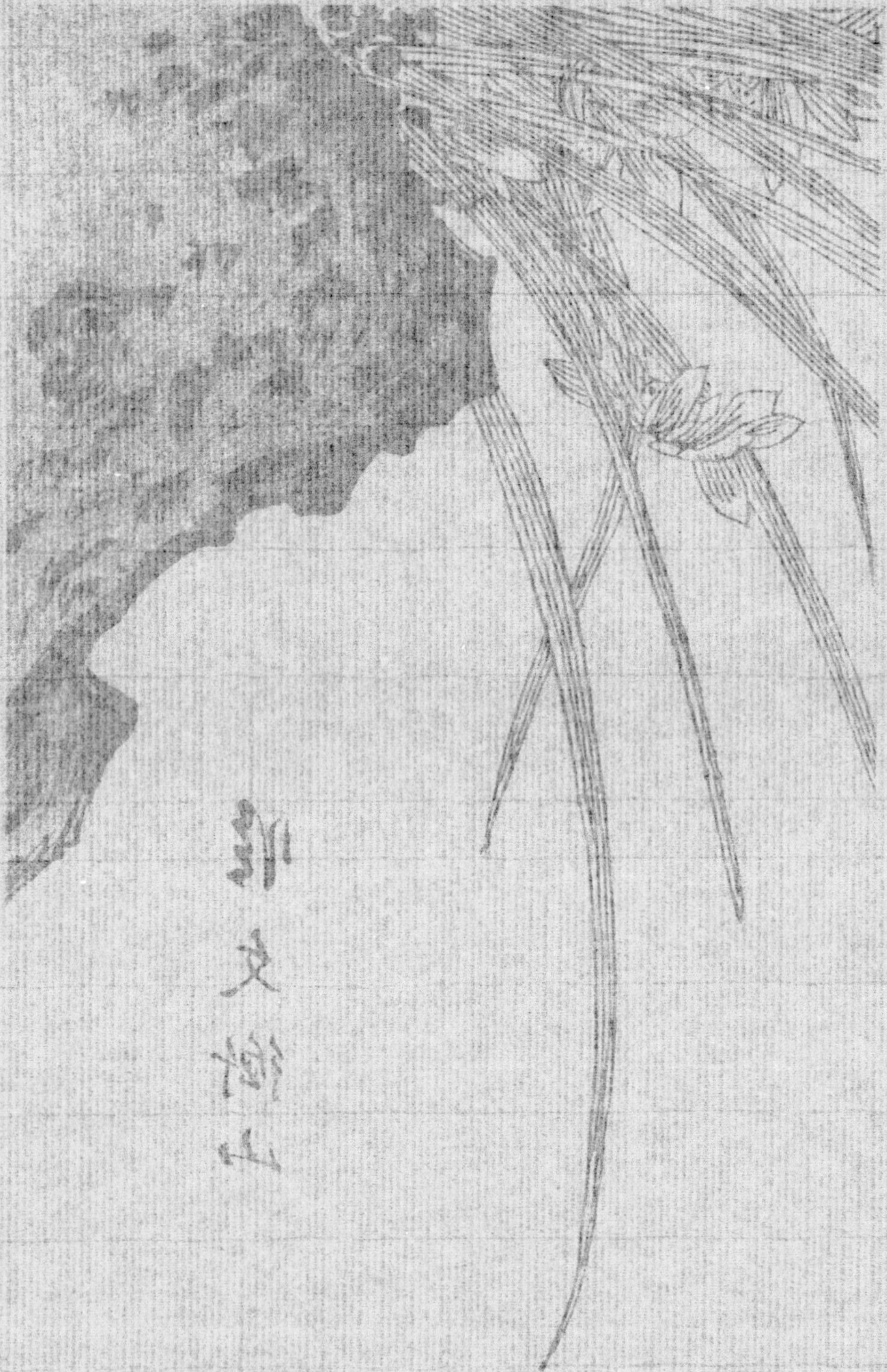

文俶寫

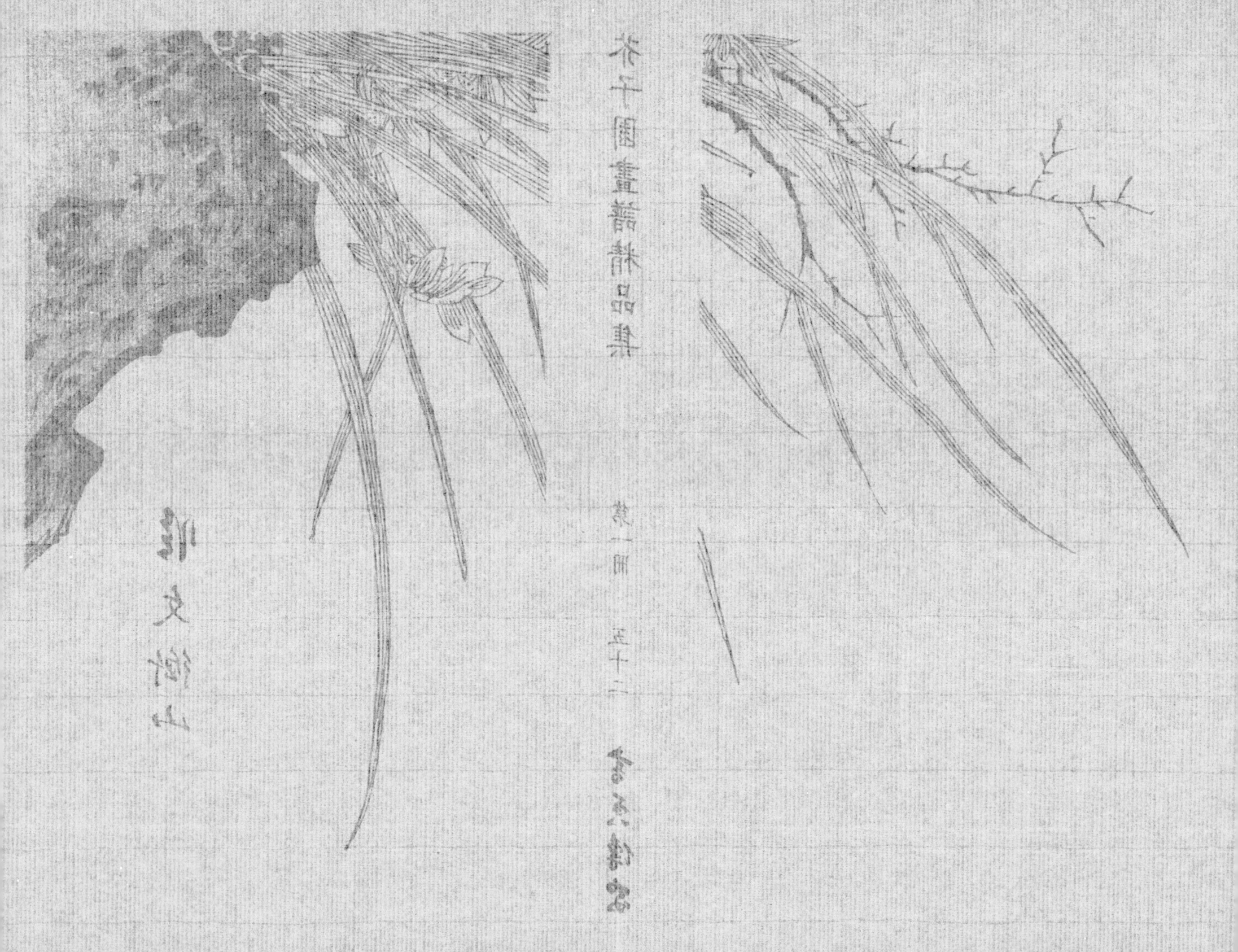

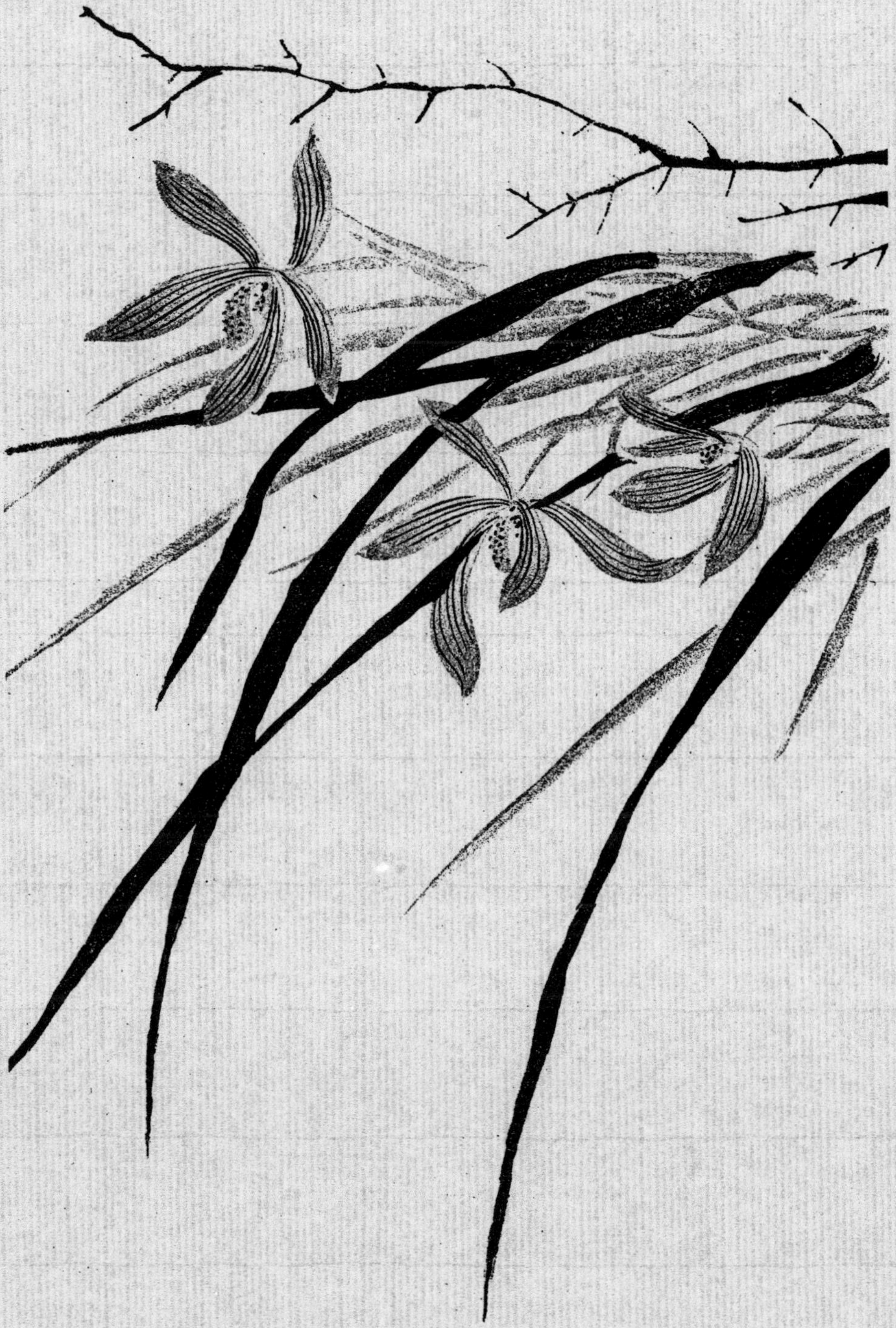

芥子園畫譜精品集

第一冊

五十三

書香傳家

仿徐文長法

王質

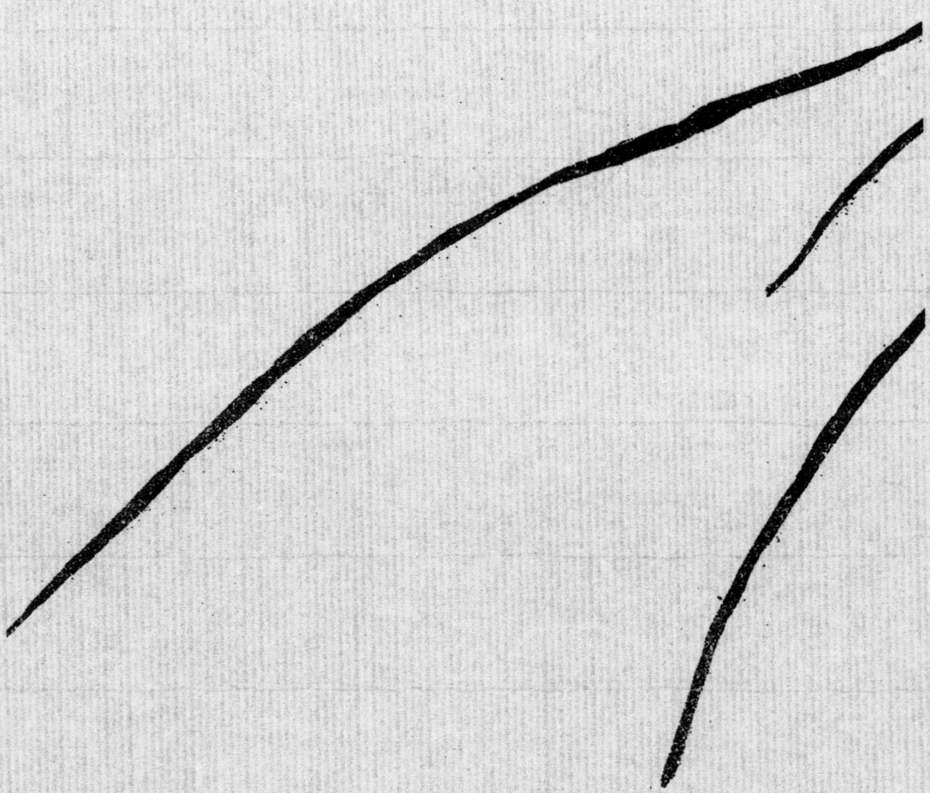

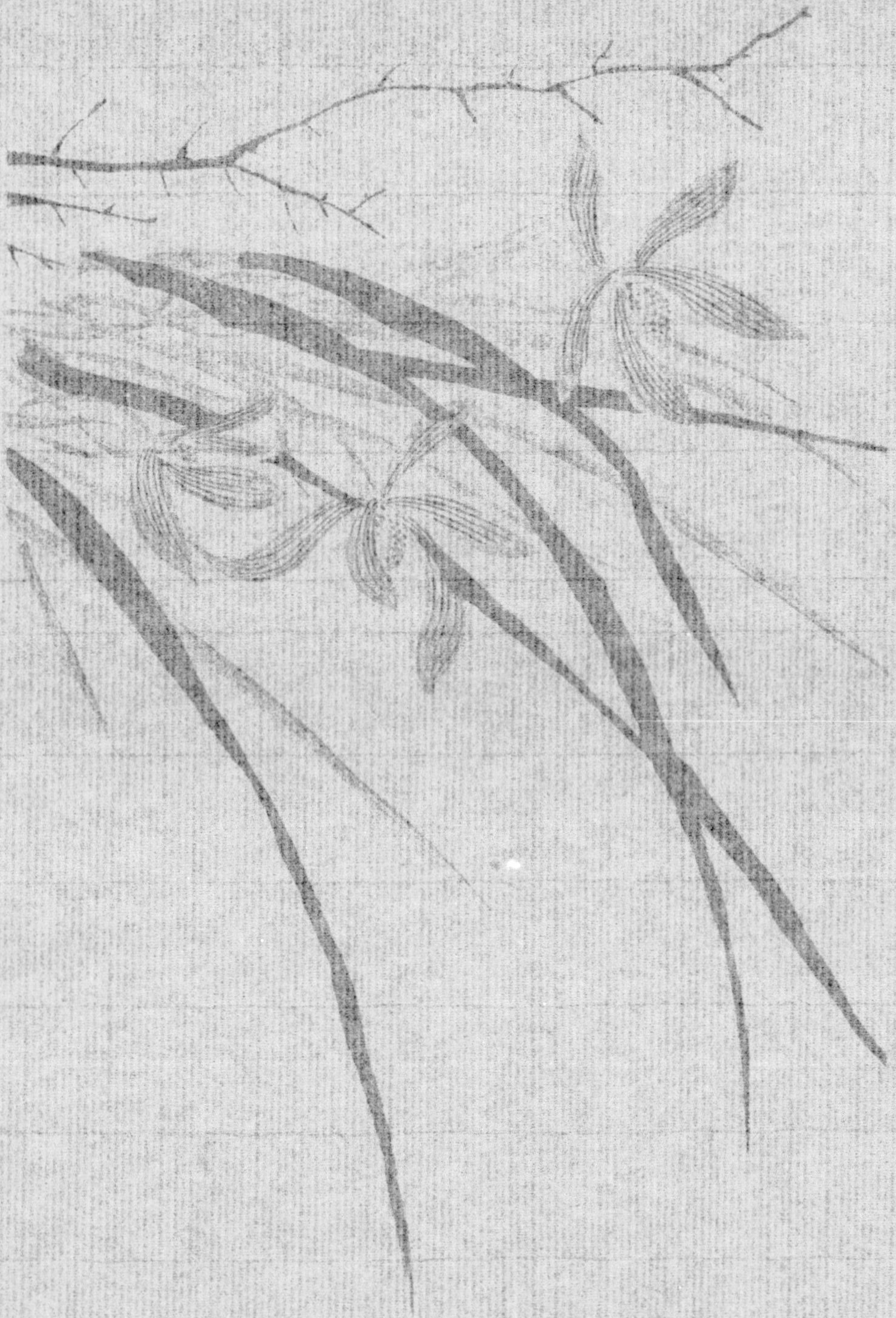

芥子園畫譜精品集　第一冊　五十三　金陵書局

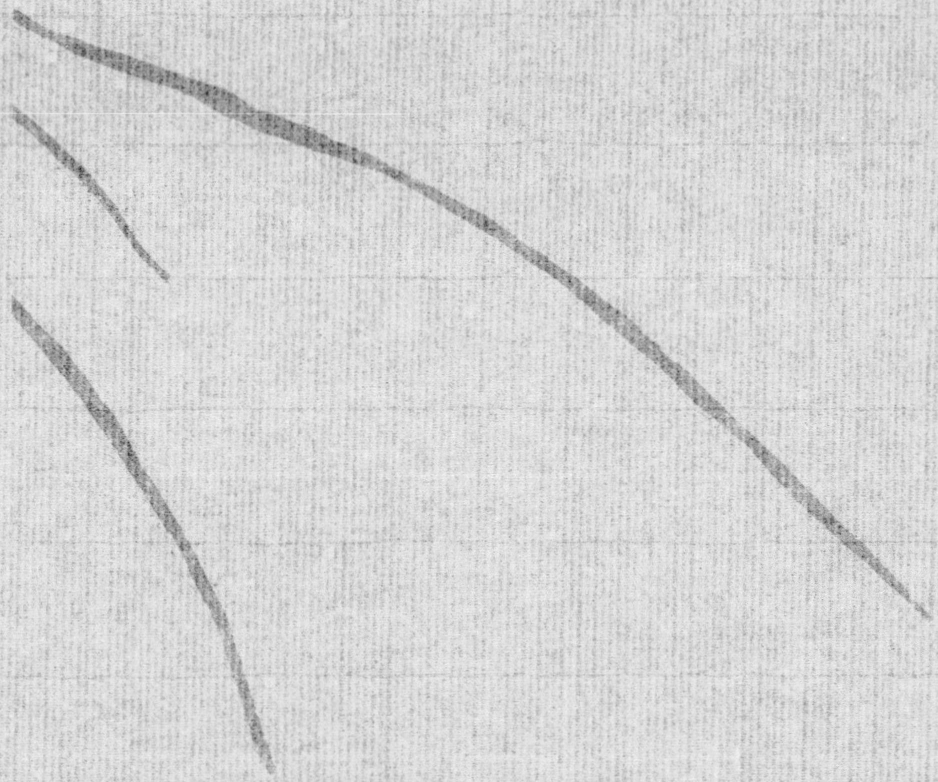

許王賓

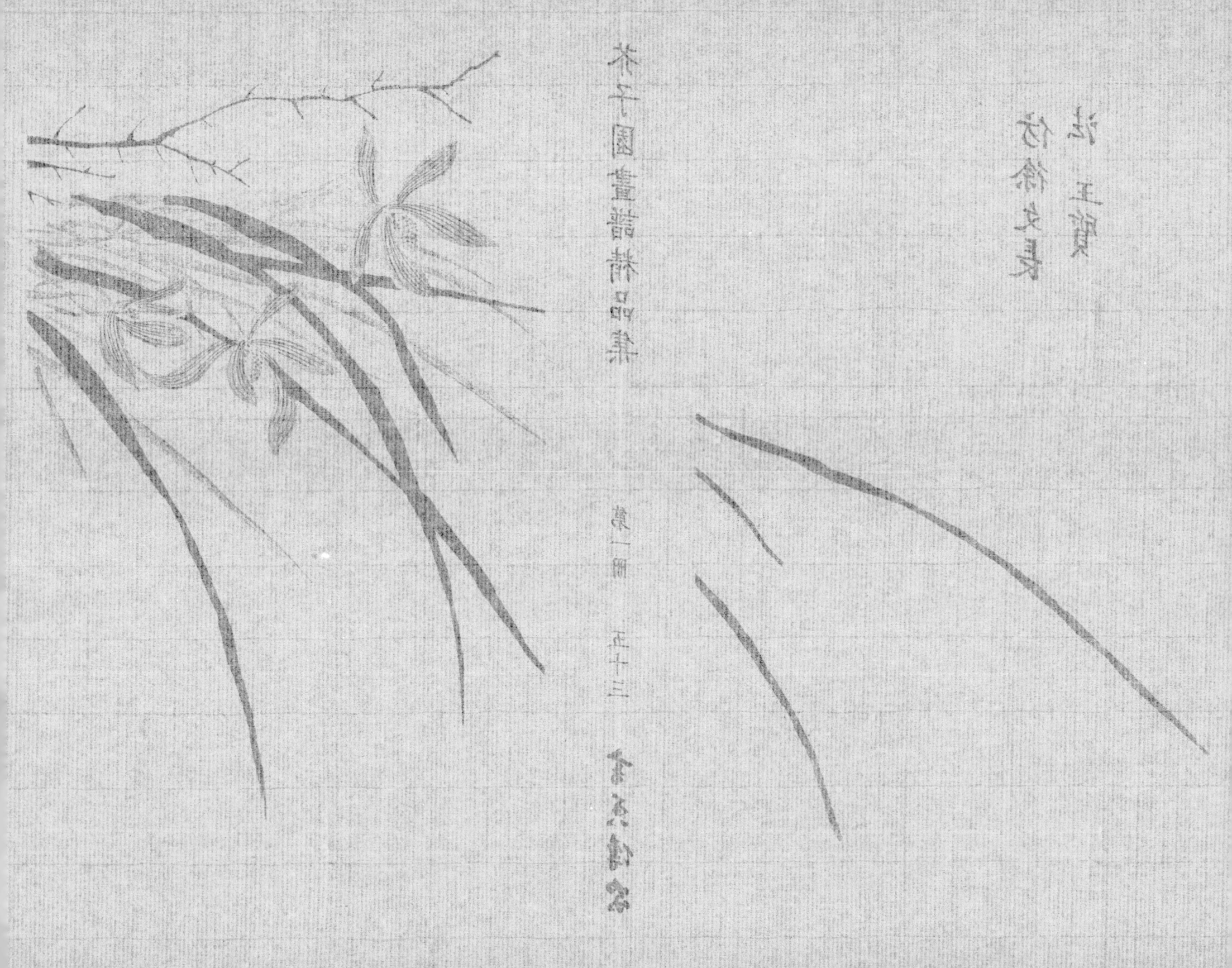

汝徐女史寫

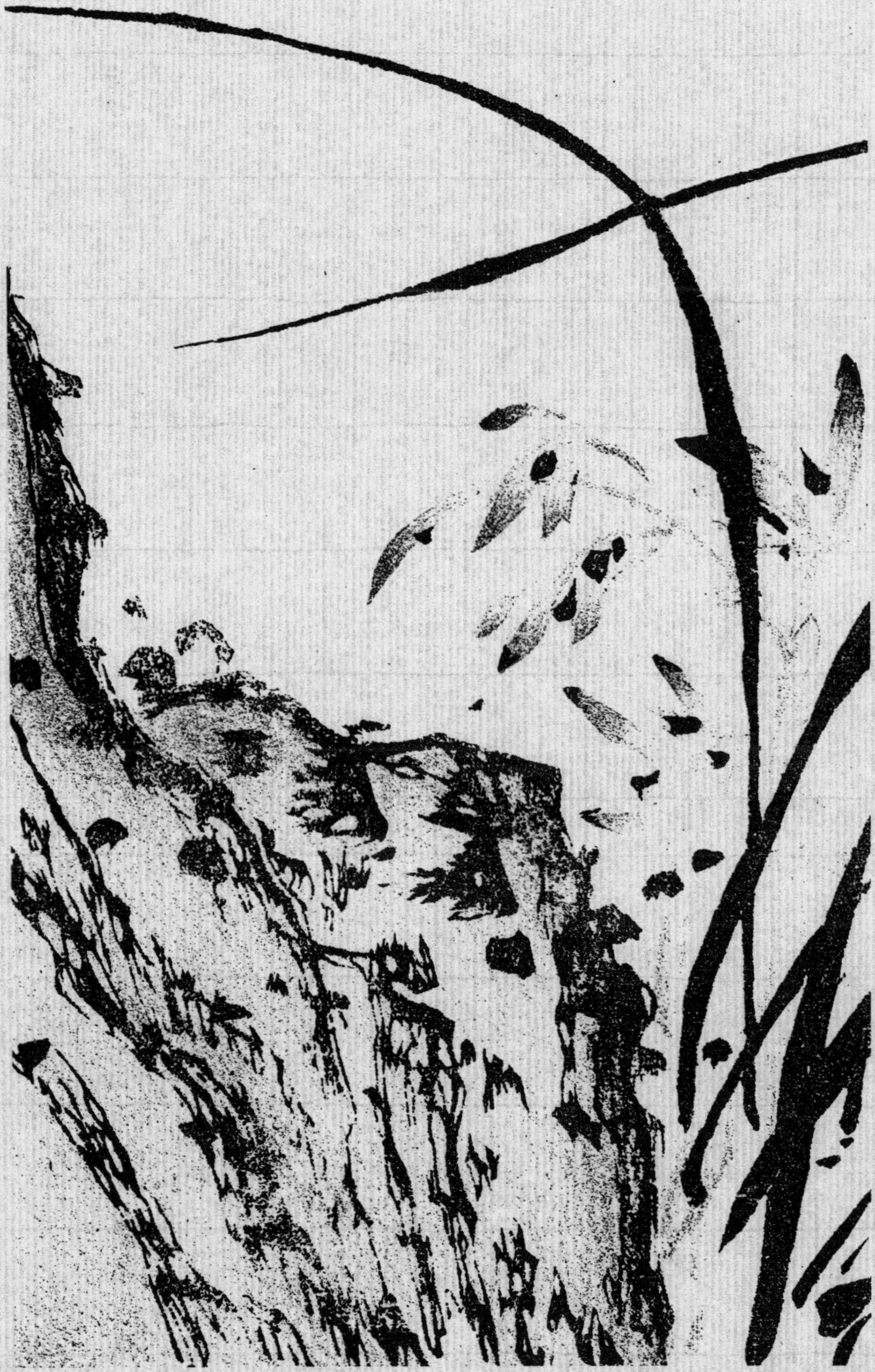

芥子園畫譜精品集

第一册

五十四

書香傳家

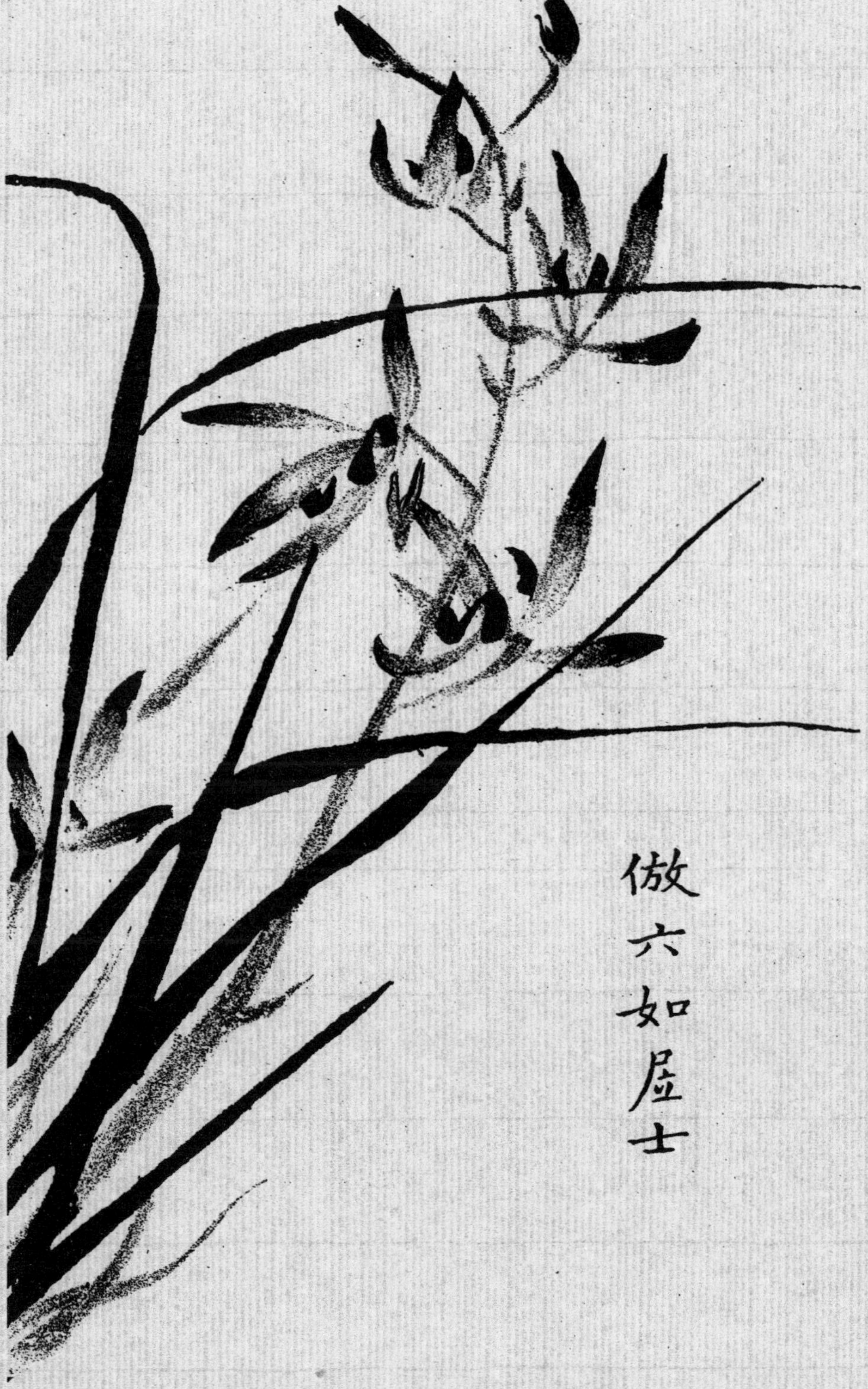

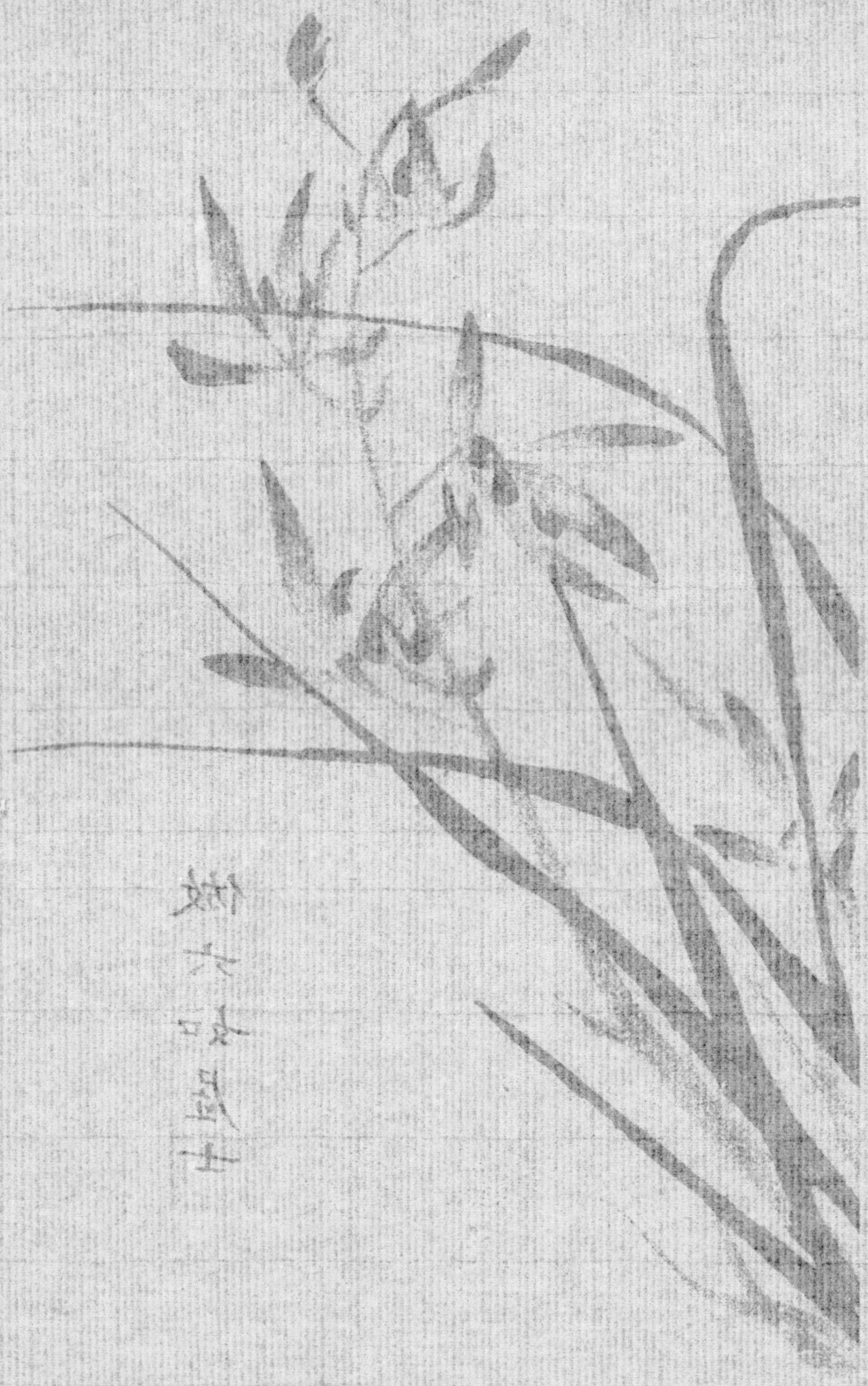

芥子園畫譜精品集

第一冊　五十四

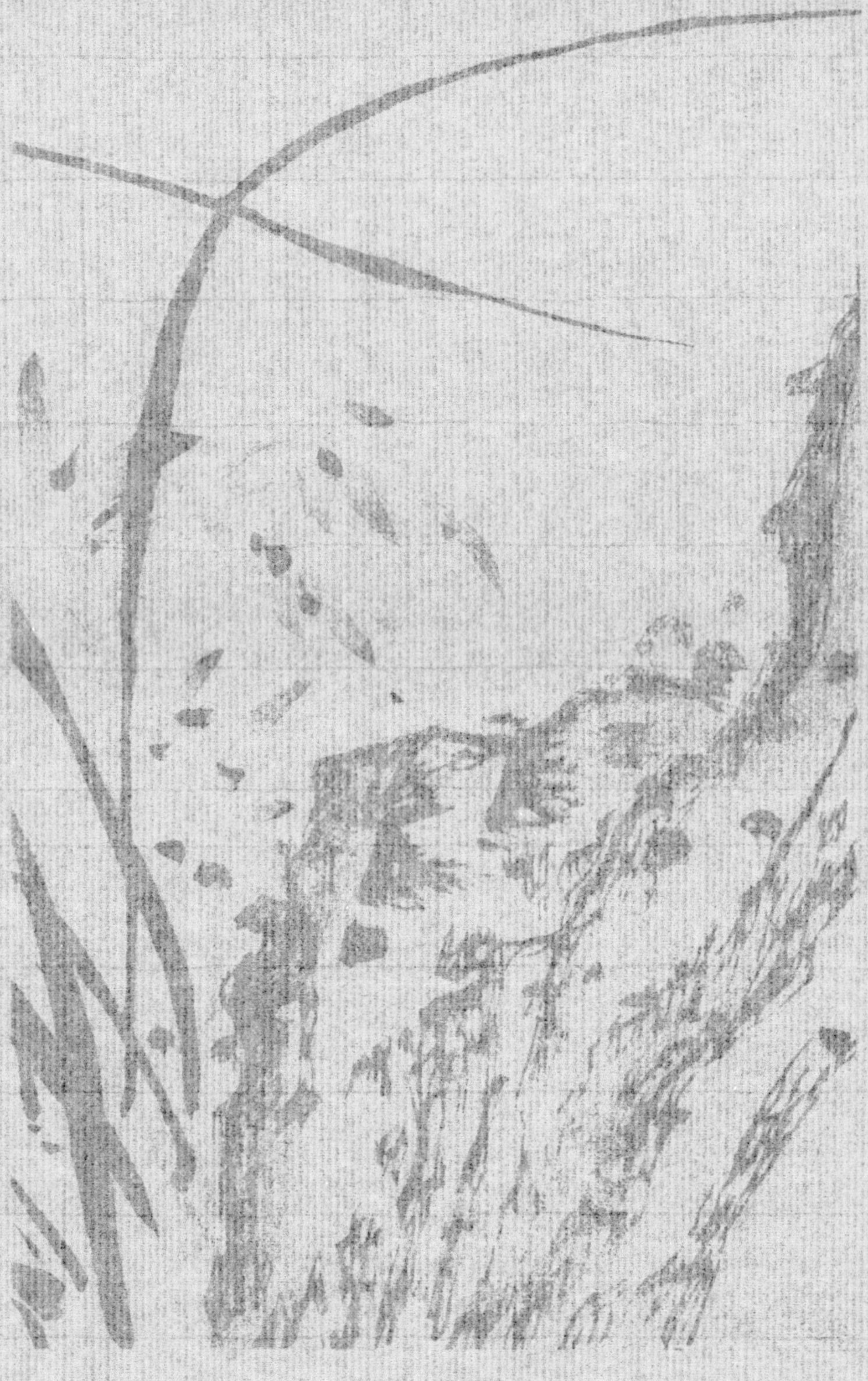

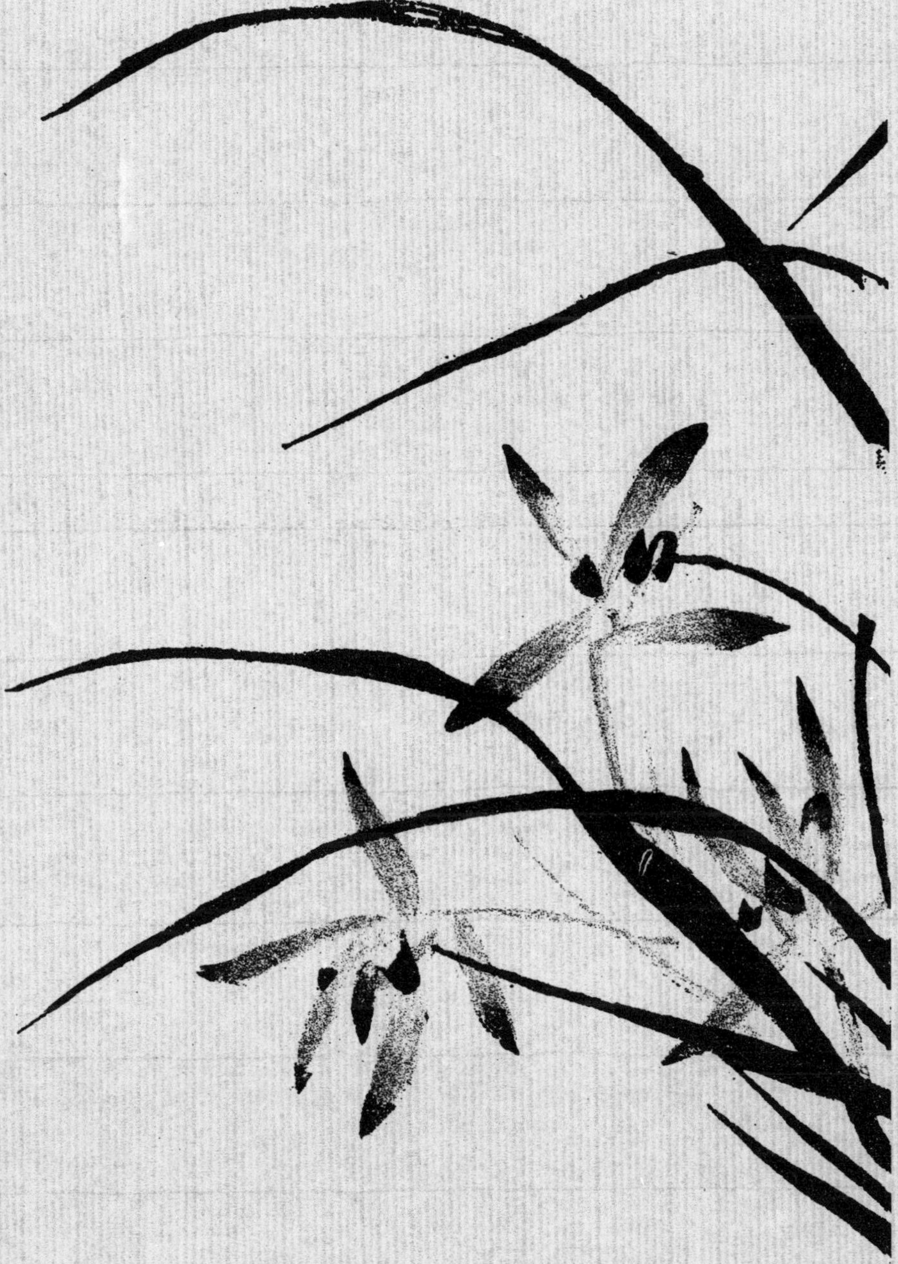

芥子園畫譜精品集

第一冊

五十五

書香傳家

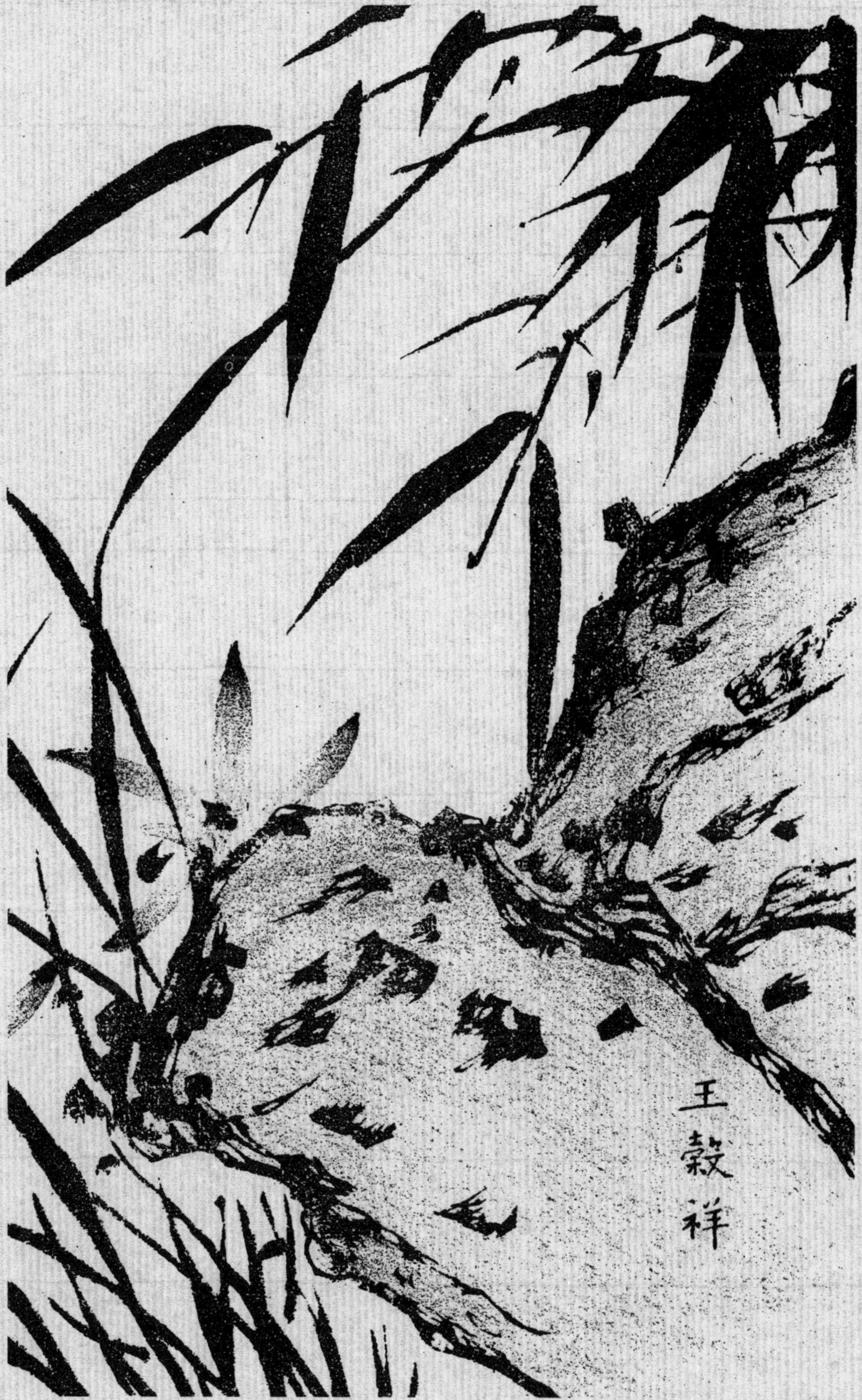

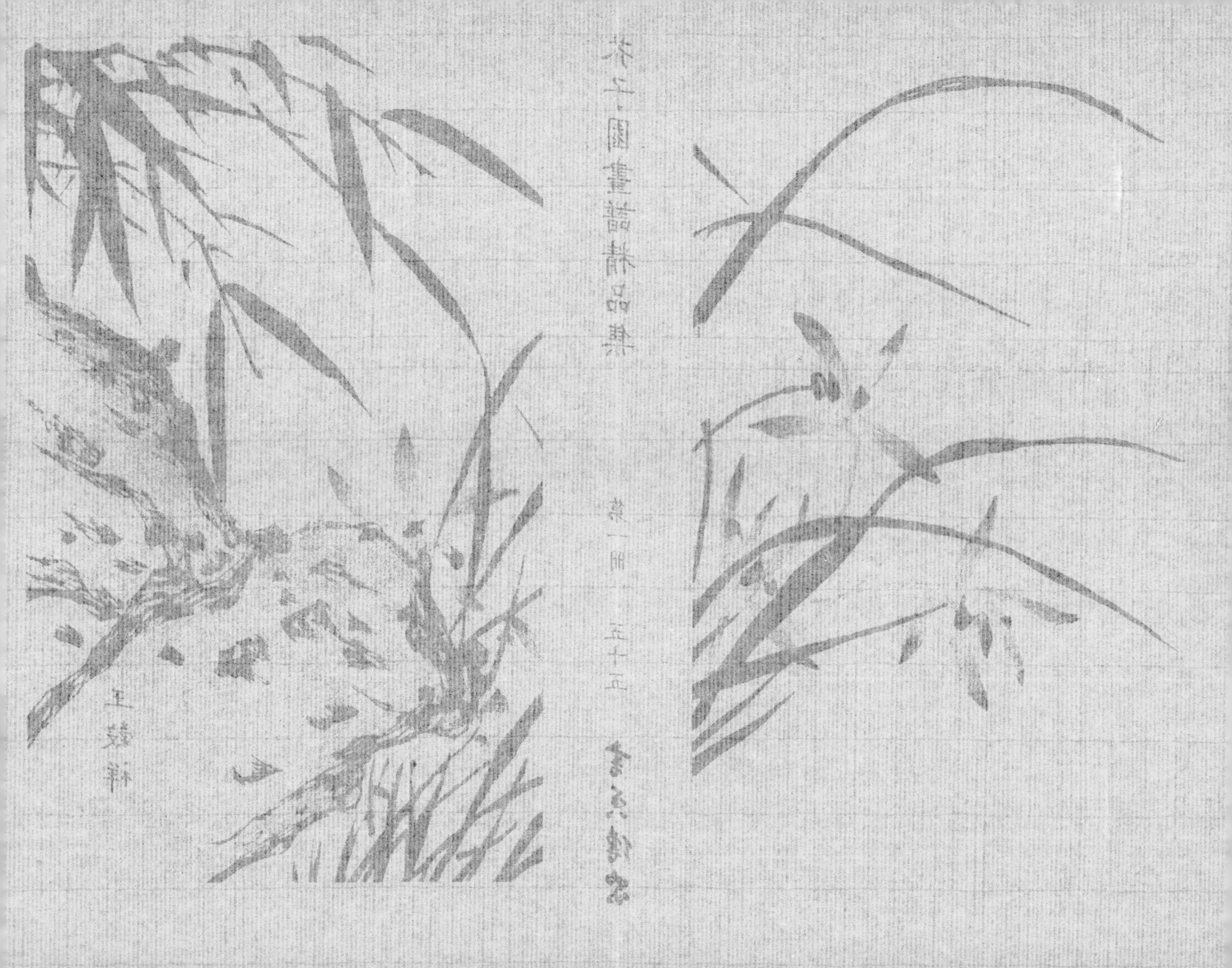

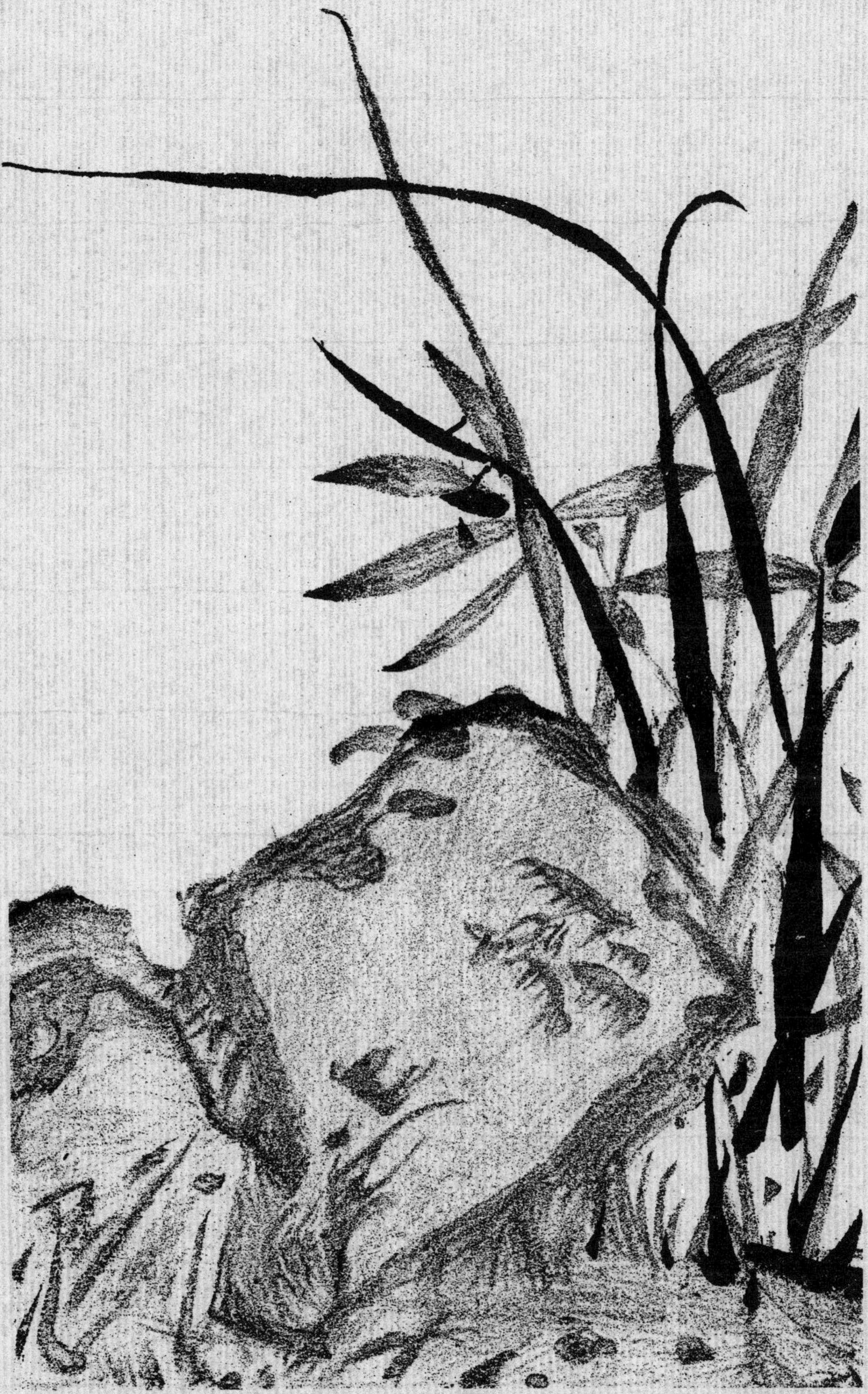

芥子園畫譜精品集

第一冊

五十六

書香傳家

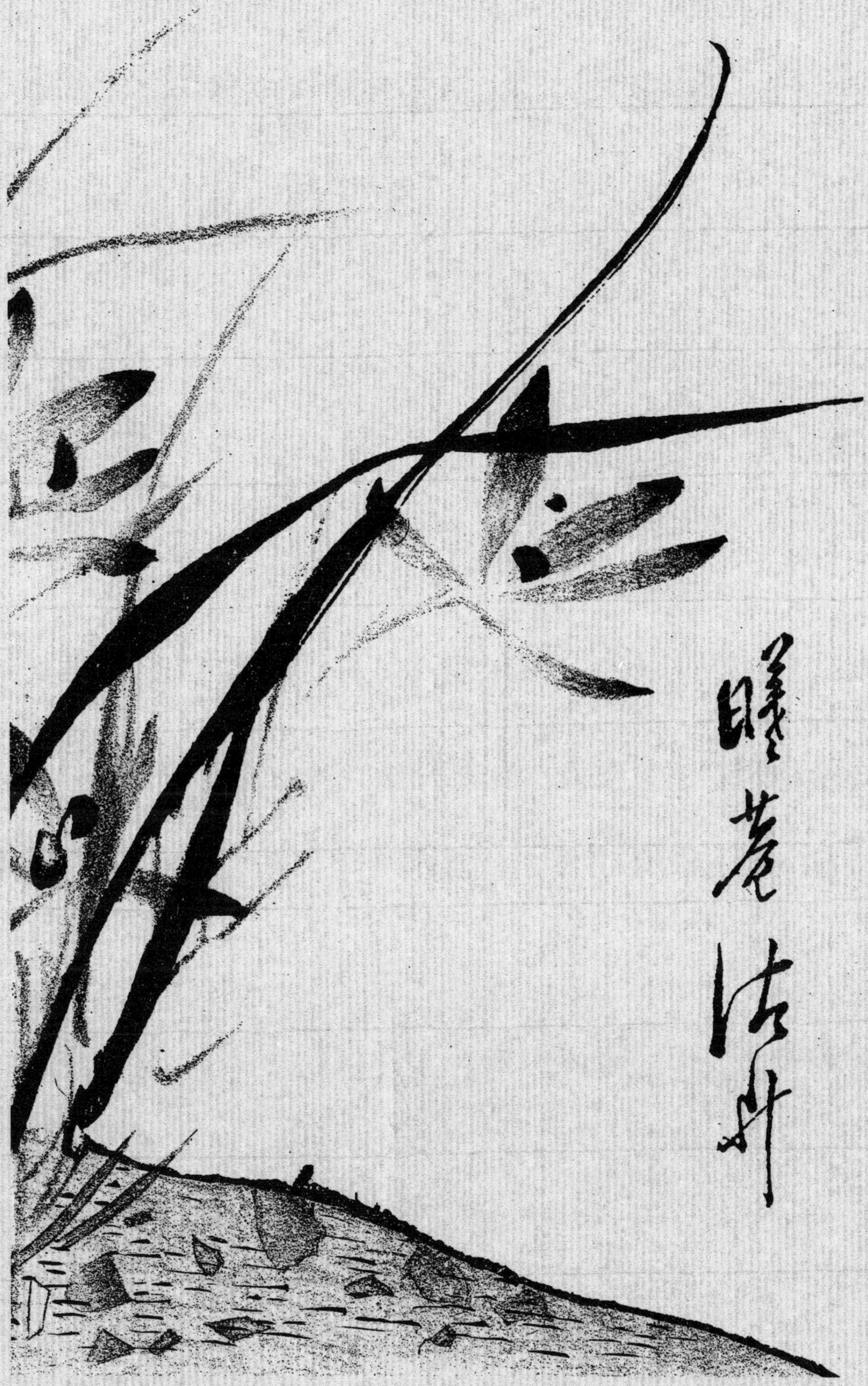

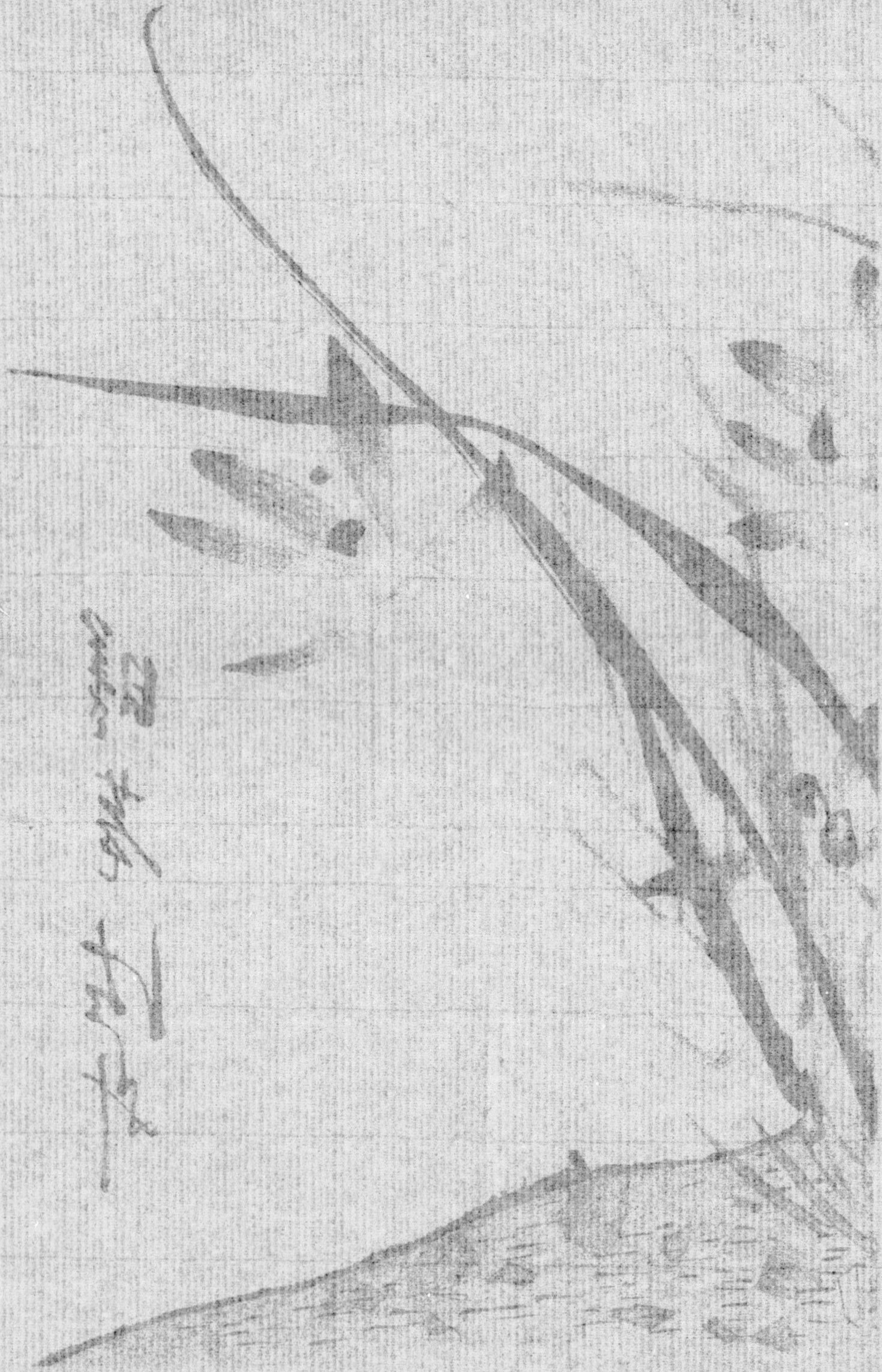

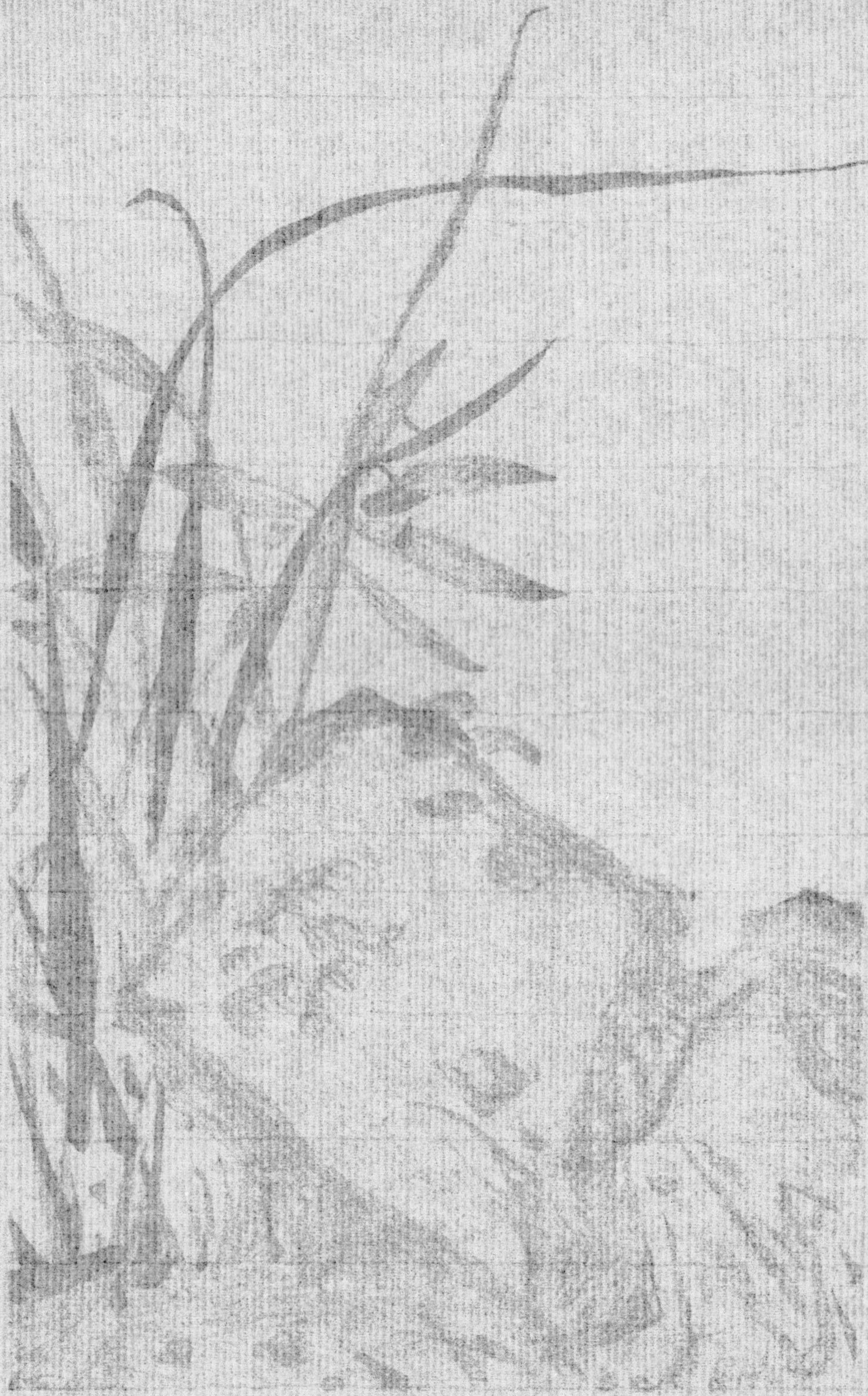

畫墨竹法

畫竹必先立竿立竿留節稍頭須短至中漸長至根又漸短忌擁腫近枯近濃均長均短竿要兩邊如界節要上下相承勢如半環又如心字無點去地五節則生枝葉畫葉須墨飽一筆便過不宜凝滯其葉自然尖利不桃不柳輕重手相應个字必破人字筆必分結頂葉要枝攢鳳尾左右顧盼齊對均平枝枝著節葉葉著枝風晴雨露各有態度翻正掩仰各有形勢轉側低昂各有意理當盡心求之自得其法若一

枝不妥一葉不合則爲全璧之玷矣

位置法

墨竹位置榦節枝葉四者若不由規矩徒費工夫終不能成畫凡濡墨有深淺下筆有重輕逆順往來須知去就濃淡麄細便見榮枯生枝布葉須相照應山谷云生枝不應節亂葉無所歸須筆筆有生意面面得自然四面團欒枝葉活動方爲成竹然古今作者雖多得其門者或寡不失之於簡略則失之於繁雜或根榦頗佳而枝葉謬誤或位置稍當而向背乖方

或葉似刀截或身如板束麄俗狼籍不可勝言其間縱有稍異常流僅能盡美至於盡善良恐未暇獨文湖州挺天縱之才比生知之聖筆如神助妙合天成馳騁於法度之中逍遙於塵垢之外從心所欲不踰準繩後之學者勿陷於俗惡知所當務焉

畫竿法

畫竿若只畫一二竿則墨色且得從便若三竿之上前者色濃後者漸淡若一色則不能分別前後矣後稍至根雖一節節畫下要筆意貫穿全竿留節根梢宜短中漸放長每竿須要墨色勻停行筆平直兩邊圓正若擁腫偏邪墨色不勻間有麄細枯濃及節空勻長勻短皆竹法所忌斷不可犯頗見世俗用蒲絟槐皮或叠紙濡墨畫竿無問根梢一樣麄細又且板平全無圓意但堪發笑不宜倣效

畫節法

立竿既定畫節爲最難上一節要覆蓋下一節下一節要承接上一節中雖斷意要連屬上一筆兩頭放起中間落下如月少彎則便見一竿圓混下一筆看

上筆意趣承接不差自然有連屬意不可齊大不可齊小齊大則如旋環齊小則如墨板不可太彎不可太遠太彎則如骨節太遠則不相連屬無復生意矣

畫枝法

畫枝各有名目生葉處謂之丁香頭相合處謂之雀爪直枝謂之釵股從外畫入謂之垜叠從裡畫出謂之迸跳下筆須要遒健圓勁生意連綿行筆疾連不可遲緩老枝則挺然而起節大而枯瘦嫩枝則和柔而婉順節小而肥滑葉多則枝覆葉少則枝昂風枝

雨枝觸類而長亦在臨時轉變不可拘於一律也尹白郭王隨枝畫節既非常法今不敢取

畫葉法

下筆要勁利實按而虛起一抹便過少遲留則鈍厚不銛利矣然寫竹者此爲最難虧此一功則不復爲墨竹矣法有所忌學者當知麄忌似桃細忌似柳一忌孤生二忌並立三忌如叉四忌如井五忌如手指及似蜻蜓露潤雨垂風翻雪壓其反正低昂各有態度不可一例抹去如染皁絹無異也

勾勒法

先用柳炭將竹竿朽定再分左右枝梗然後用墨筆鈎葉葉成始依所朽竿枝與節一一畫出俾枝頭鵲爪畫與葉連要穿釵躲避方見層次竿之前後墨分濃淡鈎出前宜濃後宜淡此乃勾勒竹法其陰陽向背立竿寫葉與墨竹法同可類推之

畫墨竹總歌訣

黃老初傳用勾勒東坡與可始用墨李氏竹影見橫牕息齋夏呂皆體一幹篆文節邈隸枝草書葉楷銳傳來筆法何用多四體須當要熟備絹紙佳墨休稠筆毫純勿開頭未下筆時意在先葉葉枝枝一幅週分字起个字破疎處疎墮處墮墮中切記莫糊塗疎處須當枝補過風竹勢幹挺然墮處逆幹須偏烏鵶驚飛出林去雨竹橫眠豈兩般晴竹體人字排嫩一疊老兩釵先將小葉枝頭起結頂還須大葉來寫露竹雨彷彿晴不傾雨不足結尾露出一梢長穿破个字枝頭曲寫雪竹貼油袱久雨枝下垂伏染成鉅齒一般形揭去油袱見氷玉一寫法識竹病筆高懸勢

一嫩形渴去油所見米王一寫法識分兩筆高懸勢
字枝頭曲寫雲竹點油絲人兩枝下垂伏柒流節西
竹兩彷彿晴不傾雨不足結尾露出一梢長穿破个
疊右兩叙先將小葉枝頭起結頂還須大葉來寫露
驚鴉出林去雨竹横眠並兩般晴竹體人字排成一
處須當枝補過風竹勢幹拉深護處逆節須偏身梢
分字起个字成疎處疎處實中切記其新遮蔽
筆毫梢分開頭未下筆時意在先葉葉枝枝一幅週
傳來筆法何用多四體須當要熟備縮組佳墨休糊

戀息齋夏昌字體一幹篆文節逾隸枝草書葉楷發
黃老初傳用勾勒東坡與可始用墨李氏竹影見横

畫墨竹總歌訣

皆立竿寫葉與墨竹法同可續之
濃淡鉤出前宜濃後宜淡此乃勾勒竹法其陰陽向
爪畫與葉運要穿叙柔避方見層次竿之前後墨分
鉤葉葉成後依所於竿枝與節一一畫出俾枝頭諧
先用柳炭將竹竿朽定再分左右枝葉然後用墨筆
勾勒法

要後心意踈懶切莫爲精神魂魄俱安靜忌杖鼓忌
對節忌挾籬忌邊壓井字蜻蜓人手指罾眼桃葉并
柳葉下筆時莫要怯須遲疾心暗訣寫來敗筆積成
堆何怕人間不道絕老幹參長稍拂歷冰雪操金玉
風晴雨雪月烟雲歲寒高節藏胸腹湘江景淇園趣
娥皇詞七賢句萬竿千畝總相宜墨客騷人遭際遇

畫竿訣

竹幹中長上下短只須彎節不彎竿竿竿點節休排
比濃淡陰陽細審觀

書香傳家

點節訣

竿成先點節濃墨要分明偃仰須圓活枝從節上生

安枝訣

安枝分左右切莫一邊偏鵲爪添枝杪全形見筆端

畫葉訣

畫竹之訣惟葉最難出於筆底發之指端老嫩須別
陰陽宜參枝先承葉葉必掩竿疊葉相加勢須飛舞
孤一迸二攢三聚五春則嫩篁而上承夏則濃陰以
下俯秋冬須具霜雪之姿始堪與松梅而爲伍天帶

晴兮偃葉而偃枝雲帶雨兮墜枝而墜葉順風不一字之排帶雨無人字之列所宜掩映以交加最忌比聯而重疊欲分前後之枝宜施濃淡其墨葉有四忌兼忌排偶尖不似蘆細不似柳三不似川五不似手葉由一筆以至二三重分疊个還須細安間以側葉細筆相攢使比者破而斷者連竹先立竿生枝點節考之前人俱傳口訣竹之法度全在乎葉因增舊訣爲長歌用廣前人之法則

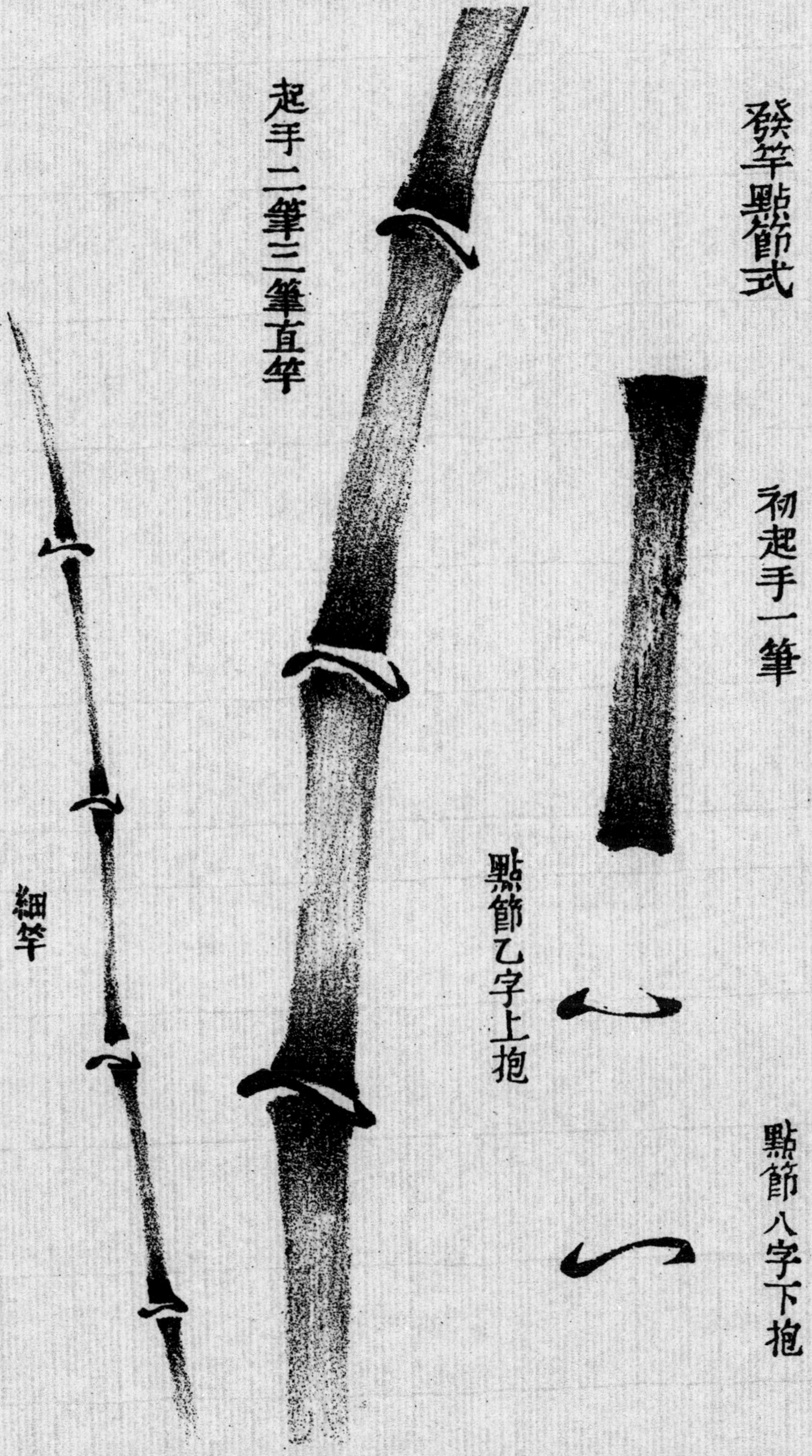

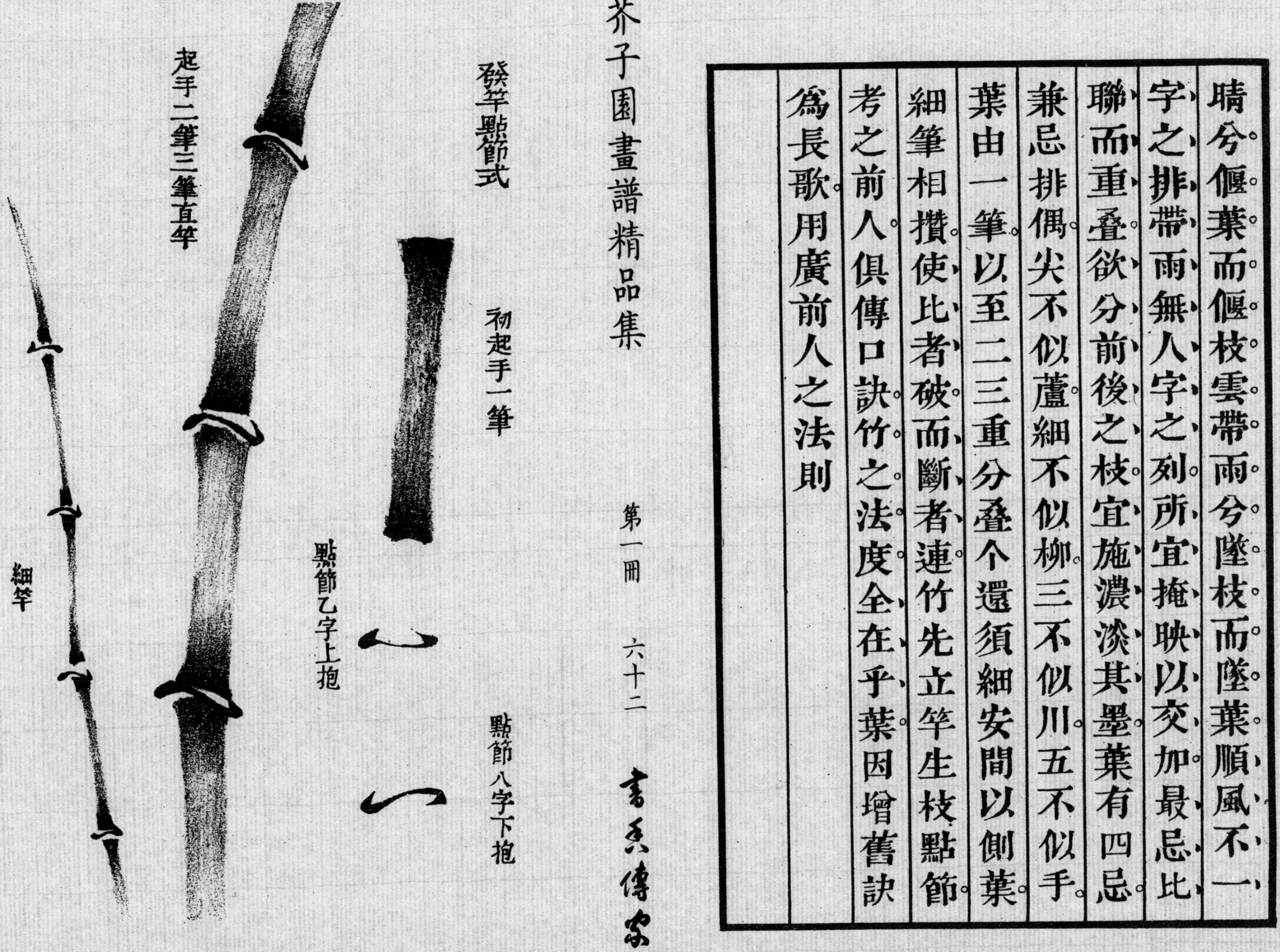

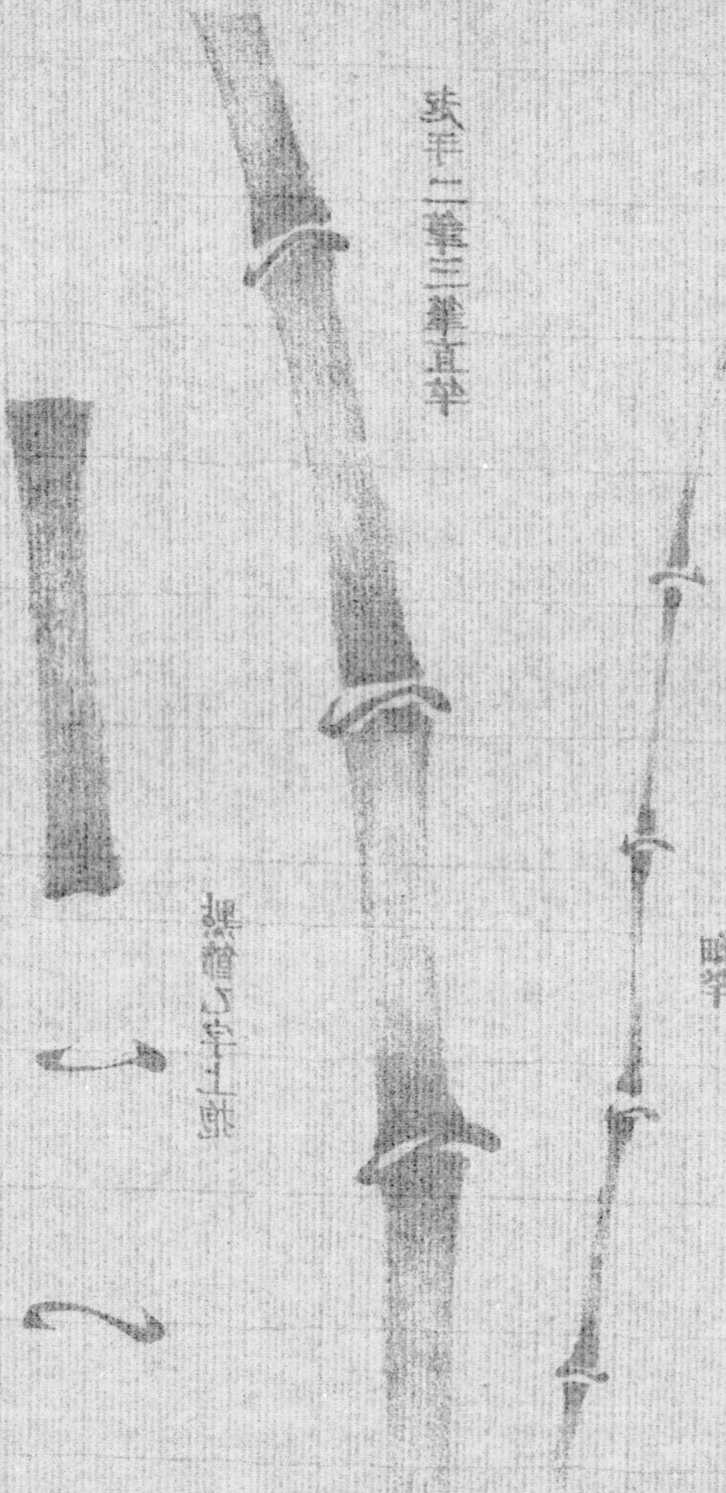

發竿式

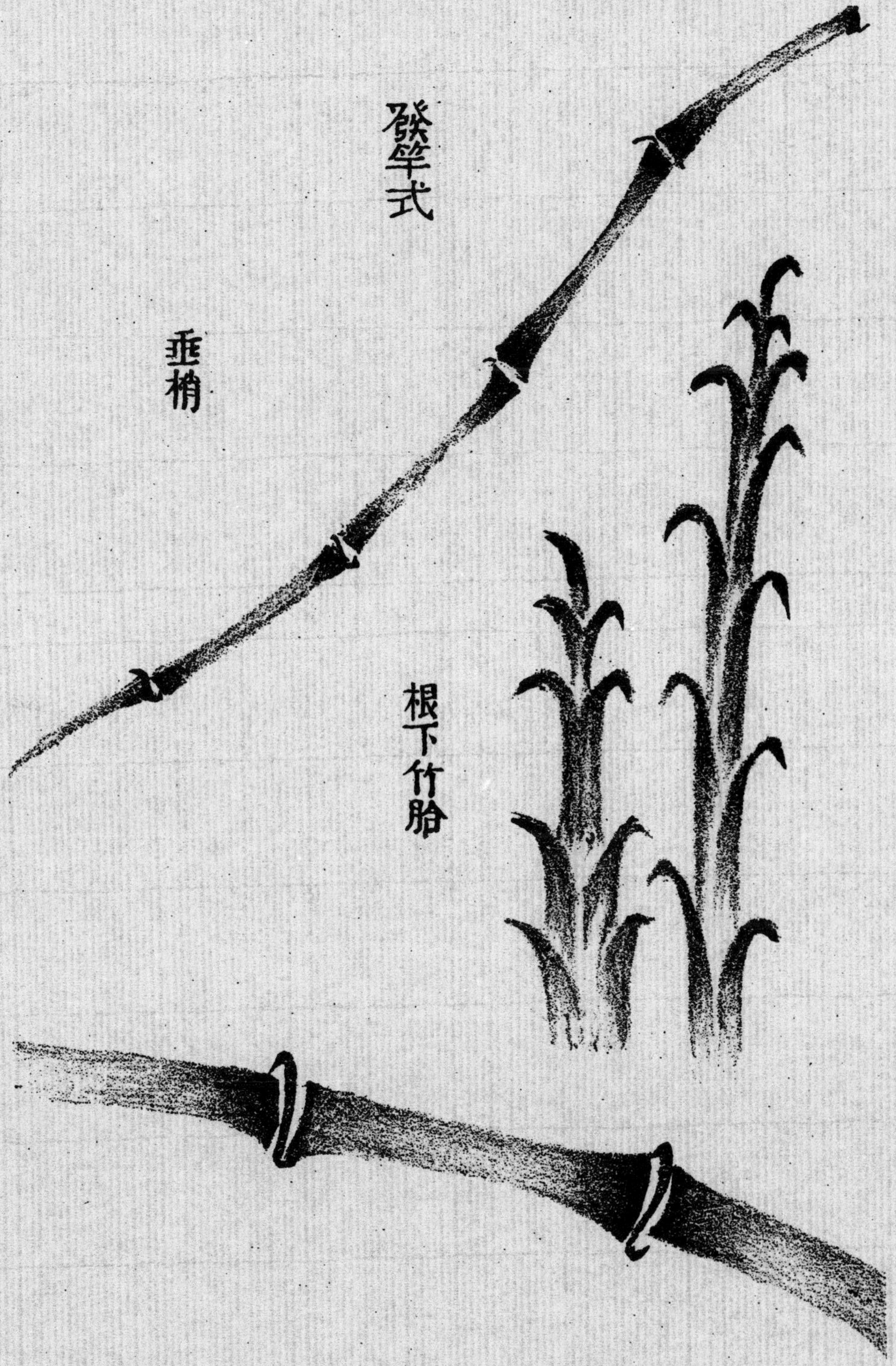

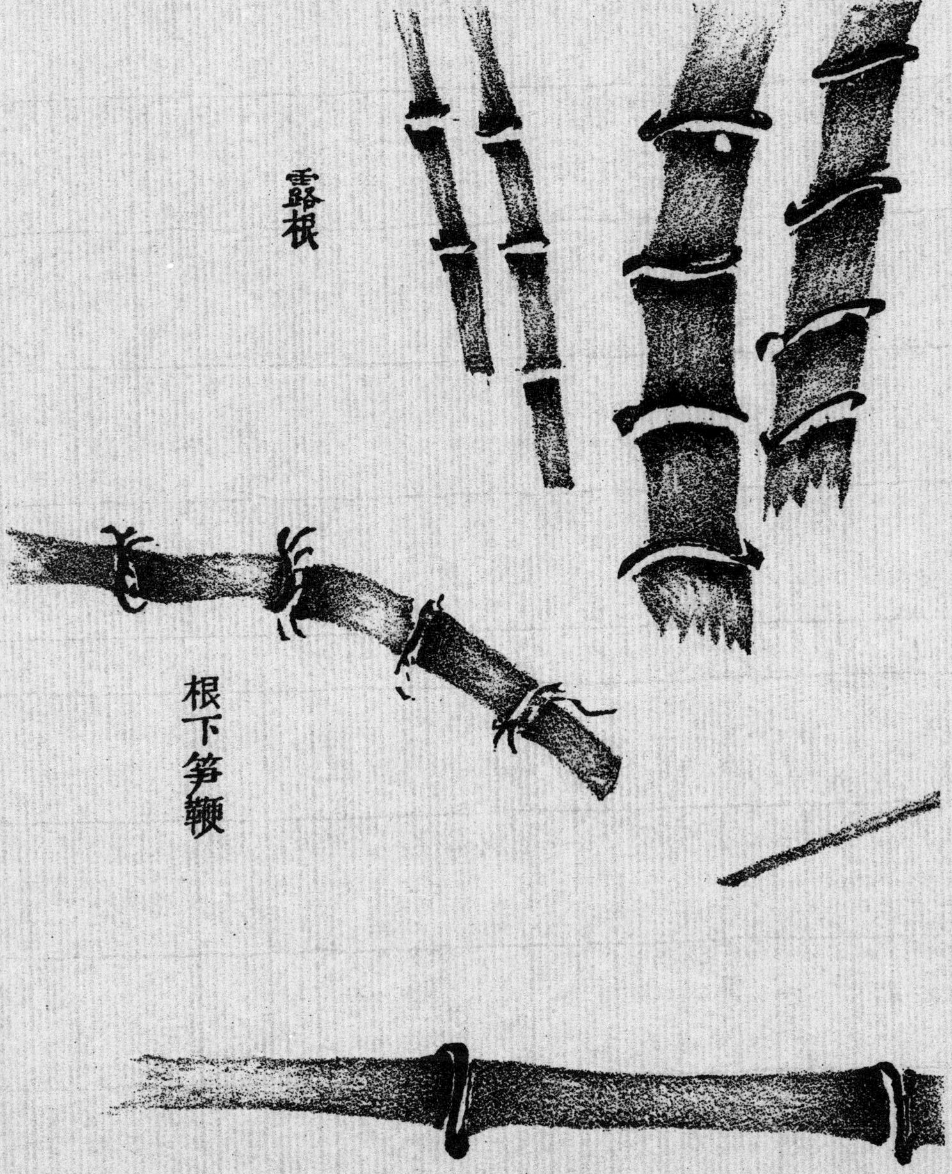

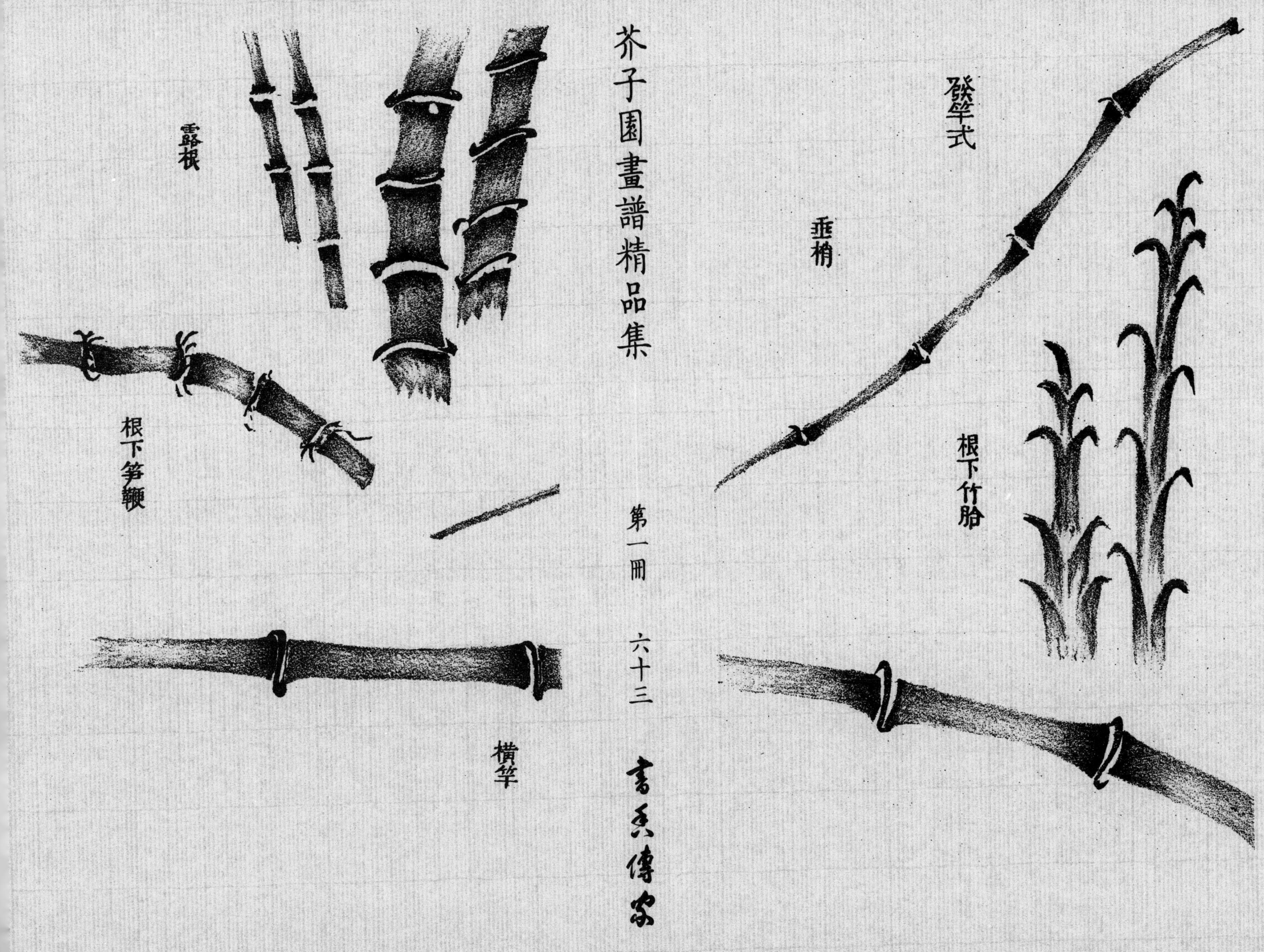

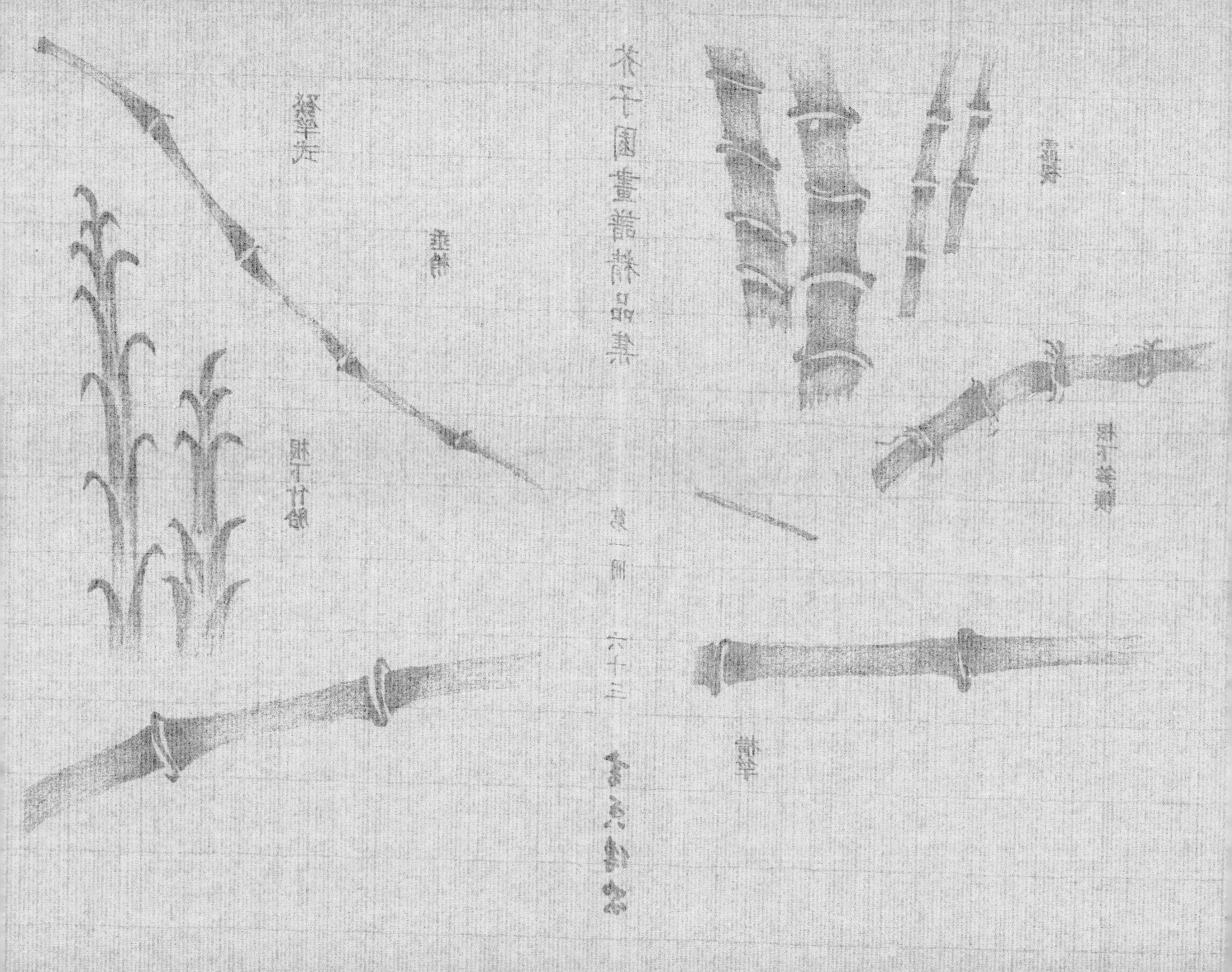

垂梢
根下竹節

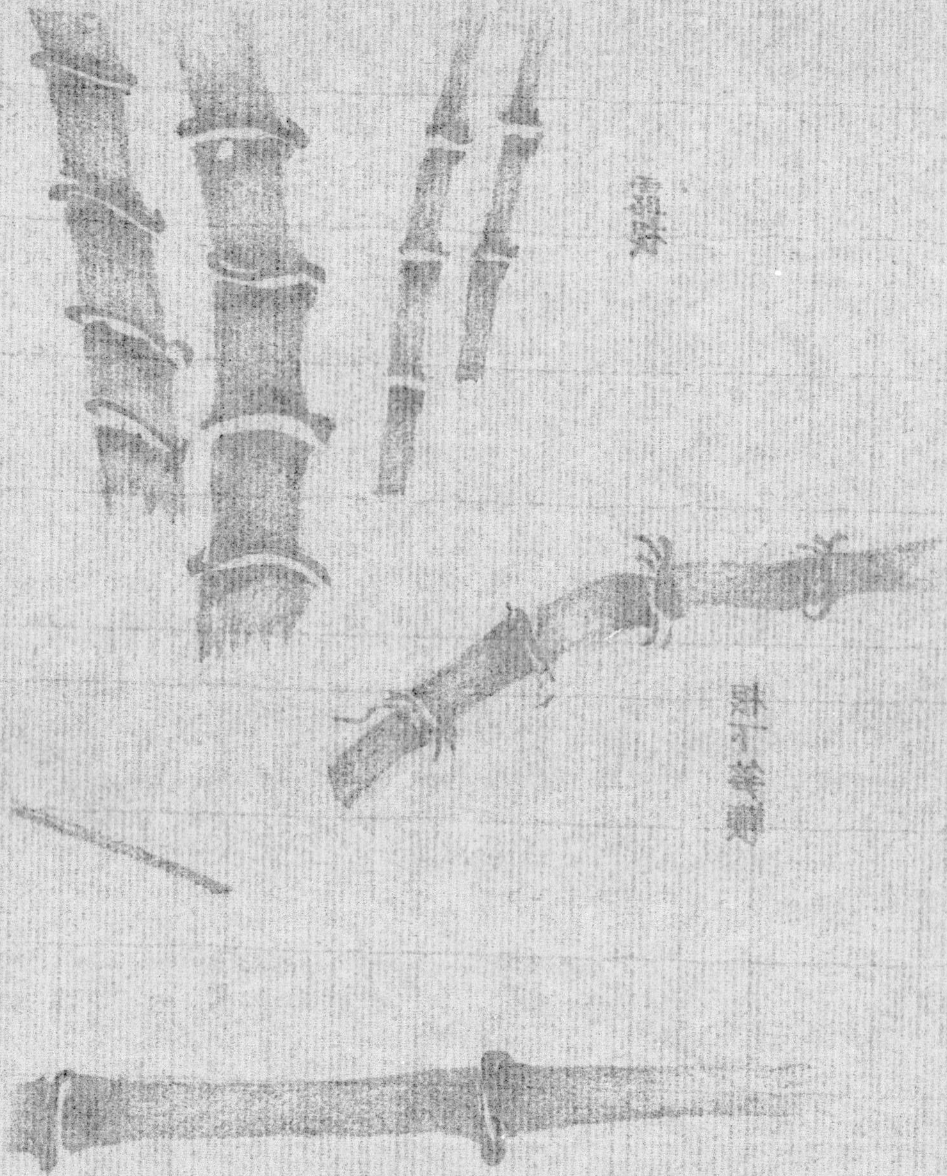

生枝式

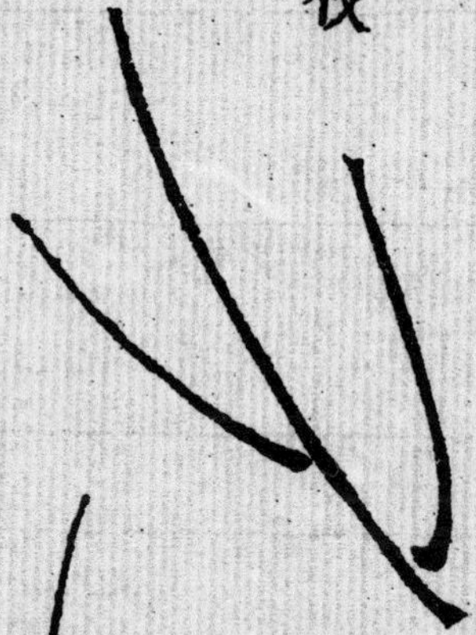

起手鹿角枝

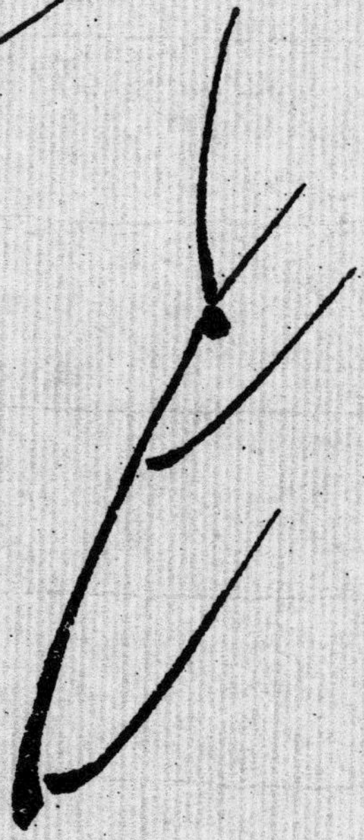

魚骨枝

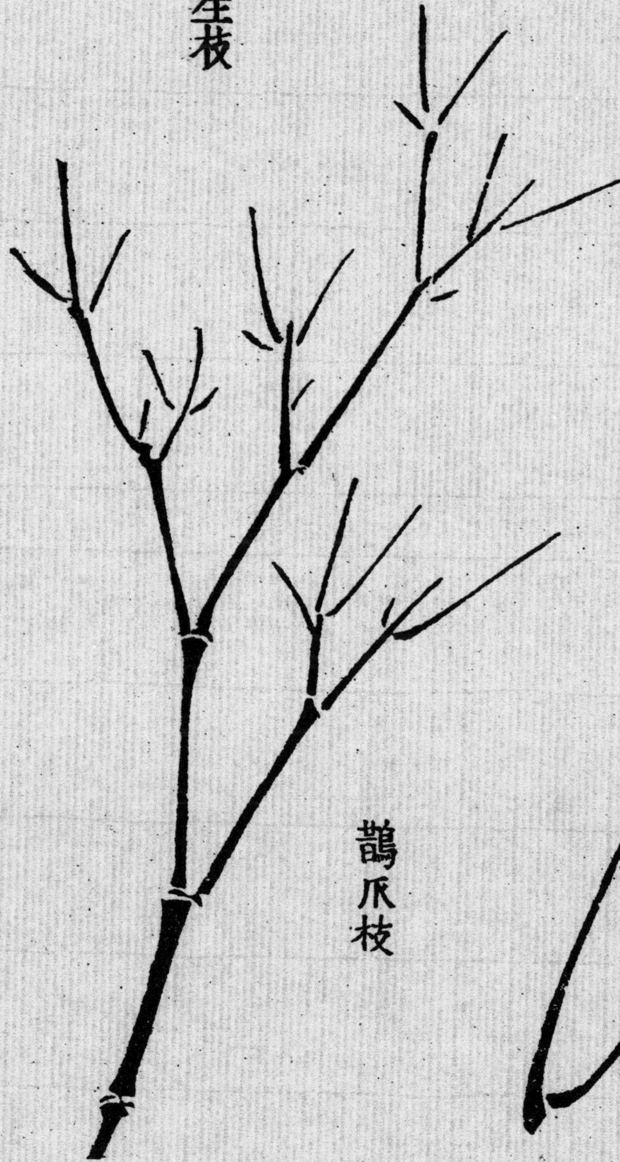

頂梢生枝

鵲爪枝

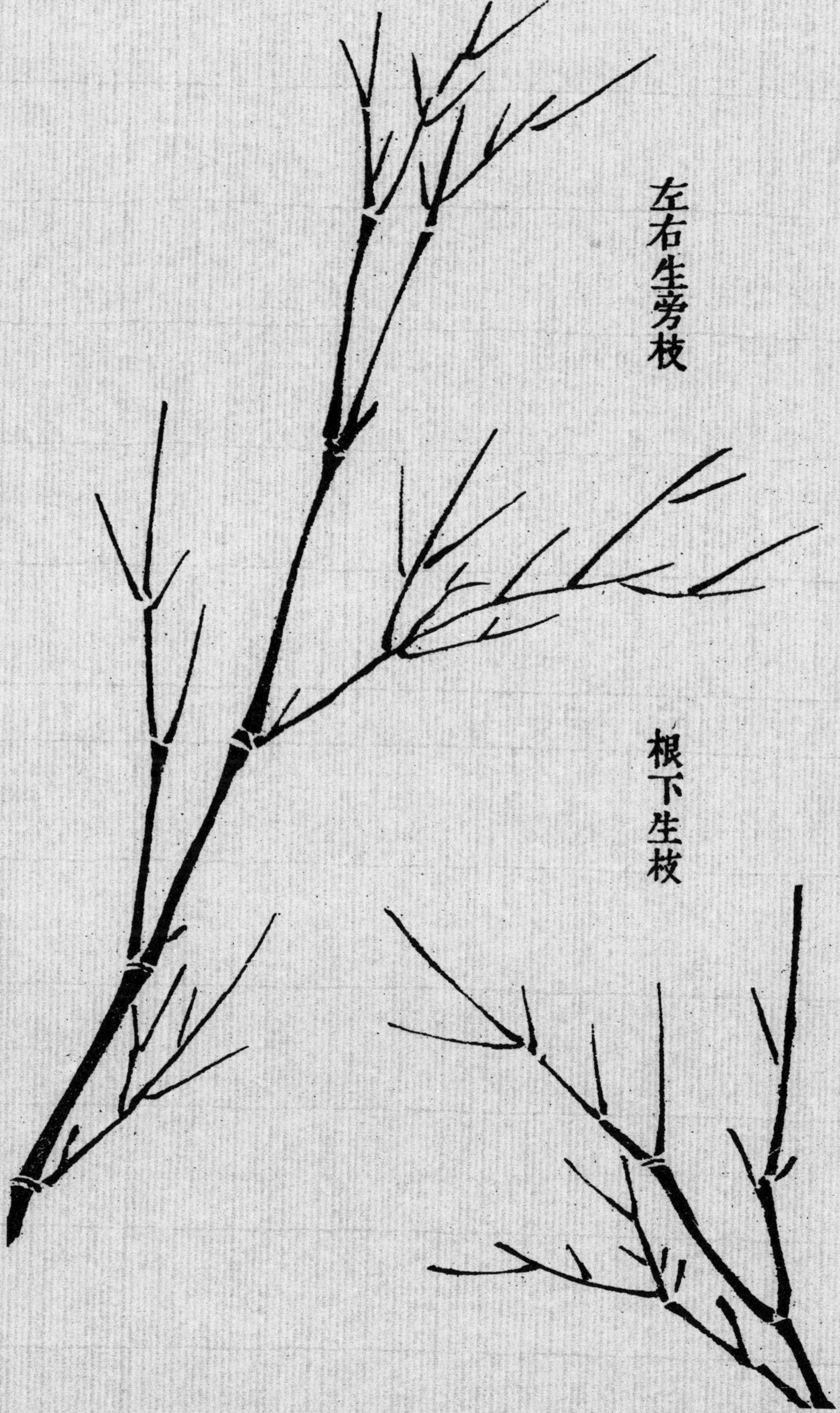

左右生旁枝

根下生枝

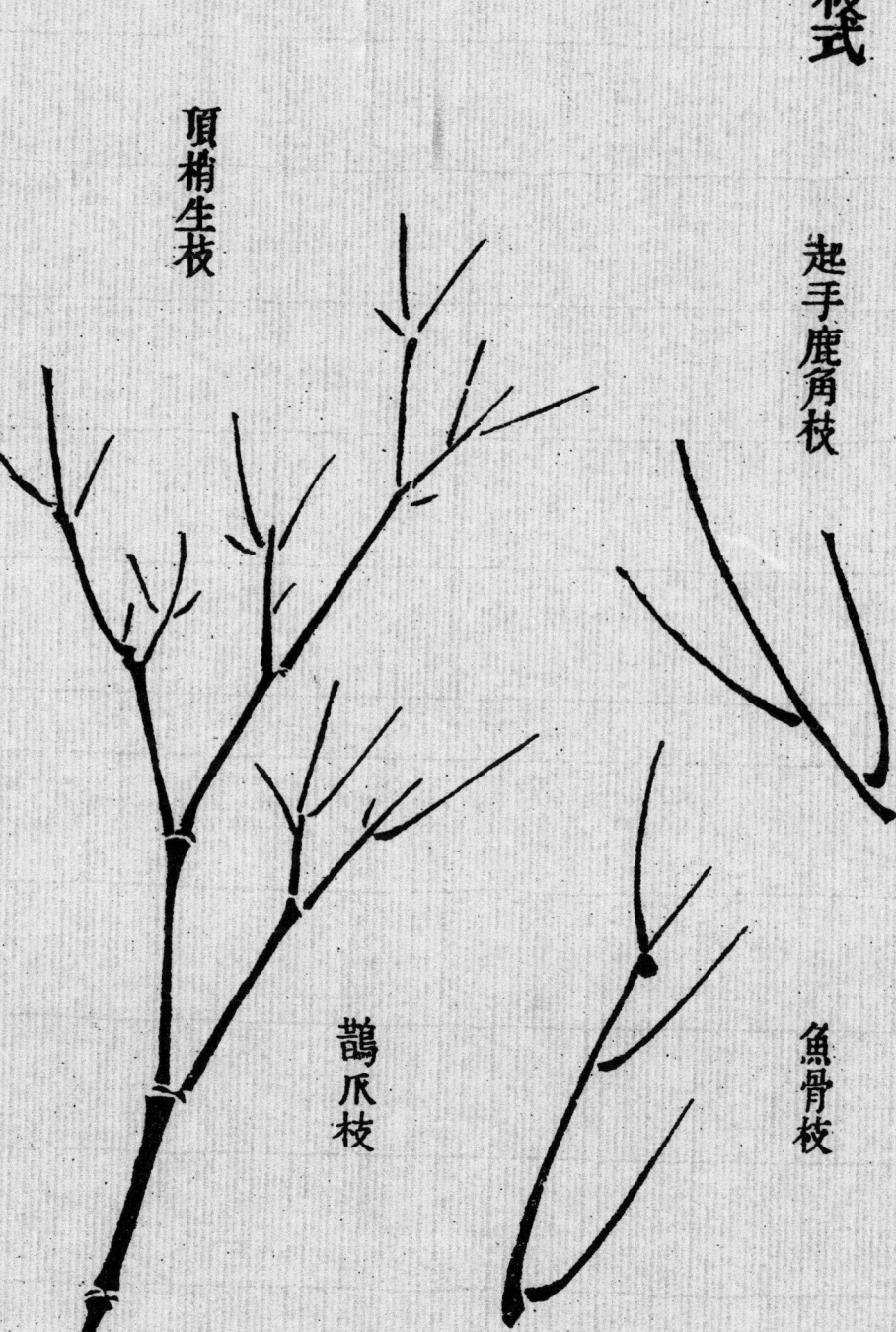

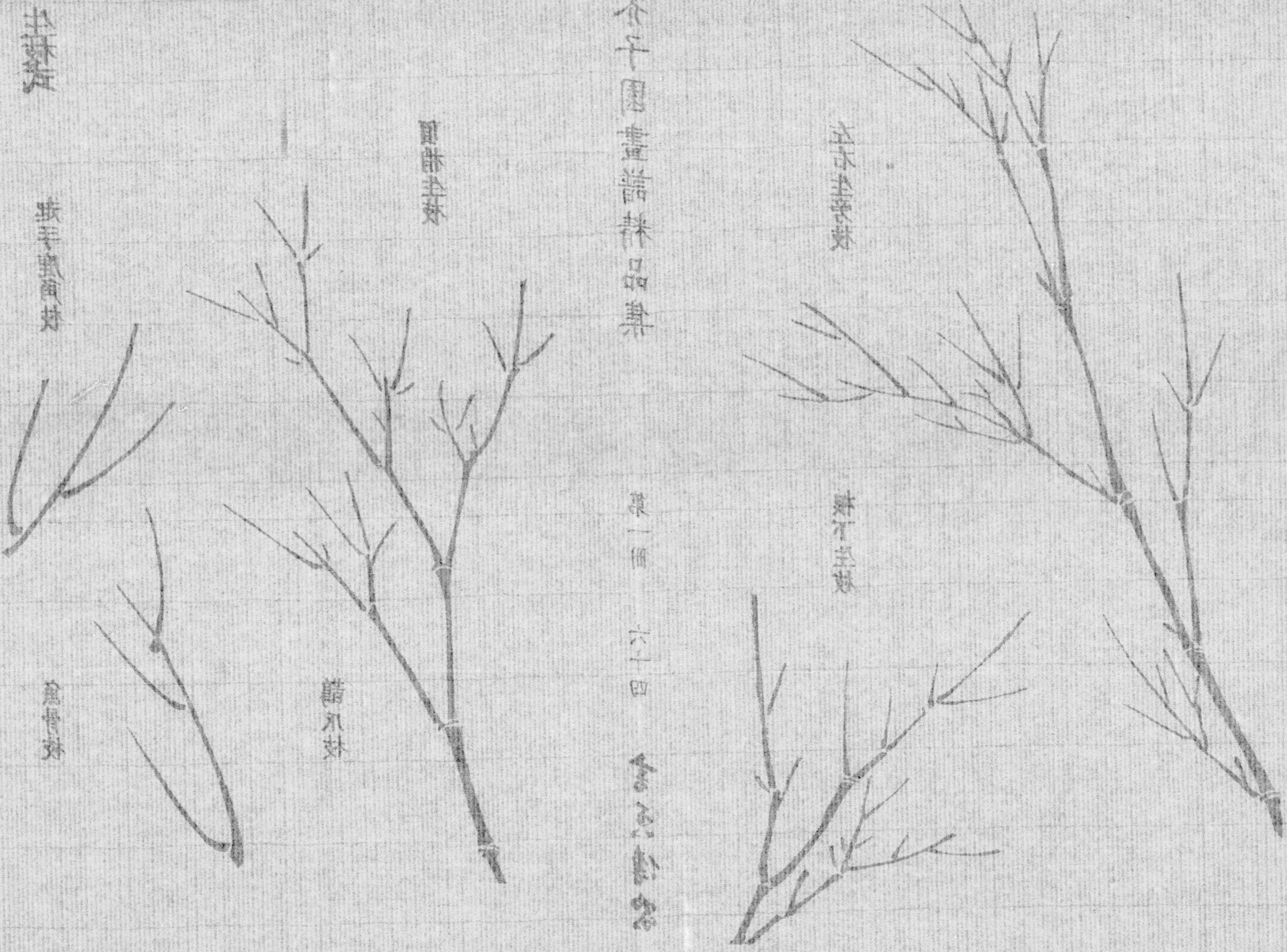

金石書館

布仰葉式

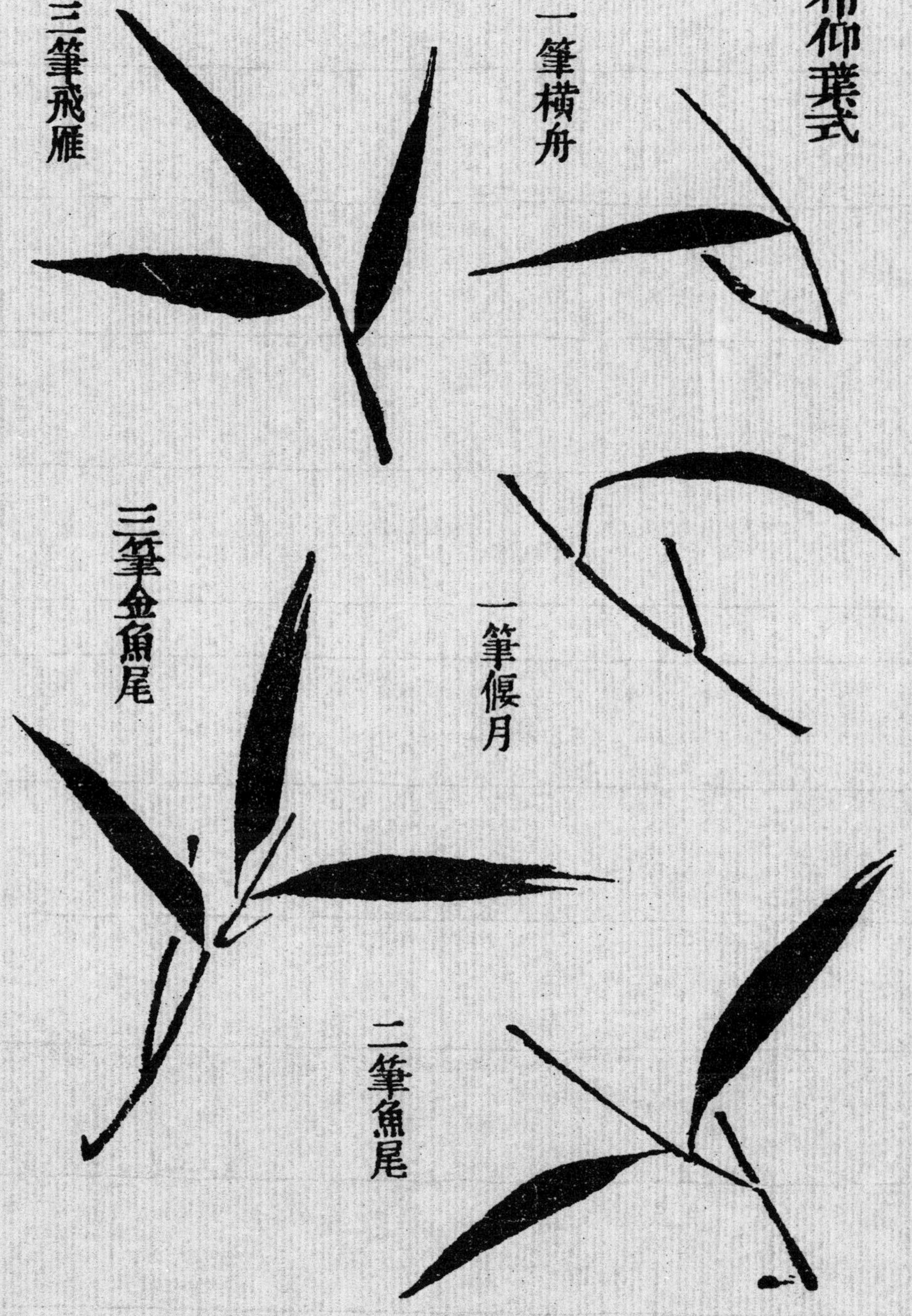
一筆横舟
三筆飛雁
一筆偃月
三筆金魚尾
二筆魚尾

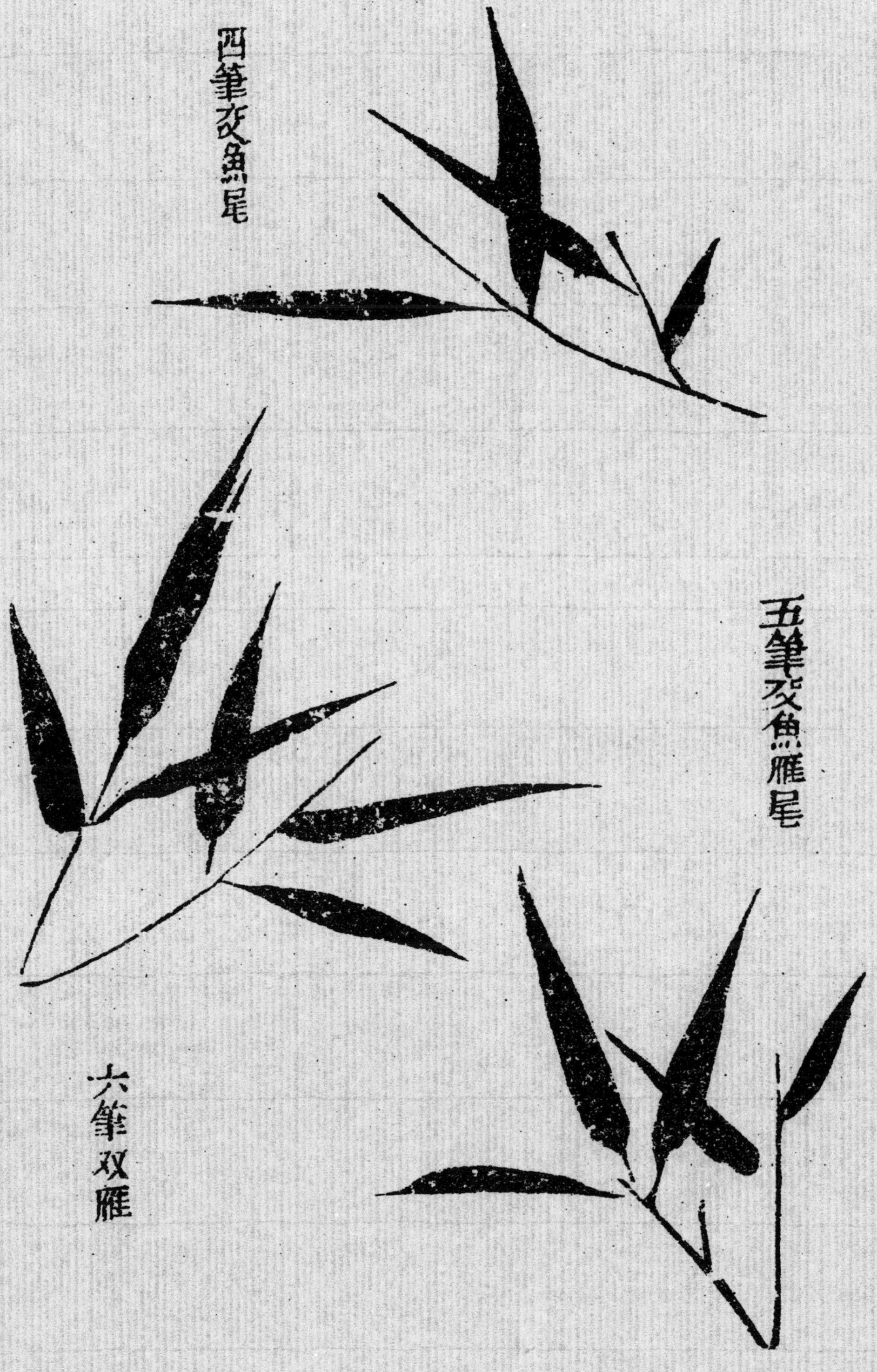
四筆交魚尾
五筆交魚雁尾
六筆双雁

芥子園畫譜梅品集　第一冊　六十五

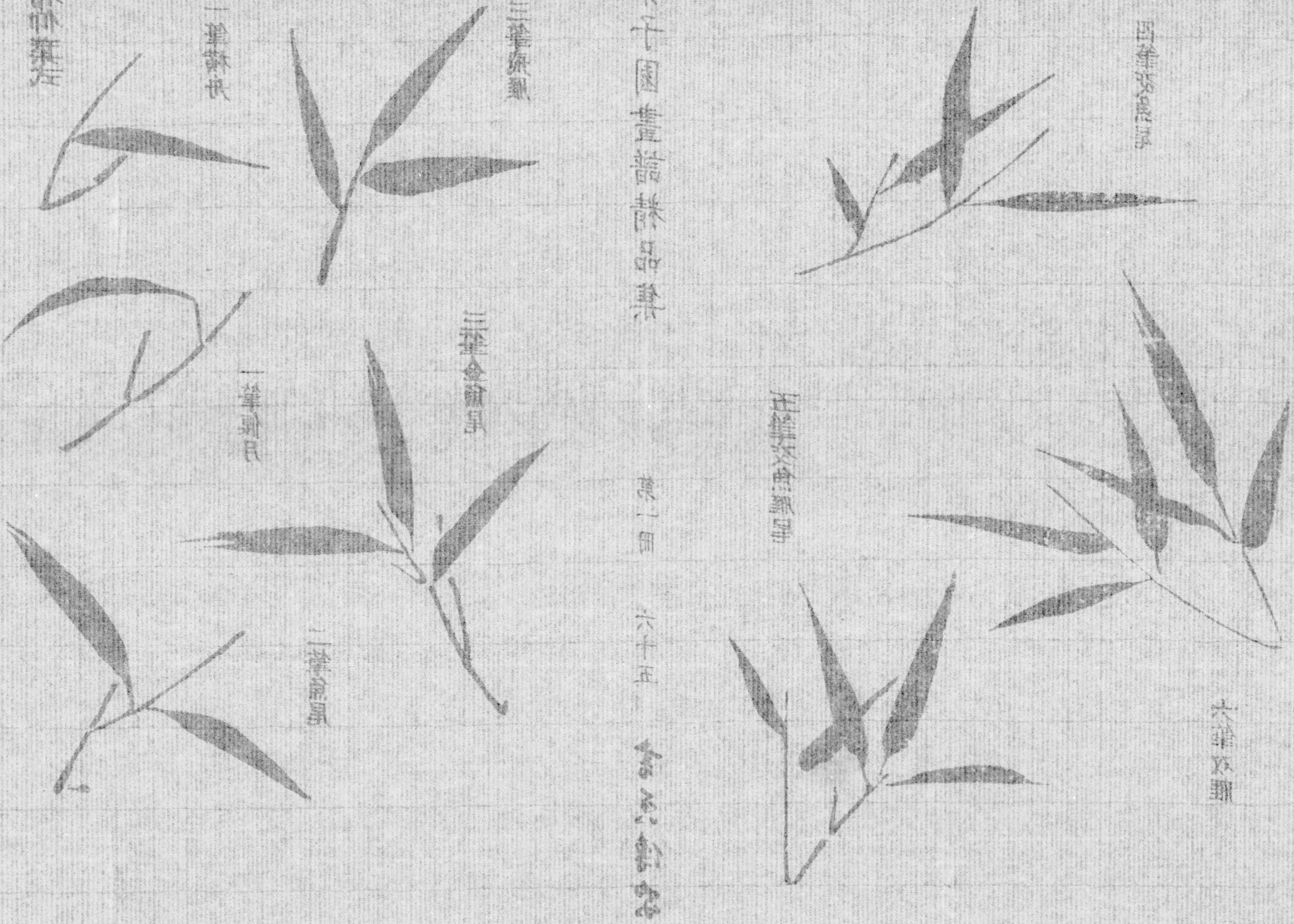